VITIMOLOGIA
Ciência e Activismo

Coordenação

SOFIA NEVES
Doutorada em Psicologia Social
Professora Universitária e Investigadora

MARISALVA FÁVERO
Doutorada em Psicologia
Professora Universitária e Investigadora

VITIMOLOGIA
Ciência e Activismo

VITIMOLOGIA
Ciência e Activismo

COORDENAÇÃO
SOFIA NEVES
MARISALVA FÁVERO

EDITOR
EDIÇÕES ALMEDINA. SA
Av. Fernão Magalhães, n.º 584, 5.º Andar
3000-174 Coimbra
Tel.: 239 851 904
Fax: 239 851 901
www.almedina.net
editora@almedina.net

DESIGN DE CAPA
FBA

PRÉ-IMPRESSÃO
G.C. GRÁFICA DE COIMBRA, LDA.
producao@graficadecoimbra.pt

IMPRESSÃO
PAPELMUNDE, SMG, LDA.
Novembro de 2010
Depósito legal n.º 319420/10

Os dados e as opiniões inseridos na presente publicação
são da exclusiva responsabilidade do(s) seu(s) autor(es).

Toda a reprodução desta obra, por fotocópia ou outro qualquer
processo, sem prévia autorização escrita do Editor, é ilícita
e passível de procedimento judicial contra o infractor.

Biblioteca Nacional de Portugal – Catalogação na Publicação

NEVES, Ana Sofia Antunes das, e outro

Vitimologia : ciência e activismo / Sofia Neves, Marisalva
Fávero. – (Psicologia)
ISBN 978-972-40-4403-3

I – FÁVERO, Marisalva Fernandes

CDU   159.9
      316
      343

Às vítimas... por exigirem de nós a luta sem tréguas...
Às nossas famílias... por fazerem desta nossa luta a sua luta...

PREFÁCIO

> Porque há o direito ao grito. Então eu grito.
> CLARICE LISPECTOR (1977, p. 5)

A tessitura de textos plasmada neste livro reflecte as *sonoridades* várias da Vitimologia. Escrita a várias mãos, esta obra procura reunir olhares diversos, e nem sempre concordantes, sobre a teoria e a prática vitimológica, enfatizando a necessidade de se repensar o papel e o lugar deste campo disciplinar na actualidade académica e social.

Quisemos, com os diferentes textos que aqui se apresentam, mapear caminhos possíveis de uma Vitimologia que consideramos estar ainda a afirmar-se como disciplina autónoma. Entendemos que a leitura plural manifesta neste livro contribuirá para o desenvolvimento de perspectivas críticas e reflexivas, favorável à compreensão e interpretação dos fenómenos de vitimação.

A decisão de compor esta tessitura de textos surgiu da necessidade de dar resposta a algumas das inquietudes que temos vindo a sentir nos últimos anos, fruto do nosso trabalho como docentes, investigadoras e psicólogas na área da Vitimologia.

A primeira das inquietudes é a *inquietude da invisibilidade das vítimas*. Não negando a importância dos demais agentes envolvidos, cremos ser fundamental colocar *de facto* as vítimas no centro do debate sobre a vitimação. A tendência para relegar as vítimas para segundo plano, obscurecendo o seu direito a ser ouvidas como sujeitos activos, tem inviabilizado a concretização de um pleno projecto de democracia e de justiça social.

A segunda das inquietudes é a *inquietude da culpabilização das vítimas*. Recusamos e repudiamos paradigmas de culpabilização das vítimas e de *psicologização* e *essencialização* das suas características e atributos. A vitimação é um processo pluri-determinado, no âmbito do qual devem ser tidas em conta várias condicionantes de cariz individual, familiar, social, cultural, histórico e político. A terceira das inquietudes é a *inquietude do ruído*. A visão desinformada do senso comum e de alguns sectores e domínios da academia sobre quem são as vítimas e porque adquirem esse estatuto faz proliferar os estereótipos, os preconceitos e o estigma. Este ruído gera discriminação, uma forma severa de violência que coarcta a liberdade a muitas vítimas. É premente a investigação e a teorização científica, no sentido de clarificar as dinâmicas estruturais das diferentes formas de vitimação a que crianças e adultos/as estão sujeitos/as.

Para apaziguar estas e outras inquietudes, mas igualmente para fazer despontar novas, contamos neste livro com a colaboração de autoras/es cujas trajectórias no campo da Vitimologia e da Criminologia são sobejamente reconhecidas, quer nacional, quer internacionalmente. Acreditamos que as *sonoridades* que cada um/a compôs imprimem a esta obra um carácter dinâmico e interactivo que gostaríamos de ver ampliado pelas reflexões dos/as leitores/as que agora a elas têm acesso.

O livro é composto por duas partes. A primeira parte é inaugurada pelo capítulo **A Vitimologia e os seus percursos históricos, teóricos e epistemológicos**, da autoria de Sofia Neves e Marisalva Fávero. Nele são descritos os principais percursos da Vitimologia, desde a década de quarenta do século XX até ao presente, e discutidos os seus futuros possíveis. São igualmente apresentadas e problematizadas algumas das mais relevantes questões conceptuais, quadros teóricos e marcos temporais da disciplina.

No segundo capítulo, **Da investigação ao activismo, da academia ao partidarismo e o consequente empobrecimento da Vitimologia**, Ezzat Fattah analisa o contexto histórico de emergência da Vitimologia, apontando posteriormente os temas (ainda) esquecidos na investigação vitimológica. O segundo capítulo alude também à transição da Vitimologia do Acto para a Vitimologia de Acção e ao futuro da Vitimologia.

No terceiro capítulo, **Vitimologia e Investigação**, Sandra Walklate reflecte sobre a investigação vitimológica, analisando aspectos específicos do processo de pesquisa em matéria de vitimação. A autora enfoca a relação entre a agenda política e a agenda da investigação científica.

No quarto capítulo, **Justiça Restaurativa como Justiça Social para as Vítimas: uma perspectiva feminista**, da autoria de Katherine van Wormer, caracteriza-se a Justiça Restaurativa e discute-se a sua eficácia, particularizando a sua aplicação numa perspectiva feminista e de género.

Na segunda parte do livro, Lilia Blima Schraiber, a autora do quinto capítulo, **Violência, Género e Saúde**, analisa os desafios que a violência de género contra as mulheres impõe ao domínio da Saúde, quer no que respeita à prática médica, quer no que se refere à saúde pública.

O sexto capítulo, **Através do espelho de Alice: vitimação e agência na infracção juvenil feminina**, da autoria de Vera Duarte, situa o papel da figura feminina no discurso vitimológico e criminológico, relacionando as questões da vitimação e da agência na infracção juvenil feminina.

Finalmente, no sétimo e último capítulo, **Sonhos traficados (escravaturas modernas?): Tráfico de mulheres para fins de exploração sexual em Portugal**, Sofia Neves analisa teórica e empiricamente, e sob uma perspectiva crítica, o fenómeno do tráfico de mulheres para fins de exploração sexual. A autora reflecte sobre e problematiza os resultados de uma investigação qualitativa conduzida por si junto de um grupo de mulheres brasileiras vítimas de tráfico para fins de exploração sexual em Portugal.

Desejamos a todas e a todos boas leituras e, sobretudo, profícuas reflexões. Que estas *sonoridades* vos inspirem a compor outras.

Setembro de 2010

SOFIA NEVES e MARISALVA FÁVERO

PARTE I
VITIMOLOGIA: TEORIA, INVESTIGAÇÃO E PRÁTICAS

CAPÍTULO 1.
A Vitimologia e os seus percursos históricos, teóricos e epistemológicos

SOFIA NEVES & MARISALVA FÁVERO
Instituto Superior da Maia, Portugal

O presente capítulo pretende descrever, ainda que de forma não exaustiva, os principais percursos que a Vitimologia, enquanto disciplina científica, tem trilhado ao longo dos tempos, quer do ponto de vista histórico, quer do ponto de vista teórico e epistemológico. Pretendemos aqui apresentar e discutir algumas questões conceptuais, quadros teóricos e marcos temporais determinantes para o desenvolvimento e a afirmação deste campo interdisciplinar, cuja importância é hoje amplamente reconhecida pela academia e pela sociedade civil.

Procuramos com este capítulo traçar um mapa das mais significativas influências que a Vitimologia tem vindo a sofrer, desde a década de quarenta do século XX até ao presente, as quais marcam a coexistência de diferentes paradigmas de análise das vítimas.

1. As diferentes concepções da Vitimologia... da academia ao activismo social e político

A concepção da Vitimologia, enquanto disciplina científica autónoma, granjeada sobretudo a partir da década de setenta do século XX (van Dijk, 1997), está longe de ser aceite sem contestação. Se para alguns autores e algumas autoras a Vitimologia é uma ciência independente da Criminologia, com estatuto próprio, para outros e outras a Vitimologia é *apenas* um ramo da Criminologia (Dignan, 2005).

Tendo nascido de uma preocupação inicial de explicar a génese da actividade criminal, analisando a participação das vítimas nos delitos, a Vitimologia tem sido sobretudo identificada como uma sub-disciplina da Criminologia. As razões que justificam esta pretensa dependência são variadas e complexas e devem ser analisadas à luz do contexto histórico de emergência da própria Vitimologia.

Na realidade, as primeiras explanações teóricas com carácter científico sobre os comportamentos das vítimas no âmbito de actos criminosos resultaram da tentativa de explicar os comportamentos dos criminosos, no seio da Criminologia (Fattah, 1992). O referencial explicativo dos processos de vitimação, tendo sido desenvolvido numa fase embrionária da Vitimologia quase exclusivamente por criminólogos/as, ficou fortemente associado à Criminologia. Por outro lado, a enunciação das vítimas como figuras secundárias na actividade criminal, por parte da Escola Clássica da Criminologia, sustentou o paradigma de invisibilidade das vítimas, no qual estas eram consideradas meros objectos neutros e estáticos (Molina, 2007). A assunção de que a Vitimologia está sob a alçada da Criminologia parece ser um dos redutos do bastião positivista, cujas premissas sustentam a diferenciação de poder entre a vítima e o/a criminoso/a.

O facto da Vitimologia ter surgido como uma *extensão* da Criminologia e o facto do seu objecto de estudo – as vítimas – ser percebido como menos importante na análise dos fenómenos criminais contribuiu sobremaneira para que fosse equiparada a uma não ciência ou a um programa não académico (Cressey, 1992). Como apontou Donald Cressey, em 1992, "a Vitimologia não é uma disciplina científica. (...) É, ao invés, um programa não académico, a partir do qual uma miscelânea de ideias, interesses, ideologias e métodos de investigação foi arbitrariamente criada" (p. 57).

A resistência no que respeita à definição da Vitimologia como ciência deve-se também à conflitualidade (mais ou menos subtil) entre o pensamento académico e o activismo político e social (Gonçalves & Machado, 2002). A reivindicação dos direitos das vítimas por parte dos movimentos feministas e de outros movimentos sociais e civis, nas décadas de sessenta e setenta do século XX, alterou o foco do debate sobre a violência e a vitimação, obrigando a academia a perspectivar as vítimas a partir de outro ângulo de análise (Neves, 2008). Enquanto os/as académicos/as debatiam o argumento da precipitação dos crimes pelas vítimas, os movimentos em prol dos seus direitos defendiam a necessidade de se desenvolver mecanismos de apoio efectivo às vítimas, inclusivamente por parte do sistema de justiça (Doerner & Lab, 1998). Este aparente desfasamento entre os interesses da academia e os interesses dos movimentos sociais e civis dificultou o desenvolvimento da Vitimologia como ciência credível e digna de reconhecimento. A ideia de uma ciência comprometida com valores e emanada dos movimentos sociais e civis parece ser, de todo, incompatível com os quesitos da ciência moderna. A relação entre a Vitimologia do Acto (entendida como a teorização em torno do papel das vítimas na eclosão de fenómenos criminosos) e a Vitimologia de Acção (caracterizada pela mobilização social em prol dos direitos das vítimas) assenta numa contenda difícil de transpor e superar (Baamonde, 2005). Ainda assim, ao longo dos anos, tem vigorado uma espécie de acordo tácito entre as Vitimologia com enfoque humanista e teórico, permitindo a convivência cordial entre as duas.

De acordo com Marc Groenhuijsen (2009), à semelhança do que acontece com a investigação na área legal, a Vitimologia tende a não ser qualificada como disciplina académica autónoma também por ser um campo interdisciplinar, característica que parece torná-la demasiado vaga e subjectiva. Tradicionalmente, os estudos interdisciplinares são encarados com suspeição pelas monodisciplinas, as quais privilegiam a especialização e a objectividade como critério de validação do conhecimento. Segundo o mesmo autor, esta estratégia de *racionalização liliputiana*[1] da ciência, sendo demasiado conservadora, acarreta riscos sérios para a investigação, nomeadamente o de desqualificar os problemas reais das pessoas reais, reduzindo-os a circunstâncias laboratoriais (Groenhuijsen, 2009).

Nos últimos quarenta anos, de acordo com Jan van Dijk (1997), o desenvolvimento global da Vitimologia como disciplina científica ou campo de investigação tem sido, em larga medida, o reflexo das actividades promovidas pela Sociedade Mundial de Vitimologia, fundada em 1979. Este organismo entende a Vitimologia como

---

[1] Original: "lilliputian downsizing of science" (p. 315).

o estudo científico da extensão, da natureza e das causas da vitimação criminal, das suas consequências para as pessoas envolvidas e das reacções sociais, em particular das polícias e do sistema de justiça criminal, assim como dos/as voluntários/as e profissionais de ajuda (van Dijk, 1997, p. 6).

Esta definição, assim como a autonomia da disciplina, não é pacífica. A ideia de que a Vitimologia apenas estuda as vítimas de processos criminais é, para além de redutora, exclusora, já que deixa à margem as vítimas de abusos dos direitos humanos, de acidentes e de desastres. Tal como advogou Elias, em 1985, a Vitimologia não deve ser conceptualizada em termos de lei criminal, mas de Direitos Humanos. Esta mesma posição era assumida por Mendelsohn, que considerava que a Vitimologia não deveria cingir-se à vitimação criminal, razão pela qual faria sentido ser independente da Criminologia. Assim, se a Criminologia é a ciência do crime e do comportamento criminal, a Vitimologia pode ser considerada, de forma simples e elementar, a ciência das vítimas e da vitimação, num sentido mais lato (Fattah, 2000a).

A Declaração dos Princípios Básicos da Justiça para Vítimas de Crime e de Abuso de Poder da Assembleia Geral das Nações Unidas, produzida em 1985, define a vítima como

> a pessoa que, individual ou colectivamente, sofreu danos, incluindo prejuízos físicos ou mentais, sofrimento emocional, perda económica ou comprometimento substancial dos seus direitos fundamentais, através de actos ou omissões que violem as leis criminais em vigor nos Estados Membros, incluindo as que proíbem o abuso de poder (United Nations, 1985, para. 1).

Ao adoptar esta definição como referência, a Sociedade Mundial de Vitimologia alargou definitivamente o seu objecto de estudo, aceitando uma leitura mais abrangente do conceito de vítima (van Dijk, 1997) e não o cingindo à dimensão criminal.

A articulação entre a teorização e a pesquisa tem contribuído igualmente, de forma determinante, para o avanço da Vitimologia enquanto domínio científico autónomo e para o estabelecimento de medidas sociais, políticas e legislativas que garantam que as vítimas possam ser tratadas com dignidade e justiça (Young, Herman, Davis & Lurigio, 2007). Destacam-se desta articulação três áreas essenciais de investigação na vitimologia: a) a primeira que está relacionada com o âmbito e a natureza da vitimação criminal, b) a segunda que se refere ao impacto da vitimação e que incorpora a investigação oriunda da traumatologia c) a terceira que diz respeito ao papel das vítimas no processo de justiça criminal (Young et al., 2007).

Para Fattah (2000a) a Vitimologia pode ser perspectivada sob dois prismas, a Vitimologia Teórica e a Vitimologia Aplicada. A Vitimologia Teórica é o estudo das vítimas de crime, das suas características, das suas relações e interacções com os agentes de violência e do seu contributo para a génese do crime. Também pode ser entendida como o estudo do impacto do crime nas vítimas e, em particular, dos efeitos traumáticos da vitimação, das respostas das vítimas aos actos criminosos e dos mecanismos de *coping* usados para a cura ou reabilitação. A Vitimologia Aplicada é, por seu turno, a aplicação do conhecimento adquirido através do estudo e da pesquisa junto de vítimas nas práticas de apoio e assistência a estas, bem como na prevenção da vitimação (Fattah, 2000a).

Muito embora a autonomia da Vitimologia face à Criminologia não seja consensual, mesmo entre os/as vitimologistas, não há dúvidas de que a Vitimologia tem vindo a consolidar-se enquanto domínio de conhecimento e a constituir-se como um campo teórico e empírico reconhecido e valorizado por outros campos disciplinares. As transformações ideológicas que a Vitimologia tem sofrido nas últimas décadas testemunham a sua relevância actual. A mudança de uma Vitimologia do Acto para uma Vitimologia de Acção, a passagem de uma perspectiva académica para uma postura de *lobbying*, a transição de uma disciplina predominantemente teórica focada no estudo das vítimas de crime, nas suas atitudes, características e comportamentos e nas interacções e relações com os agentes de vitimação para um movimento activista em prol dos Direitos das Vítimas marcam e corroboram o dinamismo e a robustez desta nova era no estudo das vítimas (Fattah, 1992).

2. Percursos históricos e teóricos da Vitimologia… ou os paradigmas da Vitimologia

A vítima teve, ao longo da História, um estatuto ausente, em termos sociais, científicos e legais. Muito embora o interesse pelas questões vitimológicas tenha motivado a reflexão de poetas, escritores/as e novelistas, desde sempre (Fattah, 1992), só durante os séculos XVIII e XIX, com a afirmação do Estado Moderno, se reconhece a importância da vítima, fruto da significativa transformação das práticas de violência e da sua criminalização (Gonçalves & Machado, 2002; Magalhães, 2005).

Até muito recentemente as vítimas eram o lado menos visível do crime (Walklate, 1989). Só após a II Guerra Mundial, e especialmente devido ao Holocausto, o interesse pelas vítimas começa a esboçar-se na Europa, assistindo-se assim ao nascimento da Vitimologia enquanto ciência (Mawby & Walklate, 1994). O advento da Nova Idade de Ouro das Vítimas é patrocinado por este nascimento, que convida ao redescobrimento da vítima como um inédito e potencial "sujeito inquietante" (Moreno, 2006, p.52).

A emergência da Vitimologia como área científica remonta mais concretamente à década de quarenta do século XX, altura em que Hans von Hentig, um criminólogo alemão, publica os textos *Remarks on the Interaction between Perpetrator and Victim*, em 1941 e *The Criminal and His Victim: Studies in the sociobiology of crime*, em 1948 e Beniamin Mendelsohn, um advogado israelita, em 1947, apresenta a comunicação *New Bio-Psycho-Social Horizons: Victimology* num congresso, em Bucareste.

Westham, um psiquiatra americano, é todavia apontado como o autor responsável pelo cunho da expressão Vitimologia[2], a qual terá surgido na sua obra *The Show of Violence*, editada em 1949 (Cressey, 1992; Moreno, 2006). Nesta, Westham defende que

> A vítima de homicídio é um homem esquecido. Com a discussão sensacionalista da psicologia anormal do assassino, falhamos em enfatizar a desprotecção da vítima e a complacência das autoridades. Não se pode entender a psicologia do assassino, se não se entender a sociologia da vítima. O que precisamos é de uma ciência de Vitimologia (as cited in Fattah, 2006, p. 100, 101).

Considerados os pais da Vitimologia, Hans von Hentig e Mendelsohn desenvolveram as primeiras teses vitimológicas, as quais viriam a constituir a primeira escola da Vitimologia (Moreno, 2006),

---

[2] Alguns autores e autoras, como van Dijk (1997) e Kearon e Godfrey (2007) apontam Mendelsohn como o primeiro autor a usar a expressão Vitimologia, em 1940.

habitualmente reconhecida como conservadora ou convencional (Karmen, 1990 as cited in Mawby & Walklate, 1994). Ainda que caracterizada por um evidente mimetismo em relação à Criminologia (Sumalla, 2006), a escola tradicional determinou todo o progresso da disciplina. Os seus precursores estavam particularmente interessados em observar e identificar padrões de vitimação e relacioná-los com tipos particulares de vítimas, que poderiam ser classificados em tipologias variadas (Dignan, 2005). A conveniência da redução tipológica resulta da sua função de reduzir a dispersão a um conjunto articulado de características com uma finalidade classificatória (Dias & Andrade, 1992). O valor preditivo das tipologias serve o objectivo da formulação de leis de causalidade, que permitam a antecipação dos comportamentos e, consequentemente, o seu controlo.

Fortemente influenciados pela tradição positivista da Criminologia, estes dois autores apoiavam as suas teorias na premissa da culpabilidade das vítimas, considerando-as responsáveis (se não totalmente, pelo menos em parte) pelos actos criminosos sofridos. A atribuição da culpa às vítimas, evidenciando os seus comportamentos ou atributos como factores desencadeadores da actividade criminal, é uma característica chave das Teorias Blaming the Victims, formuladas por diferentes autores e autoras no âmbito do paradigma positivista. Miers (1989 as cited in Mawby & Walklate, 1994) refere que a Vitimologia Positivista procura identificar os factores que contribuem para uma vitimação não aleatória, sinalizando as vítimas como parte activa no processo. Na procura da etiologia criminal esta Vitimologia sustenta duas assunções de base. A primeira é a assunção de vítima nata, que corresponde à ideia do/a criminoso/a nato/a, oriunda da Criminologia Positivista de Lombroso e que defende a concepção da vítima como uma pessoa com tendências autodestrutivas, sendo o/a criminoso/a um agente concretizador dos actos criminosos. A segunda é a assunção da precipitação do crime pela vítima, a qual sugere que a vítima, pela sua atitude, pode desencadear a motivação criminal e a sua selecção e pode influenciar o próprio decurso do acto criminal, acentuando a gravidade da violência (Mawby & Walklate, 1994; Gonçalves & Machado, 2002).

Tendo como referência estas assunções, apresentaremos de seguida algumas das mais destacadas teorias Blaming the Victims.

2.1. Teorias Blaming the Victims

2.1.1. Hans von Hentig

No livro *The Criminal and His Victim: Studies in the sociobiology of crime*, um texto criminológico editado em 1948 onde a vítima é caracterizada como participante no acto criminoso e categorizada de acordo com o seu grau de envolvimento no crime, Hans von Hentig introduz a noção de precipitação do crime pela vítima, garantindo que da mesma maneira que as pessoas muitas vezes nascem criminosas, também nascem vítimas (Cole, 2006). A díade criminoso-vítima seria assim o ingrediente principal para a perpetração do crime (Doerner & Lab, 1998), tendo a vítima uma função determinante no processo de vitimação.

Na sua obra é patente a crítica aos estudos conduzidos pela Criminologia, alegando o autor que ao não contemplarem a figura da vítima, estes seriam marcados por uma unidimensionalidade estática (Fattah, 2000b).

Segundo von Hentig muitas vítimas de crimes contribuem para a sua própria vitimação, incitando ou provocando o/a criminoso/a ou criando situações que o/a levam ao cometimento dos crimes (Fattah, 1992). Num certo sentido, a teoria deste precursor da Vitimologia apresenta a vítima como um agente que molda o crime, interagindo com o/a criminoso/a. Considera-se, nesta abordagem, a existência de uma acção delituosa interactiva, no seio da qual acontece uma complexa combinação de factores sociais (Moreno, 2006).

Embora seja um agente provocador do crime, a vítima não é sempre a primeira causa do acto criminoso, nem as suas características são invariavelmente inatas. Como lembra o autor na parte IV do seu livro *The Criminal and His Victim: Studies in the sociobiology of crime* (1948), intitulada *Victim's Contribution to the Genesis of Crime*, "muitas vezes as vítimas nascem vítimas. Muitas vezes são feitas pela sociedade" (p. 385. Tradução nossa). Em alguns casos, a contribuição da vítima é passiva, sendo as suas características ou a sua posição social a determinar a vitimação (Doerner & Lab, 1998). Com base neste pressuposto, von Hentig criou uma tipologia de treze categorias de vítimas (cf. Quadro 1), de acordo com níveis diferenciados de propensão para a vitimação.

1. Jovens	Crianças
2. Fêmeas	Todas as mulheres
3. Velhos/as	Pessoas idosas
4. Pessoais mentalmente defeituosas ou transtornadas	Loucos/as, alcoólicos/as, toxicodependentes
5. Imigrantes	Estrangeiros/as
6. Minorias	Pessoas de diferentes "raças"
7. Normais entorpecidos	Simplórios/as
8. Pessoas deprimidas	Doentes com vários distúrbios psicológicos
9. Pessoas aquisitivas	Avarentos/as
10. Pessoas libertinas	Pessoas promíscuas
11. Pessoas solitárias	Viúvos/as
12. Pessoas atormentadoras ou tiranas	Pai/Mãe abusivo/a
13. Bloqueadas ou lutadoras	Vítimas de chantagem ou extorsão

Quadro 1 – Tipologia de Vítimas de Hans von Hentig [adaptado de Doerner, W. & Lab, S. (1998). *Victimology*. (p. 5). Cincinnati: Anderson. Tradução nossa].

Os diferentes tipos de vítimas reflectem a incapacidade de resistir ao/à perpetrador/a devido a desvantagens de natureza física, social ou psicológica (Doerner & Lab, 1998).

Antes da publicação do livro de von Hentig, as explanações teóricas sobre o comportamento delinquente e criminal eram centradas especialmente nos atributos sociais, económicos e culturais dos/as ofensores/as, nas suas deficiências genéticas ou peculiaridades psicológicas, projectando-se assim uma visão estática e essencialista da questão (Fattah, 1992). O estudo das interacções entre as vítimas e os/as ofensores/as introduziu no discurso científico um novo modelo de análise do fenómeno criminal, no qual vários ingredientes operam.

Trata-se de uma abordagem dinâmica e interactiva que reclama a observação das relações estabelecidas entre as partes envolvidas. O delito é perspectivado como consequência da combinação de um processo de criminalização e de um processo de vitimação, no seio do qual vítimas e ofensores/as são protagonistas (Sumalla, 2006).

2.1.2. Beniamin Mendelsohn

As obras de Beniamin Mendelsohn tiveram uma influência muito significativa na afirmação da Vitimologia como disciplina científica autónoma.

Assim como Hans von Hentig, Mendelsohn evidencia no seu trabalho a culpabilidade das vítimas nos actos criminosos. Segundo ele, as vítimas teriam uma predisposição inconsciente para se tornarem vítimas, o que ele apelidou como propensão para a vitimação (Turvey & Petherick, 2008). No seu modelo tipológico de classificação das vítimas, Mendelsohn apresenta uma escala gradual de responsabilidade, no âmbito da qual as vítimas têm diferentes níveis de culpabilidade no acto criminal (cf. Quadro 2).

1. Vítima completamente inocente	Vítima que não exibe qualquer acto provocador ou facilitador do acto criminoso;
2. Vítima com reduzida culpa ou "devido à ignorância"	Vítima que inadvertidamente faz algo que a coloca numa posição comprometedora antes do acto criminoso
3. Vítima voluntária ou tão culpada quanto o/a ofensor/a e vítima voluntária	Vítima que se envolve em crimes de vício e casos de suicídio
4. Vítima mais culpada do que o/a ofensor/a	Vítima que provoca o acto criminoso
5. Vítima única culpada	Vítima que se envolve em situações em que o/a ofensor/a se transforma em vítima
6. Vítima simulada ou imaginária	Vítima que assume o estatuto de vítima sem experienciar vitimação

Quadro 2 – Tipologia de Vítimas de Beniamin Mendelsohn [adaptado de M. Moreno, M. (2006). Historia da la victimología. In E. Baldomero, E. Odriozola & J. Sumalla (Coord.). *Manual de Victimología*. (pp. 51-78). Valencia: Tirant la Blanch. Tradução Nossa].

A quota de responsabilidade das vítimas aumenta em função da quota relativa de responsabilidade dos/as criminosos/as, traduzindo-se esta lógica num critério de culpabilidade correlativa (Moreno, 2006).

Nesta abordagem tipológica, apenas duas categorias de vítimas são menos culpadas do que os/as agressores/as, aparecendo as vítimas como culpadas nas restantes quatro categorias (Sengstock, 1976).

Na óptica de Baamonde, em 2005, Mendelsohn amplia a teorização de von Hentig, na medida em que não se limita a descrever as variáveis que contribuem para a prática dos delitos. A determinação da responsabilidade das vítimas reforça mais ainda a sua culpabilidade nos processos de vitimação.

Um dado importante na teoria deste autor é também o facto deste ter defendido a existência de uma forte relação interpessoal entre as vítimas e os/as ofensores/as, o que o levou a descrevê-los como *casal* ou *dupla penal* (Harris, 1992).

Mendelsohn foi igualmente responsável por desenvolver uma nomenclatura específica no campo da Vitimologia. As designações *vitimal, vitimidade* (em oposição a criminal e criminalidade respectivamente) e *potencial de receptividade vitimal* (potencial para se tornar vítima) são normalmente citadas como da sua autoria (Doerner & Lab, 1998).

Muito embora a perspectiva de Mendelsohn seja considerada positivista, muitos são os autores e as autoras que a indicam como a génese do paradigma radical da Vitimologia, dado o seu enfoque na questão dos Direitos Humanos (Chakrabarty, 2007). Para ele, o conceito de vítima não poderia resumir-se à esfera do delito criminal, devendo abranger todo o tipo de vítimas. Segundo o autor, o conceito científico de vítima deveria ser compreendido à luz de quatro critérios (Mendelsohn, 1976 as cited in Burgess, Roberts & Regehr, 2009):

1. A natureza do determinante que causa o sofrimento físico, psicológico ou ambos, dependendo do tipo de danos sofrido;
2. O carácter social do sofrimento da vítima e a reacção dos outros à vitimação;
3. A importância do factor social, expressa nas implicações sociais dos danos sofridos;
4. A origem do complexo de inferioridade, percebido como um sentimento de submissão que pode ser seguido de um sentimento de revolta.

A enunciação destes critérios indicia uma preocupação de Mendelsohn em enfatizar a dimensão social dos processos de vitimação. O advogado israelita entendia que a sociedade era um cenário de conflito, sendo a lei um instrumento criado para perpetuar a estrutura social produzida pelo sistema capitalista (Mawby & Walklate, 1994).

Esta leitura política dos fenómenos criminais e do sistema de justiça favoreceu o desenvolvimento posterior de uma Vitimologia centrada nos Direitos Humanos.

A obra de Mendelsohn assinala por isso um marco extremamente importante na história da Vitimologia, especialmente no que respeita à introdução de uma visão mais democrática no estudo das vítimas.

2.1.2. Stephen Schafer

A publicação do livro do advogado e professor de Criminologia húngaro Stephen Schafer, *The Victim and His Criminal: A Study in Functional Responsibility*, em 1968, fundamentou, nos Estados Unidos da América, a organização do primeiro curso universitário inteiramente dedicado à Vitimologia[3] (Dussich, 2003).

Embora partilhe com Hans von Henting a tese de que a vítima é um sujeito activo no processo de criminalização ou vitimação tendo, portanto, responsabilidade na sua vitimação, Stephen Schafer diferencia-se deste quando defende que a vítima tem uma *responsabilidade funcional* no crime de que é vítima. A responsabilidade deveria ser entendida como funcional, uma vez que é essencial para manter a ordem social. Este conceito é particularmente relevante na sua abordagem, na medida em que é a base explicativa do processo criminal.

O autor sustenta que é a vítima quem detém a responsabilidade da ofensa criminal que lhe é infligida (Schneider, 1979). Não sendo passiva, a vítima determina a prática do acto delituoso. De acordo com a sua teoria, a potencial vítima tem a obrigação de comportar-se de forma a não *tentar* outros/as a cometer crimes contra si. Assim, postula a necessidade de uma atitude auto-preventiva por parte da vítima (Moreno, 2006). A vítima, na sua óptica, teria a obrigação de resistir às investidas do/a criminoso/a, levando a cabo acções que visassem interferir no acto ou escapar dele. Desse modo, a resistência poderia traduzir-se em condutas activas, como a retaliação física

---

[3] A Vitimologia surgiu nos currículos universitários como um sub-tópico da Criminologia, Sociologia, Psicologia e outras Ciências Sociais, em meados da década de sessenta do século XX (Dussich, 2003).

ou os pedidos de ajuda, ou numa recusa de atender às exigências do/a criminoso/a (Burgess, Roberts & Regehr, 2009).

No seu livro *The Victim and His Criminal: A Study in Functional Responsibility*, de 1968 (edição revista em 1977 e republicada como *Victimology: The Victim and His Criminal*), propôs uma tipologia da relação vítima-criminoso/a (cf. Quadro 3), composta por sete categorias, no âmbito da qual considera ser útil avaliar as características do meio social envolvente.

1. Vítimas sem qualquer tipo de relação	Não possuem qualquer relação com o/a criminoso/a antes do crime.
2. Vítimas provocadoras	O seu comportamento provoca a reacção criminosa do/a agressor/a.
3. Vítimas precipitadoras	São vítimas potenciais que, com um tipo particular de comportamento, induzem a sua própria vitimação, ou seja, são pessoas que, sem fazer nada contra o/a potencial agressor/a, instigam, atraem ou induzem com o seu modo de ser, ou o seu comportamento particular, um crime contra si.
4. Vítimas biologicamente débeis	Possuem características físicas que as fazem mais vulneráveis aos/às seus/suas ofensores/as. Por exemplo, os/as bebés, os/as idosos/as, doentes e portadores/as de alguma deficiência.
5. Vítimas socialmente débeis	Têm características sociais que as vulnerabilizam ao/à agressor/a, por exemplo as pessoas isoladas, os/as imigrantes, as minorias.
6. Vítimas auto-vitimizadoras	Envolvem-se em comportamentos desviantes ou criminosos sendo, portanto, totalmente responsáveis pela sua vitimação. São exemplos deste tipo de vítimas as prostitutas, toxicodependentes, dependentes de álcool e jogadores/as.
7. Vítimas políticas	São pessoas que se opõem ao poder e são agredidas para serem controladas e, deste modo, não perturbarem o sistema político dominante.

Quadro 3 – Tipologia de Vítimas de Schafer [adaptado de Doerner, W. & Lab, S. (1998). *Victimology*. (p. 8). Cincinnati: Anderson. Tradução nossa].

Para além da questão da precipitação dos crimes pelas vítimas, na obra de Schafer é defendida a obrigação do/a criminoso/a de compensar a vítima pelos danos causados. A defesa da restituição foi proposta por Schafer na sua obra *Compensation and Restitution to Victims of Crime*, publicada em 1970. Nesta, o autor chama a atenção para o facto das vítimas não poderem alimentar expectativas acerca da total reparação dos danos sofridos, já que essa não era uma prioridade dos sistemas legais de diferentes países (Schafer 1970, p. 117 as cited in Gavrielides, 2007). A restituição seria o mecanismo apropriado para repor a confiança das vítimas na Justiça e punir os/as ofensores/as (Galaway, 1992).

Schafer argumentava que os/as ofensores/as têm que entender que ao lesarem as vítimas, lesam igualmente o Estado, justificando esta dupla penalização uma compensação monetária.

A perspectiva de Schafer, ainda que em alguns aspectos seja regeneradora da tese da culpabilização das vítimas, impulsionou determinantemente o processo de humanização do sistema de justiça.

2.1.3. Marvin Eugene Wolfgang

Marvin Eugene Wolfgang foi um dos mais ilustres criminólogos e professores de Criminologia americanos da última metade do século XX e o primeiro autor a apresentar um estudo empírico cujas evidências sustentavam a noção de precipitação do crime pelas vítimas. Deve-se a Wolfgang a primeira sistematização e análise compreensiva de dados relativos a crimes de homicídios (Silverman, 2004). O seu interesse primordial era o de estimar a percentagem de homicídios que poderia ter sido precipitada pelas vítimas (Watkins, 2004).

De acordo com a sua perspectiva, a precipitação do crime pelas vítimas dizia respeito a situações em que a vítima era a primeira a envolver-se em comportamentos violentos (Swatt & He, 2006). Os homicídios precipitados pelas vítimas seriam aqueles em que a vítima era

> a primeira usar no drama do homicídio a força física directamente contra o seu subsequente assassino. Os casos precipitados pelas vítimas são aqueles em que a vítima é a primeira a mostrar e a usar a arma mortal, a dar um golpe numa altercação, em suma, a primeira a começar o jogo ou a recorrer à violência física (Wolfgang, 1974, p. 80 as cited in Sengstock, 1976, p. 5).

Através da análise de registos policiais, Wolfgang concluiu que 26% dos homicídios cometidos em Filadélfia, entre 1948 e 1952, estavam relacionados com factores que indiciavam a co-responsabilidade das vítimas no cometimento dos crimes. Como resultado deste seu trabalho, publicou em 1958 a sua obra *Patterns in Criminal Homicide*, uma extensão da sua tese de doutoramento. Tal como a teoria de von Hentig, a teoria de Wolfgang procurava sistematizar as características pessoais das vítimas associadas ao risco de vitimação (Schneider, 2001).

O criminólogo analisou as características das partes envolvidas nos homicídios, a localização dos incidentes, as armas usadas e o consumo de álcool, quer por parte das vítimas, quer por parte dos/as homicidas (Watkins, 2004). Analisou igualmente o sexo e a etnia dos/as intervenientes. Desse modo, identificou vários factores precipitantes dos homicídios (Doerner & Lab, 1998). Em primeiro lugar, constatou que as vítimas mantinham usualmente uma relação de proximidade com os/as agressores/as, o que tornava mais provável que estas fossem assassinadas por parentes, amigos/as ou companheiros/as do que por estranhos. Mais de metade dos casos analisados envolvia membros da mesma família ou pessoas conhecidas, o que veio contrariar a ideia de que a grande maioria dos homicídios era perpetrada por estranhos (Silverman, 2004).

Em segundo lugar, verificou que os homicídios eram, muitas vezes, o resultado de um pequeno desentendimento que sofria uma escalada em termos de gravidade até uma situação de ausência de controlo, motivada pela confrontação das vítimas.

Em terceiro e último lugar, apurou que o álcool consumido pelas vítimas era um ingrediente importante na precipitação dos homicídios, uma vez que motivava comportamentos desinibidos e confrontativos. Wolfgang foi o primeiro autor a demonstrar empiricamente o papel do álcool no cometimento de crimes violentos. Em dois terços dos casos analisados, a vítima, o/a ofensor/a ou ambos tinham consumido álcool antes do crime (Silverman, 2004).

A constatação da existência de relações de proximidade ou de intimidade entre vítimas e criminosos/as levou Wolfgang a interessar-se também pelo estudo do homicídio conjugal. O autor concluiu que embora a proporção de homicídios conjugais perpetrados por mulheres e homens seja praticamente a mesma, 41% de todas as mulheres assassinadas eram vítimas de homicídio conjugal (Swatt & He, 2006). Wolfgang constatou também que quando uma mulher casada cometia homicídio, na grande maioria das vezes a vítima era o marido (Swatt & He, 2006).

Um outro elemento a destacar das suas conclusões prende-se com o facto de haver um elevado número de homicídios praticados por homens afro-americanos, contra indivíduos da mesma origem étnica. Estas evidências foram o suporte empírico para o desenvolvimento da Teoria da Subcultura da Violência, que defende que determinados grupos étnicos são mais propensos à violência do que outros, devido a processos como a associação diferencial e a aprendizagem social (Wolfgang & Ferracuti, 1967 as cited in Bersani & Chen, 1988).

A natureza detalhista da investigação conduzida por Marvin Eugene Wolfgang viria a ditar o curso dos estudos sobre homicídios conduzidos após a publicação da sua obra *Patterns in Criminal Homicide*. Não só a abordagem metodológica foi replicada em muitas investigações subsequentes, como os factores analisados originalmente foram reapreciados. Na actualidade, as questões de género e de etnicidade (apontadas por Wolfgang como decisivas na prática criminal) têm vindo a influir, de forma significativa, na construção de leituras teóricas sobre o homicídio, em geral, e sobre o homicídio conjugal, em particular.

2.1.4. Menachem Amir

Menachem Amir é provavelmente um dos mais polémicos autores da história da Vitimologia. O sociólogo e criminólogo israelita elaborou uma das teorias mais controversas sobre a culpabilidade das vítimas nos fenómenos criminais.

Entre 1958 e 1960, reproduzindo o modelo de análise dos casos de homicídio desenvolvido pelo seu professor Wolfgang, Amir examinou 646 acórdãos de crime de violação praticados em Filadélfia. As suas conclusões apontaram para o facto de 19% das vítimas terem precipitado os crimes dos quais foram alvo (Roberts & Burgess, 2008). No seu livro *Patterns in Forcible Rape*, publicado em 1971, o autor analisou os padrões e características das violações, a idade, o sexo, a etnia e as detenções prévias das vítimas e dos/as ofensores/as, assim como o *modus operandi* e os padrões temporais e espaciais dos crimes (Weisberg, 1996).

Amir defendia que a vítima precipita o crime ou através do seu comportamento, que é interpretado pelo/a agressor/a como um convite directo para uma interacção sexual, ou sinalizando, de alguma forma, a sua disponibilidade para o contacto sexual. Isto verifica-se, por exemplo, quando a vítima concorda com a relação sexual, mas muda de ideias a meio do encontro; não resiste o suficiente à investida; aceita consumir bebidas alcoólicas com um/a estranho/a; utiliza linguagem obscena ou gestos indecentes. A precipitação também pode explicar-se pelo facto da vítima ter uma *má* reputação, ser promíscua ou ter mantido contactos sexuais prévios com o/a agressor/a. O aspecto mais criticado das suas conclusões é a afirmação de que algumas vítimas possuem um desejo inconsciente de serem sexualmente controladas através da experiência de violação. Este pressuposto viria a motivar uma forte indignação e oposição por parte dos movimentos feministas, por considerarem que estavam a ser colocados em causa os direitos das vítimas, sobretudo das vítimas mulheres (Weisberg, 1996; Machado & Gonçalves, 2002). Para as feministas, a violação é um instrumento de controlo das sociedades patriarcais, o qual permite que alguns homens exerçam poder sobre as mulheres (Bergen, 1996). A apologia de que as vítimas de violação determinariam, quer pelas suas características, quer pela sua conduta o crime é, para as feministas, um verdadeiro insulto. Segunda elas, esta teoria traz à tona todos os mitos da violação, criados a partir do conceito de masoquismo forjado pelas correntes psicanalíticas, o qual faz recair sobre a vítima toda a responsabilidade e culpa (Ward, 1995). De acordo com Amir, "num certo sentido, a vítima é sempre culpada do crime" (1971, p. 258 as cited in Ward, 1995, p. 31. Tradução nossa). Reflectindo as premissas das Teorias Blaming the Victims, esta tese de Amir procura na vítima a explicação para a sua vitimação e, por consequência, retira ao/a agressor/a parte da sua culpa e responsabilidade.

A teoria da precipitação da violação pela vítima de Amir evoca, à semelhança da abordagem de Wolfgang, a noção de subcultura da violência. O autor traçou um perfil dos violadores muito aproximado daquele que Wolfgang e Ferracuti tinham identificado para homicidas e assaltantes. Assim, os violadores seriam tendencialmente homens negros jovens, de classe baixa e oriundos de zonas periféricas de grandes áreas metropolitanas (Clinard & Meier, 2007). Estes indivíduos perfilhariam uma noção das mulheres como objectos sexuais e possivelmente como alvos aceitáveis de agressão (Clinard & Meier, 2007).

Embora de forma mais atenuada, nos anos noventa em Portugal, a ideia da precipitação da violação pela vítima foi retomada num acórdão exarado pelo Supremo Tribunal de Justiça que, na apreciação de um crime de violação, argumentou que naquelas circunstâncias as vítimas se colocaram à disposição do violador na *coutada do macho latino*, decisão que ficou conhecida como o *acórdão da coutada do macho latino*[4] (Acórdão do Supremo Tribunal de Justiça de 18.10.1989, processo n.º 040268).

Não obstante as críticas dirigidas a esta teoria, o facto é que a sua desconstrução permitiu que fosse evidenciado o carácter androcêntrico da Criminologia e da Vitimologia e reconhecida a necessidade de introdução de um novo paradigma de estudo das vítimas e dos/as criminosos/as.

Em suma, a noção de precipitação do crime pela vítima é uma das mais controversas da história da Vitimologia. Muito embora ela tenha vindo a ser criticada e suavizada, ao longo das últimas décadas, não foi todavia completamente abandonada.

---

[4] No acórdão é explícita a atribuição da responsabilidade da violação às vítimas.

"Contribui para a realização de um crime de violação a ofendida, rapariga nova mas mulher feita que: a) Sendo estrangeira, não hesita em vir para a estrada pedir boleia a quem passa; b) Sendo impossível que não tenha previsto o risco em que incorre; c) Se mete num carro, com outra e com dois rapazes, ambas conscientes do perigo que corriam, por estarem numa zona de turismo de fama internacional, onde abundam as turistas estrangeiras com comportamento sexual muito mais liberal do que o da maioria das nativas; d) É conduzida durante alguns quilómetros pelo agente, que se desvia da estrada para um sítio ermo; e) É puxada para fora do carro e tenta fugir, mas é logo perseguida pelo agente, que a empurra e faz cair no chão; f) Sendo logo agredida por ele com pontapés, agarrada pela blusa e arrastada pelo chão cerca de 10 metros; g) Tentando ainda libertar-se, é esbofeteada, agarrada por um braço e ameaçada pelo agente com o punho fechado; h) É intimidada assim, pelo agente, que lhe tira os calções e as cuecas, não oferece mais resistência e, contra a sua vontade, é levada a manter relações sexuais completas pelo primeiro; e i) Após ter mantido, à força, relações sexuais, com medo de que o agente continuasse a maltratá-la, torna-se amável para com ele, elogia-o, dizendo-lhe que era muito bom no desempenho sexual e assim consegue que ele a leve ao local de destino, onde a deixou" (Acórdão do Supremo Tribunal de Justiça de 18.10.1989).

A Teoria do Mundo Justo de Lerner (1980), por exemplo, coadjuva estas evidências (as cited in Moreno, 2006). Assumindo-se a crença no mundo justo como verdadeira, a hipótese de uma vítima ser inocente torna-se uma não-possiblidade. A ideia de que as vítimas têm aquilo que merecem, iliba os/as criminosos/as das suas responsabilidades. Assim, o efeito mais provável deste processo é a culpabilização das vítimas pela vitimação e a sua consequente revitimação, ou seja, a vitimação secundária. Esta caracteriza-se por toda a vitimação que decorre após a vitimação primária e que acentua as consequências da primeira (e.g. contacto com sistema de justiça).

A noção de precipitação do crime pela vítima encerra em si mesma várias debilidades, que se tornam altamente penalizadoras do estatuto das vítimas e, por conseguinte, dos seus direitos. Franklin e Franklin, em 1976 (as cited in Doerner & Lab, 1998), apontaram quatro implicações decorrentes da perspectiva positivista. Em primeiro lugar, a noção de precipitação do crime pela vítima assume que os actos criminosos podem ser explicados pelos comportamentos das vítimas. O facto é que a presença dos factores habitualmente identificados nas vítimas como precipitantes da vitimação não é, por si só, explicativa da prática delituosa. Em segundo lugar, a ideia da precipitação do crime pela vítima baseia-se no pressuposto de que o/a ofensor/a é activado/a apenas quando esta lhe envia determinados sinais ou estímulos, agindo por reacção. Esta leitura ignora as situações em que os crimes são cometidos deliberadamente e de forma intencional. Em terceiro lugar, a noção de precipitação do crime pela vítima advoga que os comportamentos das vítimas são suficientes para despoletar o acto criminoso, quando muitas vezes a manifestação destes alegados comportamentos não desencadeia nos outros (potenciais criminosos/as) qualquer reacção. Em quarto e último lugar, a noção de precipitação do crime pela vítima defende que a intenção da vítima pode ser avaliada pela vitimação sofrida. Este argumento associa a gravidade dos actos à acção directa ou indirecta das vítimas, o que obviamente é uma tese perigosa que tem vindo a ser amplamente contraditada pelas abordagens que sucederam as Teorias Blaming the Victims.

2.2. Teorias da Oportunidade

Na tentativa de mitigar a tese da culpabilidade das vítimas nos processos de vitimação, a noção de precipitação tem vindo a ser substituída pelas noções de risco, de oportunidade ou de vulnerabilidade (Fattah, 1997; Sumalla, 2006), as quais não só reduzem o potencial de estigmatização das vítimas, como são úteis na prevenção dos delitos (Sumalla, 2006). Com base nas premissas do risco e da oportunidade, foram desenvolvidos as Teorias da Oportunidade, das quais se destacam a Teoria dos Estilos de Vida, de Hindelang, Gottfredson e Garofalo (1978) e o Modelo das Actividades de Rotina, de Cohen e Felson (1979).

Ao admitir que são as condutas e não os traços das vítimas a influenciar o seu envolvimento em práticas de vitimação, estas abordagens aproximam-se de explicações mais contextuais, ecológicas e sociais, cujo enfoque ilumina a transição, ainda que tímida, de um paradigma positivista para um paradigma radical.

A Teoria dos Estilos de Vida de Michael Hindelang, Michael Gottfredson e James Garofalo (1978, 1981) e a Teoria das Actividades de Rotina, proposta por Lawrence Cohen e Marcus Felson, em 1979, ambas recuperadas por Miethe e Meier em 1994, partem da noção de *exposição ao risco* para explicar a interacção vítima-criminoso/a. A *exposição ao risco* aumenta a probabilidade das pessoas se tornarem vítimas porque, de alguma maneira, estão mais susceptíveis à acção dos/as criminosos/as. A exposição ao risco pode ser de natureza individual ou social. Nesta óptica, os estilos de vida e as actividades de algumas pessoas ou de diferentes grupos colocam-nas em ambientes ou situações que facilitam o contacto com potenciais agressores/as, o que as faz estar em maior risco de potencial vitimação. A vitimação não seria assim fruto do acaso, mas de um conjunto de circunstâncias que facilita a sua ocorrência.

2.2.1. Michael Hindelang, Micahel Gottfredson e James Garofalo

Para explicar a natureza individual da exposição ao risco, Hindelang, Gottfredson e Garofalo (1978, 1981) propuseram a *Teoria dos Estilos de Vida*, que defende que algumas pessoas, pelas suas características (idade, sexo, profissão, etnia, entre outras), estão mais expostas ao risco de vitimação do que outras. Trata-se de uma proposta de conceptualizar uma teoria geral da vitimação que associa os riscos da vitimação às actividades quotidianas levadas a cabo por potenciais vítimas (Moreno, 2006).

Na sua obra *Victims of Personal Crime: an empirical foundation for a theory of personal victimizations*, publicada em 1978, os autores formulam uma série de pressupostos para explicar as variações nos índices de vitimação. De acordo com Hindelang (1979. Tradução nossa), estes pressupostos são:

1. A probabilidade de se sofrer uma vitimação pessoal está directamente relacionada com a quantidade de tempo que se passa em locais públicos, especialmente à noite;
2. A probabilidade de estar em locais públicos, especialmente à noite, varia em função dos estilos de vida;
3. Os contactos e as interacções sociais ocorrem desproporcionalmente entre indivíduos que partilham estilos de vida idênticos;
4. A probabilidade de se sofrer uma vitimação pessoal depende da quantidade de características demográficas que se partilha com os ofensores;
5. A proporção de tempo que se passa com indivíduos estranhos varia em função dos estilos de vida;
6. A probabilidade de se sofrer uma vitimação pessoal, sobretudo roubo, aumenta em função da proporção de tempo que se passa com estranhos;
7. As variações nos estilos de vida estão associadas a variações na capacidade dos indivíduos se afastarem dos ofensores e
8. As variações nos estilos de vida estão associadas a variações na viabilidade dos indivíduos se constituírem alvos de vitimação.

De acordo com a abordagem dos autores, determinados grupos são tendencialmente mais vitimados do que outros. Os homens jovens, oriundos de minorias e pertencentes a classes desfavorecidas estariam mais propensos à vitimação, por viverem mais em contextos de rua, por estarem expostos a uma socialização mais violenta e por estarem associados a pares desviantes (Machado & Gonçalves, 2002).

Porque estes indivíduos interagem mais frequentemente com outros semelhantes a si, o risco de vitimação individual é directamente proporcional ao número de características que partilham com os ofensores (Massey & McKean, 1985). Assim, os ofensores são mais vulneráveis do que os não-ofensores a tornar-se vítimas, uma vez que os seus estilos de vida os expõem mais ao contacto com os ofensores. Por outro lado, os ofensores consomem mais álcool e drogas ilícitas dos que os não-ofensores, o que diminui a sua capacidade de protecção e resistência à vitimação (Sampson & Lauritsen, 1994).

Tudo isto se deve ao facto dos seus estilos de vida produzirem diferentes níveis de exposição ao risco. Os estilos de vida caracterizam-se por um conjunto de actividades quotidianas em que os indivíduos se envolvem, sendo este condicionado por papéis, expectativas sociais e factores estruturais.

Os estilos de vida influenciam, portanto, quer o grau de exposição a determinados contextos e períodos temporais, quer a prevalência de associações a outros mais ou menos predispostos à prática de crimes.

2.2.2. Lawrence Cohen e Marcus Felson

A *Teoria das Actividades de Rotina*, de Cohen e Felson, traduz--se no desenvolvimento imediato e lógico da Teoria dos Estilos de Vida (Moreno, 2006). Focada na importância do ambiente como uma componente vital na interacção entre vítimas e criminosos/as, defende que os padrões de rotina das pessoas facilitam o acto criminoso sendo, para isso, necessário que se cumpram algumas condições. Para que haja um crime, a primeira condição é haver um *alvo adequado*, que pode ser uma pessoa ou um objecto. Em segundo lugar, é necessário que, no balanço das vantagens e das consequências, nomeadamente a possibilidade de ser apanhado/a, o/a criminoso/a conclua que vale a pena cometer aquele crime. Ou seja, é preciso que haja um/a *criminoso/a motivado/a*. Tal avaliação leva em consideração, entre outros aspectos, a presença ou ausência de pessoas ou objectos que servem o propósito de conter ou deter a actividade criminal. *Guardiães/ãs* fracos/as ou inexistentes aumentam a possibilidade da ocorrência do crime. Este papel é desempenhado por agentes formais ou informais de controlo social.

Deste modo, a vitimação depende sobretudo das actividades rotineiras das pessoas. Os crimes, nessa óptica (adaptado de Cohen & Felson, 1979):

a) São condicionados pelos alvos disponíveis, pela ausência de agentes de controlo e por ofensores/as motivados/as;
b) Estão directamente relacionados com as oportunidades dos/as ofensores/as, sendo as vítimas, pelos seus hábitos de vida, as responsáveis por criar essas mesmas oportunidades;
c) São praticados em situações em que as vítimas mais prováveis são as que estão mais expostas a potenciais ofensores/as, que oferecem mais ganhos (materiais ou simbólicos) e que estão menos protegidas;
d) São condicionados pela inexistência ou a vulnerabilidade dos agentes de controlo, pela presença de alvos atractivos e de criminosos/as motivados/as em determinados contextos.

Quatro vectores devem ser então considerados nesta teoria:

1. Pessoas influentes na vida dos/as criminosos/as (e.g. família, amigos/as) – quando estão ausentes, são fracas ou corruptas a ocorrência do crime torna-se mais provável.
2. Alvos dos criminosos – quanto mais atractivos os alvos mais risco correm de ser vitimados.
3. Agentes de controlo (e.g. autoridades policiais, vizinhança) – quando estão ausentes, são fracos ou corruptos a ocorrência do crime torna-se mais provável.
4. Lugares – determinados contextos são mais propícios à prática de crimes.

Estas perspectivas enfatizam a necessidade da prevenção ser dirigida ao comportamento das vítimas, evitando que elas se coloquem em situações em que a oportunidade para o crime surja.

Em 1994, Miethe e Meirs, argumentando que a Teoria dos Estilos de Vida e a Teoria das Actividades de Rotina são a mesma teoria, propõem a integração das mesmas num modelo explicativo que defende que para que um crime ocorra é necessária a presença de quatro componentes: a proximidade ao crime, a exposição ao crime, a presença de um alvo atractivo e a falta de vigilância.

Em jeito de síntese, podemos condensar as premissas das Teorias da Oportunidade nas seguintes ideias-chave:

a) A propensão para a vitimação depende do estilo de vida dos indivíduos.
b) As actividades rotineiras definem o estilo de vida, quer na sua vertente vocacional (e.g. trabalho, escola), quer de lazer.
c) O adequado funcionamento social está ligado ao ajustamento dos indivíduos aos papéis e expectativas sociais.

Os estilos de vida, caracterizados por um conjunto de actividades rotineiras e quotidianas, influenciam as adaptações e os compromissos dos indivíduos face às expectativas do seu papel social e aos determinantes estruturais de natureza económica, familiar, educativa e legal (Moreno, 2006). Nessas expectativas e determinantes operam os factores demográficos, outrora reconhecidos como as causas originais da vitimação.

Sendo aceite a relevância destas teorias na contestação da tese da culpabilização das vítimas, na realidade elas não afastam por completo a ideia de que as vítimas contribuem (mais ou menos activamente) para a vitimação que sofrem. Assiste-se nestes modelos à substituição do conceito de *vítima nata* pelo de *vítima comportamental* (Machado & Gonçalves, 2002), conceito esse que não exclui a culpa das vítimas no cometimento de actos criminosos.

2.3. Perspectivas sócio-estruturais, institucionais e culturais

Subsequentemente às propostas elaboradas no domínio das Teorias da Oportunidade, outras foram feitas, de forma a assegurar que as vítimas não fossem equiparadas, em termos de imputação da responsabilidade e de culpa, aos/às criminosos/as. As novas propostas procuraram acentuar a dimensão social, estrutural, institucional e cultural do crime e da vitimação.

A verdadeira e mais sólida oposição à Vitimologia Positivista foi impulsionada pela aliança entre a Vitimologia e os Movimentos das Vítimas (Moreno, 2006), especialmente os Movimentos das Mulheres. De acordo com Myriam Moreno (2006), sobretudo a partir da publicação da obra de Amir, *Patterns of Forcible Rape*, em 1971, assistiu-se a um questionamento do paradigma clássico e dos seus pressupostos, iniciando-se uma nova era do pensamento vitimológico.

O surgimento da Vitimologia Radical ilustra esta mudança. Ao invés de entender a vitimação como o produto de atributos pessoais das vítimas, a Vitimologia Radical concebe-a como o efeito de um conjunto de factores estruturais presentes na organização social (Dignan, 2005).

A emergência da Vitimologia Radical pode ser associada, por um lado, aos movimentos feministas e aos novos ideais de esquerda e, por outro lado, à proliferação dentro da academia de conhecimentos inovadores sobre os processos e as dinâmicas de vitimação, oriundos dos inquéritos de vitimação e das teorias do Realismo da Esquerda Radical (Davies, Francis & Jupp, 2004). De notar também o surgimento, dentro das universidades, de um processo de *colonialização feminista*, que acabou por ser o resultado da extensão do movimento da libertação das mulheres ao espaço académico e que muito influenciou o curso da investigação e da teorização sobre as vítimas (Neves, 2009).

Remontando as suas origens ao trabalho de Mendelsohn, a abordagem radical da Vitimologia adquire uma maior visibilidade e estrutura apenas em finais da década de sessenta, princípios da década de setenta do século XX, conhecendo o seu auge na década de oitenta, a par do desenvolvimento da Criminologia Radical (Mawby & Walklate, 1994).

O que melhor caracteriza este paradigma é o discurso crítico construído em torno da análise do papel do estado capitalista e da lei inerente aos sistemas capitalistas na definição social da vítima e do/a ofensor/a, análise esta fortemente arreigada aos princípios marxistas. Procurando caracterizar os mecanismos através dos quais o sistema criminal constrói o crime, este paradigma presta atenção especial às vítimas das forças policiais, às vítimas da guerra, às vítimas do sistema de justiça, às vítimas da violência do estado e às vítimas de qualquer género de opressão (Quinney, 1972 as cited in Mawby & Walklate, 1994).

No seio do paradigma radical convivem diferentes perspectivas teóricas, que poderíamos apelidar genericamente de perspectivas sócio-estruturais, institucionais e culturais. Segundo estas, a vitimação é o resultado de determinantes estruturais, havendo aspectos na própria estrutura social que promovem ou causam o envolvimento das pessoas em actos criminosos (Schneider, 2001).

Estas perspectivas abordam as variáveis sócio-estruturais, sejam económicas, étnicas ou etárias, que determinam a criminalidade e, portanto, a vitimação. Advoga-se que a localização social ou a pertença a um determinado grupo, cujo nível económico seja baixo e cujas características sócio-demográficas o coloquem numa posição minoritária, pode conduzir a uma situação de exclusão que, por sua vez, propiciará uma maior vulnerabilidade à vitimação. Neste sentido, a experiência de vitimação não pode ser estudada isoladamente e para a compreender é necessário considerar o contexto das vítimas, como as vítimas experimentam o crime e como a sociedade reage ao crime. Quando se analisa um crime é preciso observar, para além da relação criminoso/a-vítima, o contexto institucional, incluindo as circunstâncias em que o crime ocorreu. É igualmente necessário assumir-se que processos organizacionais e sociais mais amplos influenciam a perpetração da violência e as reacções a ela. Conhecê-los e reconhecê-los como padrões previsíveis, e não como realidades aleatórias, pode ser decisivo na promoção de estratégias preventivas da vitimação (Meiers, Kennedy & Sacco, 2001).

A vitimação sócio-estrutural, institucional e cultural pode igualmente produzir-se de forma simbólica, através da submissão das pessoas aos costumes, tradições, religião e ideologias sociais. Como exemplos desta vitimação podemos citar o heterossexismo, o sexismo, a xenofobia, o racismo e o infanticídio.

Das diferentes perspectivas sócio-estruturais, institucionais e culturais destacam-se as perspectivas feministas, cujo enfoque inicial foi o sexismo e a vitimação de género.

2.3.1. Perspectivas feministas

O paradigma positivista foi especialmente penalizador para as mulheres, atribuindo-lhes a responsabilidade pelos crimes de que eram vítimas. Como relembra Carol Smart, no seu manifesto publicado em 1976, *Women, Crime and Criminology*, a Criminologia Positivista parecia padecer de uma espécie de miopia masculina, enredando as mulheres num ambiente de suspeição que tendia a legitimar a sua penalização (Rock, 2007). Neste texto, o primeiro documento feminista a ter eco na Criminologia, a autora declara a existência de um viés tradicionalmente alimentado pelas teorias crimonológicas, o qual satura a academia de ideias essencialistas sobre *a situação* das mulheres (Jewkes, 2004). Este viés, fruto de concepções biologizantes, mantém as mulheres num ciclo de subserviência em relação aos homens, funcionando a violência como um instrumento ao serviço da manutenção dessa subserviência.

Durante as décadas de sessenta e setenta do século XX, os movimentos feministas da Segunda Vaga reforçaram as suas reivindicações públicas, exigindo direitos específicos para grupos particulares de vítimas, os quais advogavam ser mais vulneráveis, mercê da sua condição social. Estes grupos eram constituídos por mulheres vítimas de violência *doméstica*, mulheres vítimas de violação ou de outros crimes sexuais (Dignan, 2005).

Encabeçados sobretudo por activistas, estes movimentos desempenharam um papel preponderante na denúncia, mas também na intervenção junto destas situações. Com o objectivo explícito de implementar uma partilha efectiva de recursos e de poder, muitas mulheres envolvidas nestes movimentos comprometeram-se na prossecução de actividades sociais e políticas, oferecendo suporte e aconselhamento às vítimas (Neves & Nogueira, 2004).

Ao considerar a violência física e psicológica, a violação e outras formas de violência sexual contra as mulheres e contra as crianças um fenómeno sócio-cultural e histórico resultante das assimetrias de poder entre os sexos (Crawford & Unger, 2000; Neves & Machado, 2005), as perspectivas feministas abriram caminho ao debate político sobre as implicações reais do patriarcado e da pretensa privacidade familiar.

As perspectivas feministas deram à Vitimologia e à Criminologia contributos importantes no sentido do desenvolvimento da investigação e da teoria em matéria de violência de género e maus-tratos infantis (especialmente violência física e sexual), propondo metodologias de estudo alternativas. Os primeiros estudos feministas efectuados sobre a violência contra as mulheres, sinalizando claramente a emergência de uma nova perspectiva na investigação sobre a violência interpessoal (Bradley & Davis, 1998), incidiram sobretudo sobre as problemáticas dos maus-tratos conjugais e da violação. Até à segunda metade do século XX, as crenças culturais generalizadas sobre a privacidade da vida íntima e a tolerância, mais ou menos encapsulada, face à violência familiar, inibiu a análise do fenómeno (Malley-Morrison & Hines, 2004) e sustentou os discursos sociais de permissividade no que se refere à sua prática. Esta evidência é especialmente saliente no que toca às questões da sexualidade violenta na intimidade uma vez que, de uma forma geral, a maioria das sociedades tem difundido uma visão submissa e subserviente do papel das mulheres na intimidade, designadamente no domínio da conjugalidade, nutrindo assim uma lógica de controlo que intensifica, muitas vezes, o estatuto minoritário, o poder desigual e os parcos direitos civis das mulheres (Schwartz & Rutter, 1998).

O carácter *genderizado* dos crimes praticados contra as mulheres ilustrava, segundo as feministas, o impacto social da desigualdade entre os sexos. Os sistemas patriarcais, ao perpetuarem desnivelamentos estruturais em matéria de direitos, originavam (como originam ainda) fenómenos de discriminação, de opressão e de vitimação, sendo as mulheres e as crianças de sexo feminino particularmente mais vulneráveis a estes fenómenos (Neves, 2008). A teoria e a prática feminista evidenciaram, de forma pioneira, o impacto da opressão e das políticas opressivas no quotidiano das mulheres (Dietz, 2000), concluindo que são essas dimensões que constroem efectivamente a vulnerabilidade social. A análise do patriarcado, à luz da estratificação sexual e da dominância masculina, alicerçou uma nova reconceptualização do fenómeno da violência contra as mulheres, quer no domínio dos contextos íntimos, quer no domínio dos contextos institucionais, abrindo caminho a uma leitura alternativa sobre as condicionantes do crime, enquanto facto social.

Embora inicialmente as perspectivas feministas tenham incidido o seu foco de análise sobre as questões de género, sublinhando a necessidade de se estudar a criminalidade perpetrada pelos homens contra as mulheres, outros factores têm vindo a ser explorados na análise dos fenómenos de vitimação. Dimensões como a classe social, a etnia, a idade e a orientação sexual são consideradas nesta análise, concebendo-se a diversidade e a pluralidade como aspectos essenciais na compreensão da vitimação. A Teoria da Interseccionalidade de Kimberlé Crenshaw, por exemplo, permite-nos entender como vários ingredientes estruturais concorrem para a vitimação. Com o objectivo de compreender como as várias categorias e localizações identitárias interagem a múltiplos níveis para se manifestarem em termos de desigualdade social, esta teoria refuta os modelos clássicos de compreensão dos fenómenos de opressão. Os sistemas sexo/género, raça/etnicidade, classe, religião, nacionalidade, orientação sexual ou deficiência não agem de forma independente uns dos outros; pelo contrário essas formas de opressão interrelacionam-se criando um único sistema que reflecte a intersecção de múltiplas formas de discriminação (Nash, 2008).

No caso das mulheres vítimas de violência na intimidade, o abuso físico que leva as mulheres a procurarem apoio, é apenas uma das manifestações da subordinação que experienciam. Muitas delas enfrentam situações de desemprego, de pobreza e de exclusão social. Se somarmos a isto o facto de serem negras e imigrantes, a sua vulnerabilidade agiganta-se (Crenshaw, 1994).

É por isso crucial considerar as várias posições sociais ocupadas por cada um/a, na medida em que essas pertenças condicionam as experiências de vitimação. As correntes feministas críticas inserem-se no seio da Vitimologia Crítica, cujas orientações apontam para uma formulação mais complexa e reflexiva do processo de vitimação.

3. Que futuros possíveis para a Vitimologia?

Cremos ser evidente que a História da Vitimologia se tem contado a várias vozes, não reflectindo estas, muitas vezes, as vozes das próprias vítimas.

Embora a transição do paradigma positivista para o paradigma radical e a transição deste para o paradigma crítico tenha alterado substancialmente o foco de análise da Vitimologia, o facto é que continua a vigorar presentemente uma concepção determinista (fatalista até) da vitimação e das vítimas.

Considerando as vítimas total ou parcialmente responsáveis pela sua vitimação, o paradigma positivista da Vitimologia, berço da disciplina, alicerçou-se em noções redutoras e essencialistas da realidade, promovendo teses de desculpabilização dos/as criminosos/as e de culpabilização das vítimas que perduram até aos dias de hoje na linguagem científica e no senso comum. Apesar do avanço científico em vários campos, a Vitimologia não conseguiu descolar-se completamente do seu posicionamento clássico. O argumento da precipitação do crime pelas vítimas povoa ainda o imaginário colectivo e ecoa nos discursos sociais.

Na tentativa de demonstrar o carácter social do crime e da vitimação, o paradigma radical procurou reformular as concepções tradicionais, herança da Criminologia Positivista, e enfatizar a necessidade de analisar os factores estruturais que condicionam a organização social que, por sua vez, determina o crime e a vitimação. Esta pretensão não foi, contudo, totalmente satisfeita.

A premência de se questionar conceptualmente os fundamentos e as aplicações da Vitimologia tornou o paradigma radical incompleto, levando à emergência de um novo paradigma, denominado de paradigma crítico da Vitimologia. Procurando responder às imperfeições das abordagens anteriores e aperfeiçoar os postulados feministas e de esquerda (afinando assim o próprio paradigma radical), a Vitimologia Crítica convida ao repensar dos conceitos de vítima e de vitimação, através da análise do contexto social alargado, no âmbito do qual algumas das versões da Vitimologia se tornam mais dominantes do que outras (Mawby & Walklate, 1994). Trata-se de uma Vitimologia reflexiva e de desconstrução, cujos fundamentos denunciam a instrumentalização das vítimas ao serviço de objectivos ultra vitimológicos (Kirchoff, 1991 as cited in Moreno, 2006).

Preocupada com as *vítimas invisíveis*, a Vitimologia Crítica inaugura todo um processo de descentração da vitimação individual, contemplando outras formas de vitimação, como o crime corporativo, os crimes contra o património, a fraude fiscal e a criminalidade ecológica ou ambiental (Machado & Gonçalves, 2002).

Tendo como pioneira Sandra Walklate, a Vitimologia Crítica advoga a necessidade de se fundamentar a disciplina empírica e objectivamente, sem perder de vista o elemento interpretativo da realidade social. Inspirada pelos trabalhos de Bhaskar (1978) e de Giddens (1984), a autora defende que a Vitimologia deve centrar-se na necessidade de se perceber o que constitui a realidade, o que a constrói (as cited in Walklate, 1998). Nessa medida, problematiza a relação entre os Estados e os/as cidadãos/ãs, negando a neutralidade dessa mesma relação. Não sendo imparciais, os Estados determinam a visibilidade ou a invisibilidade das vítimas, privilegiando alguns cidadãos e algumas cidadãs em detrimento de outros e outras (March, Cochrane & Melville, 2004).

A Vitimologia contemporânea expressa, neste paradigma, quer a importância da intervenção activista, quer a importância do desenvolvimento académico e científico. Julgamos por isso mesmo ser esta uma possibilidade epistemológica a explorar mais profundamente no futuro.

Partilhamos com Schneider (1995) a convicção de que devemos empreender esforços no sentido de evitarmos uma Vitimologia meramente teórica, repleta de excessos e de formulações equívocas. A Vitimologia do Acto, sem a Vitimologia de Acção, será certamente uma Vitimologia pobre, porque imperfeita.

Neste sentido, independentemente do seu estatuto – sub-disciplina ou disciplina autónoma da Criminologia – a Vitimologia deve contribuir invariavelmente não só para uma melhor compreensão dos processos e dinâmicas da vitimação, mas também e sobretudo para uma mais efectiva protecção dos direitos das vítimas. As alianças entre a teoria e a prática são, neste domínio, essenciais. Consideramos que a aplicação dos fundamentos teóricos à realidade das vítimas, através da implementação de estratégias de prevenção ou de remediação da vitimação, pode constituir-se como um meio importante de salvaguarda dos seus direitos.

De forma a cimentar o seu percurso, a Vitimologia deve reforçar o seu ensejo de trazer para a discussão pública questões que afectam quotidianamente as vítimas. As representações sociais sobre o fenómeno de vitimação são, muitas vezes, instigadoras da tese da culpabilização das vítimas. A sua análise e desconstrução poderá favorecer a desmistificação de alguns pressupostos que vulnerabilizam as vítimas, antes, durante e após os actos de que são alvo.

São de extrema relevância também as posições assumidas por profissionais das mais variadas áreas, podendo estas ajudar ou dificultar a resolução das situações de vitimação. Acreditamos ser imperativa a formação, em matéria de Vitimologia, de profissionais que estão em contacto directo ou indirecto com vítimas, de modo a que a sua intervenção não constitua uma nova forma de vitimação.

Para além desta formação mais específica, parece-nos fundamental a alusão às questões da vitimação no domínio de programas educativos mais amplos de formação social, pessoal e para a cidadania.

O conhecimento em torno dos factores de risco e de protecção, das características, determinantes e consequências da vitimação, do enquadramento legal e das respostas sociais existentes, entre outros factores, contribui para o sucesso do trabalho levado a cabo com as vítimas. Este trabalho deve ser feito numa perspectiva mais do que multi, interdisciplinar, maximizando sinergias e evitando a exposição das vítimas a outras fontes de stress e vulnerabilidade.

É importante não esquecer que a vitimação tem impacto em outros indivíduos para além das vítimas, sendo por isso crucial accionar mecanismos de apoio para todos quanto estão envolvidos nos fenómenos de vitimação. A elaboração de programas de reparação de dano e de apoio às vítimas e às suas famílias, bem como o apoio a profissionais que trabalham neste campo, é indispensável. A implementação de programas de reabilitação dos/as ofensores/as deve ser igualmente uma prioridade.

No nosso entender, o maior desafio social, profissional e científico da Vitimologia é contribuir para uma mudança de olhar sobre as vítimas, em todas as esferas da vida social. Defendemos a necessidade de se criar um olhar informado e crítico, que permita um entendimento amplo e integrado dos fenómenos de vitimação. A consideração destes fenómenos como plurais e multi-determinados pode alargar inclusivamente o espectro de intervenção sobre a vitimação e o crime.

Cremos que os futuros possíveis da Vitimologia se construirão sobretudo a partir da visibilização das vítimas como sujeitos de pleno direito, extinguindo-se a figura do elo mais fraco da cadeia. A estigmatização, fruto da esteriotipificação a que as vítimas têm sido sujeitas, tem de ser questionada pela própria ciência, clarificando o lugar das vítimas nas complexas relações sociais no domínio das quais a vitimação tem lugar. Teóricos/as e investigadores/as da área da Vitimologia devem partilhar dessa obrigação de desenvolver uma leitura crítica e reflexiva sobre a ciência que produzem.

Do nosso ponto de vista, a investigação qualitativa poderá auxiliar no desenvolvimento dessa leitura, uma vez que ocasiona um entendimento mais profundo e rico das vivências de vitimação. Importa não só mapear os fenómenos de vitimação a partir de uma perspectiva quantitativa, mas também mapeá-los com base numa grelha compreensiva e interpretativa.

REFERÊNCIAS

Acórdão do Supremo Tribunal de Justiça (18.10.1989). Retrieved from http://www.dgsi.pt/jstj.nsf/954f0ce6ad9dd8b980256b5f003fa814/d97387ad75cab970802568fc003a2815?OpenDocument

Baamonde, X. (2005). *La víctima en el proceso penal*. Madrid: La Ley.

Bergen, R. (1996). *Wife Rape: Understanding the Response of Survivors and Service Providers*. Thousands Oaks: Sage.

Bersani, C. & Chen, H. (1988). Sociological perspectives in Family Violence. In V. Hasselt (Ed.). *Handbook of Family Violence*. (pp. 57-86). New York: Plenum Press.

Bradley, R. & Davis, K. (1998). Social Responsibility and the Production of Knowledge about Interpersonal Violence. In R. Klein (Ed.). *Multidisciplinary Perspectives on Family Violence*. (pp. 204-211). London: Routledge.

Burgess, A., Roberts, A. & Regehr, C. (2009). *Victimology: Theories and Applications*. Sudbury, Mass.: Jones & Bartlett Publishers.

Chakrabarty, N. (2007). Conceptual Development of Victimology in the Criminal Justice System: International and National Perspective. *The Indian Journal of Criminology and Criminalistics*, 28(3), 10-20.

Clinard, M. & Meier, R. (2007). *Sociology of Deviant Behavior*. Belmont: Wadsworth Publishing.

Cohen, L. & Felson, M. (1979). Social Change and Crime Rates Trends: A Routine Activity Approach. *American Sociological Review*, 44, 588-608.

Cohen, L., Kluegel, J. & Land, K. (1981). Social Inequality And Predatory Criminal Victimization: an Exposition and Test of a Formal Theory. *American Sociological Review*, 46 (5), 505-524.

Cole, A. (2006). *The Cult of True Victimhood: From the War on Welfare to the War on Terror*. Standford: Stanford University Press.

Crawford, M. & Unger, R. (2000). *Women and Gender: A feminist Psychology*. Boston: McGraw-Hill.

Crenshaw, K. (1994). Mapping the Margins: Intersectionality, Identity, Politics and Violence Against Women of Color. In M. Fineman & R. Mykitiuk (Ed.). *The Public Nature of Private Violence*. (pp. 93-118). New York: Routledge.

Cressey, D. (1992). Research Implications of Cconceptions of Victimology. In E. Fattah (Ed.). *Towards a Critical Victimology*. (pp. 57-73). New York: Palgrave.

Davies, P., Francis, P. & Jupp, V. (2004). Victimology, Victimisation and Public Policy. In P. Davies, P. Francis & V. Jupp (Ed.). *Victimization: Theory, Research and Policy*. (pp. 1-24). London: Palgrave Macmillan.

Dias, J. & Andrade, M. (1992). *Criminologia. O Homem Delinquente e a Sociedade Criminógena*. Coimbra: Coimbra Editora.

Dietz, C. (2000). Responding to Opression and Abuse: A Feminist Challenge to Clinical Social Work. *Affilia*, 15, 369-389.

Dignan, J. (2005). *Understanding Victims and Restorative Justice*. Maidenhead: Open University Press.

Doerner, W. G. & Lab, S. (1998). *Victimology*. Cincinnati, OH: Anderson.

Dussich, J. (2003). History, Overview and Analysis of American Victimology and Victim Services Education. In American Society of Victimology (Org.). *Explorations of Higher Education and Professional Practice. Proceedings of the First American Symposium on Victimology*. Retrieved from http://www.american-society-victimology.us/documents/SymposiumOnVictimologyJan2003.pdf

Elias, R. (1985). Transcending our Social Reality of Victimization: Toward a new Victimology of Human Rights. *Victimology*, 10, 6-25.

Fattah, E. (1992). Victims and Victimology: The Facts and Rhetoric. In E. Fattah (Ed.). *Towards a Critical Victimology*. (pp. 29-56). New York: Palgrave.

Fattah, E. (1997). *Criminology: Past, Present and Future. A critical overview*. London: Macmillan Press.

Fattah, E. (2000a). *Vital Role of Victimology in the Rehabilitation of Offenders and Their Reintegration into Society*. Work product of the 112th UNAFEI International Training Course, "Participation of the Public and Victims for More Fair and Effective Criminal Justice". Retrieved from http://www.unafei.or.jp/english/pdf/PDF_rms/no56/56-07.pdf

Fattah, E. (2000b). *Victimology: Past, Present and Future*. Criminologie, 33(1), 17-46.

Fattah, E. (2006). Víctimas e Victimología: Los Hechos e la Retórica. In H. Marchiori (Ed.). *Victimología 2: Estudios sobre la Victimizacíon*. (pp. 99-126). Córdoba: Editorial Brujas.

Galaway, B. (1992). Restitution as Innovation or Unfilled Promise. In E. Fattah (Ed.). *Towards a Critical Victimology*. (pp. 347-371). New York: Palgrave.

Gavrielides, T. (2007). *Restorative Justice Theory and Practice: Addressing the Discrepancy*. Publication Series No. 52. Helsinki: European Institute for Crime Prevention and Control, affiliated with the United Nations.

Gonçalves, R. & Machado, C. (2002). Vitimologia e Criminologia. In R. Gonçalves & C. Machado (Coord.). *Violência e vítimas de crime. Vol. 1: Adultos*. (pp. 19-41). Coimbra: Quarteto.

Groenhuijsen, M. (2009). Does Victimology Have a Theoretical Leg to Stand Up? Victimology as an Academic Discipline In Its Own Right? In F. W. Winkel, G. F. Kirchhoff & P. C. Friday (Ed.). *Victimization in a Multi-disciplinary Key: Recent Advances in Victimology*. (pp. 313-331). Nijmegen: Wolf Legal Publishers.

Harris, R. (1992). *Crime, Criminal Justice and the Probation Service*. London: Routledge.

Hindelang, M. (1979). Victimization Surveying, Theory and Research. In H. Schneider (Ed.). *The Victim in International Perspective: Papers and Essays Given at the "Third International Symposium on Victimology"*. (pp. 151-165). New York: Walter de Gruyter.

Jewkes, Y. (2004). *Media and Crime*. Thousand Oaks: Sage.

Kearon, T. & Godfrey, B. (2007). Setting the Scene: A Question of History. In S. Walklate (Ed.). *Handbook of Victims and Victimology*. (pp. 17-36). Oregon: Willan Publishing.

Magalhães, T. (2005). A Vítima como Objecto da Intervenção Médico-legal. *Acta Médica Portuguesa*, 18, 453-458.

Malley-Morrison, K. & Hines, D. (2004). *Family Violence in a Cultural Perspective. Defining, understanding and combating abuse*. Thousands Oaks: Sage.

March, I., Cochrane, J. & Melville, G. (2004). *Criminal justice: an introduction to philosophies, theories and practice*. London: Routledge.

Massey, C. & McKean, J. (1985). The social Ecology of Homicide: A Modified Lifestyle/ Routine Activities Perspective. *Journal of Criminal Justice*, 13, 417-428.

Mawby, R. & Walklate, S. (1994). *Critical Victimology*. London: Sage.

Meier, R., Kennedy, L. & Saco, V. (Ed.). (2001). *The Process and Structure of Crime: Criminal Events and Crime Analysis*. New Jersey: Transaction Publishers.

Miethe, T. & Meier, R. (1994). *Crime and its Social Context: Toward an Integrated Theory of Offenders, Victims and Situations*. Albany: State University of New York Press.

Moreno, M. (2006). Historia da la Victimología. In E. Baldomero, E. Odriozola & J. Sumalla (Coord.). *Manual de Victimología*. (pp. 51-78). Valencia: Tirant la Blanch.

Molina, A. (2007). *Criminología: Una Introducción a sus Fundamentos Teóricos* (6.ª Ed.). Valencia: Tirant lo Blanch.

Nash, J. C. (2008). Re-thinking Intersectionality. *Feminist Review*, 89, 1-15.

Neves, S. (2008). *Amor, Poder e Violências na Intimidade: Os Caminhos Entrecruzados do Pessoal e do Político*. Coimbra: Quarteto.

Neves, S. (2009). O Silêncio Mordaz das Mulheres na Ciência: Lideranças Ocultas (ou ocultadas) na Psicologia. In E. Macedo & M. Koning (Ed.) *Reinventando Lideranças: Género, Educação e Poder*. (pp. 117-139). Porto: Livpsic/FCF.

Neves, S. & Machado, C. (2005). Avaliação de Vítimas de Violação. In R. Abrunhosa & C. Machado (Coord.). *Psicologia Forense*. (pp. 187-206). Coimbra: Edições Quarteto.

Neves, S. & Nogueira, C. (2004). Terapias Feministas, Intervenção Psicológica e Violências na Intimidade: Uma leitura Feminista Crítica. *Psychologica*, 36, 15-32.

Roberts, A. & Burgess, A. (2008). *Victimology: Past, Present and Future*. New Jersey: Prentice Hall.

Rock, P. (2007). Theoretical Perspectives on Victimization. In S. Walklate (Ed.). *Handbook of Victims and Victimology*. (pp. 37-61). Oregon: Willan Publishing.

Sampson, R. & Lauritsen, L. (1994). Violent Victimization and Offending: Individual, Situational and Community Level Risk Factors. In A. Reiss & J. Roth (Ed.). *Understanding and Preventing Violence: Social Influences*. (pp. 1-114). National Research Council. Washington, D.C.: National Academy Press.

Sengstock, M. (1976). *The Culpable Victim in the Mendelsohn's Typology*. Paper presented at the Annual Meeting of the Midwest Sociological Society. Retrieved from http://www.eric.ed.gov/PDFS/ED140138.pdf

Schneider, H. (1979). *The victim in International Perspective*. Berlin: Gruyter.

Schneider, H. J. (1995). Temas Principales y Deficiencias en el Actual Pensamiento Victimilogico. *Derecho Penal y Criminología*, 16 (53), 165-185.

Schneider, H. (2001). Victimological Developments in the World During the Past Three Decades (I): A Study of Comparative Victimology. *International Journal of Offender Therapy and Comparative Criminology*, 45(4), 449-468.

Silverman, R. (2004). Marvin Eugene Wolfgang. *Proceedings of the American Philosophical Society*, 148(4), 547-556.

Sumalla, J. (2006). La victimología: Cuestiones Conceptuales y Metodológicas. In E. Baldomero, E. Odriozola & J. Sumalla (Coord.). *Manual de Victimología*. (pp. 17-50).Valencia: Tirant la Blanch.

Schwartz, P. & Rutter, V. (1998). *The Gender of Sexuality*. Thousands: Sage.

Swatt, M. & He, N. (2006). Exploring the Difference Between Male and Female Intimate Partner Violence: Revisiting the Concept of Situated Transactions. *Homicide Studies*, 10, 279-292. DOI: 10.1177/1088767906290965

Turvey, B. & Petherick, W. (2008). *Forensic Victimology*. San Diego: Elsevier Science.

United Nations (1985). *Declaration of Basic Principles of Justice for Victims of Crime and Abuse of Power*. Retrieved from http://www2.ohchr.org/english/law/victims.htm

van Dijk, J. (1997). Introducing victimology [Electronic Version]. Lecture delivered at the *Ninth Symposium of the World Society of Victimology at the Free University of Amsterdam* on August, 25-29, 1997. Retrieved from http://rechten.uvt.nl/victimology/other/vandijk.pdf

von Hentig, H. (1948). *Criminal and his victim: Studies in the sociobiology of crime*. New Haven: Yale University Press. Retrieved from http://library.du.ac.in/dspace/handle/1/5294

Young, M., Herman, S., Davis, R. & Lurigio, A. (2007). Introduction to Victims of Crime. The Interaction of Research and Practice. In R. Davis, A. Lurigio & S. Herman (Ed.). *Victims of Crime*. (pp. 1-6). London: Sage.

Walklate, S. (1989). *Victimology: The Victim and the Criminal Justice Process*. London: Routledge.

Walklate, S. (1998). *Understanding Criminology: Current Theoretical Debates*. Buckingham: Open University Press.

Ward, C. (1995). *Attitudes Toward Rape: Feminist and Social Psychological Perspectives*. London: Sage.

Watkins, M. (2004). *A Life of Explaining Deviance: Marvin E. Wolfgang*. Retrieved from http://www.coolings.net/education/papers/Marvin%20Wolfgang.pdf

Weisberg, K. (1996). Rape. Introduction. In K. Weisberg (Ed.). *Applications of Feminist Legal Theory to Women's Lives: Sex, Violence, Work, and Reproduction*. (pp. 405-421). Philadelphia: Temple University Press.

CAPÍTULO 2
Da investigação ao activismo, da academia ao partidarismo e o resultante empobrecimento da Vitimologia

EZZAT FATTAH
Simon Fraser University, Canadá

PARTE I
O início da história da Vitimologia

1. Uma breve história da Vitimologia[1]

A emergência da Vitimologia como um campo académico é geralmente atribuída à publicação do trabalho seminal de Hans von Hentig intitulado *The Criminal and his Victim*, em 1948, pela Yale University Press.

O termo Vitimologia foi cunhado em 1949 por um psiquiatra americano, Frederick Wertham, que o usou pela primeira vez no seu livro *The Show of Violence*, no qual ressaltou a necessidade de uma ciência da Vitimologia.

Apesar da Vitimologia se ter tornado tão popular, surpreendentemente, nenhuma história abrangente da disciplina foi escrita e não há qualquer avaliação sistemática do seu estado actual ou da sua provável evolução futura.

---

[1] Para uma história mais detalhada da Vitimologia ver Fattah, 1967a &b; 1971, 1978, 1991.

A Vitimologia é uma disciplina jovem e promissora e um assunto fascinante (Fattah, 2010). Apesar da vitimação ser tão antiga quanto a própria humanidade, foi só depois da Segunda Guerra Mundial que o estudo científico das vítimas de crimes surge como um complemento essencial para a investigação criminológica bem estabelecida acerca dos infractores. Porque surgiu para preencher uma lacuna teórica séria, não demorou muito para que a Vitimologia se tornasse parte integrante da Criminologia. Embora a Vitimologia se afirme hoje como uma área principal de investigação no âmbito da Criminologia, a sua natureza, importância e permanência, continua a suscitar muitos comentários e controvérsias. Seja como for, o estudo das vítimas de crimes e da vitimação criminal tem o potencial de reformular toda a disciplina da Criminologia e pode muito bem ser a mudança de paradigma há muito aguardada, de que a Criminologia precisa desesperadamente. Tal como a Criminologia, a Vitimologia não seguiu o mesmo caminho em todas as partes do globo. E como em qualquer outra disciplina, é mais avançada e mais desenvolvida em alguns países do que em outros. Embora existam algumas semelhanças e comportamentos estereotipados na maneira como a Vitimologia é desenvolvida aqui e ali, há também significativas diferenças qualitativas e até mesmo quantitativas. Apesar disso, os recentes desenvolvimentos da Vitimologia têm sido um tanto enfáticos e dramáticos e a disciplina passou por uma transformação radical. As abordagens teóricas que caracterizam a Vitimologia cedo foram ultrapassadas por conquistas significativas no campo aplicado. Essa fase foi marcante na evolução da Vitimologia, em termos de consolidação, colecta de dados, formulação da teoria e, sobretudo, de uma legislação nova para as vítimas e esforços contínuos para melhorar o seu destino e aliviar o seu sofrimento. No campo teórico vários modelos foram desenvolvidos na tentativa de explicar as enormes variações nos riscos de vitimação, os focos de vitimação em certas zonas e em certos grupos, assim como de desvendar o intrigante fenómeno da vitimação repetida. No domínio legislativo assistiu-se, num grande número de países, a uma torrente de projectos de lei sobre as vítimas. Na sequência da adopção da Declaração dos Princípios Básicos da Justiça para Vítimas de Crime e de Abuso de Poder, pela Assembleia Geral das Nações Unidas, em 1985, a Declaração dos Direitos das Vítimas foi aprovada pelos órgãos legislativos em diversos países. As evoluções da Vitimologia no campo aplicado foram ainda mais espectaculares. Entre esses avanços encontra-se a criação de indemnizações estatais às vítimas de crimes violentos, o ressurgimento da restituição do infractor e a criação e proliferação de programas de mediação vítima-infractor. Um sector que experimentou uma grande expansão foi o dos serviços de apoio às vítimas. A terapia para as vítimas tornou-se uma forma popular e moderna de lidar com os efeitos traumáticos da vitimação. A terapia vitimológica está a ser incentivada e praticada em algumas culturas, mas é desaprovada em outras. Tudo isso gerou a necessidade de formação em Vitimologia. Cursos e seminários em Vitimologia já existem há várias décadas em algumas universidades, mas são totalmente inexistentes em outras. Essas grandes diferenças, no entanto, não devem impossibilitar uma imagem mais ou menos unificada da evolução da disciplina ou uma análise criteriosa do seu estado actual e os dos seus desenvolvimentos futuros. No entanto, como em todos os panoramas mundiais, as generalizações e as simplificações são inevitáveis e inegáveis (Fattah, 2010).

2. A promessa precoce da Vitimologia Teórica

A primeira análise sistemática das vítimas foi feita em 1948, no livro de Hans Von Hentig, *The Criminal and His Victim*. Na quarta parte do livro, sob o título provocativo *The Victim's Contribution to the Genesis of the Crime*, Von Hentig criticou o estudo estático e unidimensional do agressor que tinha dominado a Criminologia até então. Por sua vez, sugeriu uma nova abordagem dinâmica e diádica que presta igual atenção ao criminoso e à vítima. Von Hentig tinha tratado o tema anteriormente num artigo publicado no Jornal de Direito Penal e Criminologia, em 1940/41. Nele, observou que:

> É verdade, existem muitas acções penais com pouca ou nenhuma contribuição por parte da pessoa lesada. ... Por outro lado, podemos observar com frequência uma reciprocidade real na relação agressor e vítima, assassino e assassinado, enganador e enganado. Embora esta operação recíproca seja um dos fenómenos mais curiosos da vida criminal que escapou à atenção da sociopatologia.

No seu livro Von Hentig salientou ainda que:

A lei considera determinados resultados e os movimentos finais que o conduzem a eles. Aqui faz uma distinção clara entre quem faz sofrer e quem sofre. Olhando para a génese da situação, num número considerável de casos, encontramos uma vítima que consente tacitamente, coopera, provoca ou conspira. A vítima é um dos elementos causadores (p. 436).

Von Hentig insistiu que muitas vítimas de crimes contribuem para a sua própria vitimação, quer por incitar ou provocar o criminoso, quer por criar ou promover uma situação susceptível de conduzir ao cometimento do crime. Outros pioneiros da Vitimologia, que acreditavam firmemente que as vítimas podem, consciente ou inconscientemente, desempenhar um papel causal descrevem muitas das formas que esta contribuição pode tomar: negligência, displicência, descuido e imprudência, etc. Salientaram que o papel da vítima poderia ser motivador (atraindo, despertando, induzindo, incitando, seduzindo) ou funcional (provocando, precipitando, facilitando, participando, etc.) (Fattah, 1991). O livro de Von Hentig foi seguido de uma série de estudos teóricos que trataram dos tipos de vítima, relacionamento agressor-vítima e o papel que as vítimas jogam em certos tipos de crime. O livro também constituiu um estímulo para vários estudos empíricos que deram uma atenção especial às vítimas de crimes específicos, tais como homicídio criminal (Wolfgang, 1958; Fattah, 1971), violação (Amir, 1971), roubo (Normandeau, 1968), assalto agravado (Pittman & Handy, 1964; Curtis, 1974), fraude (Padowetz, 1954), chantagem (Hepworth, 1975), entre outros. Durante os primeiros anos da Vitimologia, a literatura sobre as vítimas de crimes permaneceu relativamente parca quando comparada com a da Criminologia. Durante os anos oitenta, no entanto, uma grande onda de livros e artigos importantes marcou a chegada da era da Vitimologia (Rock, 1994). Actualmente, é justo dizer que o estudo das vítimas de crimes se tornou parte integrante da Criminologia. Hoje, a necessidade da Criminologia de estudar cuidadosamente as vítimas de crimes pode parecer óbvia e evidente. Pode parecer surpreendente, portanto, que uma necessidade óbvia tenha escapado à atenção dos criminólogos por mais de um século. Mas não é raro que os cientistas sociais não percebam o óbvio. Este aspecto é bem referido por Rock (1994) que aponta:

Mesmo a Criminologia e a Sociologia do Desvio – disciplinas concentradas mais directamente na análise do crime, criminosos e justiça penal – de algum modo tendem a suprimir a vítima por um tempo muito longo, falhando em ver o que, em retrospectiva, deveria ter sido sempre evidente. Tais omissões ocorrem continuamente. São uma parte inevitável de toda a disciplina, uma consequência da verdade marcada por Burke, quando disse que "uma maneira de ver é sempre uma maneira de não ver." O preço da organização, especialização e acumulação de conhecimento sobre qualquer área é uma negligência sistemática de outros assuntos jogados para fora do foco e para além das margens. Precisamente porque a Criminologia é uma disciplina empiricamente orientada, que tende a ignorar as coisas que não levam o nome de crime, criminosos e justiça criminal.

Rock (1994) descreve a Vitimologia como uma "disciplina relativamente amorfa". E no V Simpósio Internacional de Vitimologia (Zagreb, Agosto de 1985), Cressey declarou abertamente que Vitimologia nem é uma disciplina científica, nem um campo académico (cf. tópico mais à frente).

Na década de setenta estudos sobre vítimas de crimes específicos, populares nas fases iniciais da Vitimologia, foram ofuscados por investigações de larga escala sobre vitimação, que transformaram uma abordagem micro numa macro abordagem. O objectivo principal dessas investigações foi quantificar a vitimação, identificar que população é vítima e estabelecer as características sócio-demográficas das vítimas de crimes. Embora essa abordagem macro tenha provado ser bastante útil para o estudo das tendências e padrões de vitimação e para a análise da distribuição espacial e social de alguns tipos de crime, revelou pouco sobre o ambiente do crime a nível pessoal e social em que estes crimes tiveram lugar. Revelou-se de pouco valor para a compreensão da dinâmica psicossocial e do comportamento do criminoso, o processo de selecção da vítima, interacções agressor-vítima, o papel dinâmico da vítima em crimes diversos, etc. A Vitimologia inicial foi primeiro essencialmente teórica, preocupada quase exclusivamente com explicações causais do crime e do papel da vítima. Concentrou-se principalmente nas características das vítimas, nas suas relações e interacções com os seus agressores e na análise do comportamento das vítimas como uma variável situacional, como um factor desencadeante, efectivo ou precipitante. Este enquadramento teórico, proposto por Von Hentig, orientou a investigação pioneira realizada por Ellenberger, Wolfgang, Amir, Normandeau, Curtis, Silverman e Fattah, entre outros (cf. tópico anterior).

A preocupação com o sofrimento das vítimas de crimes foi verificada principalmente nos modestos programas estatais de compensação às vítimas de crimes, que foram criados em alguns países como Nova Zelândia, Inglaterra, Canadá e Estados Unidos da América. A redescoberta das vítimas do crime, liderada pelo movimento feminista, um movimento que defendeu a causa das vítimas de violação, agressão sexual e violência doméstica, gerou uma grande dose de empatia e pesar para um tão grande grupo de desprivilegiados (Fattah, 1978, 1994a).

3. Algumas primeiras escaramuças na Vitimologia

A Vitimologia Teórica tornou-se objecto de ataques injustificados e críticas ideológicas infundadas. Foi retratada por alguns (Clark & Lewis, 1977) como a "arte de culpar a vítima". Um novo foco para a Vitimologia foi tomando forma: ajudando e apoiando vítimas de crimes, aliviando o seu sofrimento e afirmando os seus direitos. Um movimento político nasceu e a Vitimologia tornou-se cada vez mais definida e reconhecida através da sua componente aplicada. Os congressos de Vitimologia reflectiam a passagem da Vitimologia de uma disciplina académica para um movimento humanista, a mudança de investigação académica para o activismo político. Estes encontros eram muitas vezes transformados em plataformas de trabalho em prol das vítimas.

3.1. *A polémica em torno do conceito de precipitação da vítima*

Um dos mais mal-afamados e controversos conceitos em Vitimologia é o conceito de *precipitação da vítima*. A crítica, entretanto, é na maior parte injustificada. Pode ser atribuída ao fracasso dos críticos em compreender a distinção subtil entre os conceitos de desculpabilização e conceitos explicativos. Se entendido correctamente, torna-se claro que o conceito de *precipitação da vítima* não é mais do que uma tentativa académica legítima para compreender os motivos do crime, para analisar a dinâmica das interacções vítima--agressor e para explicar a cadeia de acontecimentos que levou ao acto de vitimação.

Seja como for, os críticos da *precipitação da vítima*, desde muito cedo, não aceitaram a ideia pelo que ela realmente representa e pelo que pretende explicar, insistindo que a mesma foi projectada e utilizada para culpar a vítima. Alguns críticos foram ainda mais longe. Em vez de limitar os seus ataques ao conceito de *precipitação da vítima*, estenderam a sua crítica à disciplina da Vitimologia como um todo. Um bom exemplo é a seguinte declaração de Clarke e Lewis (1977):

> Nas ciências sociais, a culpabilização da vítima está a tornar-se numa crescente racionalização popular para os comportamentos " desviante" e criminoso... Ao longo dos últimos anos, a culpabilização da vítima institucionalizou-se dentro do mundo académico, sob o pretexto de Vitimologia... O investigador do sexo masculino encontra a sua saída na Vitimologia. Ele procura a causa do problema no comportamento da sua vítima e passa a convencer-se a si mesmo, e ao público em geral que, alterando aquele comportamento da vítima, o problema pode ser controlado. Desta forma, o estudo da Vitimologia torna-se na arte de acusar a vítima (pp. 147, 148 e 150).

Os preconceitos de género e ideológicos, sublinhando a crítica acima referida, são demasiado óbvios para precisar de uma réplica. O que é surpreendente é que as feministas que lideraram o ataque contra a *precipitação da vítima* não viram nada de errado em usar o abuso, a agressão repetitiva, os maus tratos a que muitas mulheres foram submetidas pelos seus parceiros ou os seus amantes para explicar, e até mesmo para justificar, a violência que finalmente foi usada por algumas dessas mulheres contra os seus amantes ou cônjuges abusivos! Casos de homicídio, tentativa de homicídio e a agressão foram invariavelmente justificados pelo comportamento abusivo da vítima do sexo masculino.

A "síndrome da mulher espancada" tornou-se uma defesa aceite nos tribunais. O que as feministas fizeram foi usar o conceito de *precipitação da vítima*, sem nomeá-lo como tal e aparentemente sem perceber o quanto este posicionamento é contraditório com a sua posição original sobre o conceito (Fattah, 2004).

Sem se aprofundar mais os detalhes dos debates em torno do conceito de *precipitação da vítima* pode ser suficiente assinalar que não é verdade, como alguns críticos (Franklin II & Franklin, 1976) afirmam, que a *precipitação da vítima* reduz o infractor a um actor passivo, que é posto em acção pelo comportamento da vítima.

A verdade é que a *precipitação da vítima* é uma forma de comportamento explícito, agressivo e provocador por parte da vítima que desencadeia a acção do agressor. Como tal, é simplesmente um factor de concretização, o estímulo que desencadeia a resposta violenta. Assim, o que pode ser considerado, se visto de forma unilateral, como uma "acção", poderia ser entendido, quando analisado dentro de um modelo dinâmico, interaccionista das relações vítima-agressor, como uma "reacção" ou uma "acção exagerada" de acordo com as circunstâncias do caso que está a ser estudado. Usar a *precipitação da vítima* como uma variável explicativa é defender que se não tivessem sido as acções da precipitação da vítima, a vitimação não teria tido lugar contra um indivíduo em particular, numa situação particular.

4. Resultados inesperados e surpreendentes das investigações sobre vitimação

Uma das principais tarefas da Vitimologia Teórica é a colecta de dados empíricos sobre as vítimas de crimes. Actualmente, o principal instrumento utilizado para recolher essa informação é o inquérito de vitimação. Os inquéritos de vitimação são realizados a nível local, regional, nacional e internacional. Dignos de referência são os inquéritos realizados periodicamente, em intervalos regulares, na Inglaterra e nos Estados Unidos da América: o *British Crime Survey* e o *National Crime Survey* (Estados Unidos). Cada um destes inquéritos gera uma riqueza de informações sobre as vítimas de crime. Ambos permitem uma análise aprofundada dos padrões temporais e espaciais e as tendências de vários tipos de vitimação. O objectivo original destes inquéritos, designados por contagens de vitimação, tem sido largamente expandido. Várias questões novas foram acrescentadas ao instrumento, nos últimos anos, a fim de explorar áreas anteriormente descobertas, tais como os níveis de medo do crime, os níveis de satisfação com a acção da polícia, as razões para não denunciar incidentes à polícia, as consequências da vitimação, etc.

Os inquéritos examinam também as medidas adoptadas pelos inquiridos para evitar certos tipos de agressões ou para minimizar as hipóteses de vitimação futura. Alguns estudos têm tentado estabelecer qualquer ligação que possa existir entre ofensa e vitimação, incluindo perguntas que apelam aos entrevistados informações sobre actos de delinquência que possam ter cometido. Estas últimas questões revelaram uma forte correlação entre ofensa e vitimação. No seu estudo, efectuado em Londres e na Inglaterra, Sparks, Genn e Dodd (1977) concluíram que era significativamente mais provável que as vítimas de crimes violentos revelassem a participação em crimes violentos do que as não vítimas.

Gottfredson (1984) analisou os dados do *British Crime Survey* de 1982 e ficou impressionado com a associação relativamente forte entre agressão e vitimação. Para as pessoas com pelo menos um delito violento cometido, a probabilidade de vitimação pessoal foi de 42%, sete vezes maior do em que pessoas que não relataram actos de violência.

O *British Crime Survey Scotland* (Chambers & Tombs, 1984) revelou que 40% dos entrevistados admitiram um acto de agressão em situações em que eles próprios foram ofensores. Apesar dos problemas metodológicos e práticos da investigação em matéria de vitimação e apesar das suas limitações, esta tem permitido aos investigadores recolher uma quantidade enorme de dados sobre as vítimas de crimes, extremamente rica em variedade e detalhes. Graças às investigações sobre vitimação, agora sabemos que a criminalidade e a vitimação estão agrupadas dentro de certos grupos e certas regiões, e que há uma afinidade muito maior entre os criminosos e as vítimas do que comummente se acreditava. Isso não quer dizer que todas as vítimas de crime partilhem dos atributos dos seus agressores. É só para sublinhar que as duas populações têm muitas características em comum. Tanto na Europa, nos Estados Unidos da América, no Canadá ou na Austrália, a investigação tem mostrado que os infractores envolvidos nos tipos de crimes abrangidos por investigações sobre vitimação são desproporcionalmente do sexo masculino, jovens, moradores urbanos, de estatuto sócio-económico mais baixo, desempregados (e sem frequência escolar), solteiros, e nos Estados Unidos da América, negros. Investigações sobre vitimação revelaram que as vítimas partilham desproporcionalmente estas características e confirmaram que o perfil demográfico das vítimas de crimes e dos criminosos condenados são muito semelhantes (Gottfredson, 1984).

Vários investigadores (Hindelang et al., 1978; Singer, 1981) descobriram que, especialmente em crimes de agressão, as vítimas e os infractores eram semelhantes nas suas características demográficas e que certas respostas eram as mesmas para situações percebidas de ameaça física ou psicológica. É compreensível que a frequência com que alguns indivíduos se envolvem em situações propensas à violência afectará tanto as suas hipóteses de usar da violência como ser alvo dela, atacar e ser atacado, de ferir e ser ferido, de matar e ser morto. Quem será vítima e quem será legalmente considerado agressor depende, muitas vezes, mais de factores de oportunidade do que de uma acção deliberada, planeada ou intencional. Portanto, os papéis de vítima e de agressor não são necessariamente antagónicos, mas frequentemente são complementares e intercambiáveis (Fattah, 1994b).

Um passo importante no na Vitimologia Comparativa foi dado pelos inquéritos internacionais sobre o crime. Tais inquéritos representaram uma tentativa útil de recolher dados normalizados sobre a vitimação junto de um grupo de países que utilizou o mesmo questionário. O principal objectivo era evitar os problemas de comparação de dados recolhidos por meio de instrumentos diferentes, utilizando metodologias diferentes. Os dados do primeiro *inquérito internacional sobre o crime* foram recolhidos em Janeiro de 1989, utilizando o método de entrevista por telefone, assistido por computador (CATI) e os resultados foram publicados em 1990 (Van Dijk et al., 1990).

A segunda fase do *inquérito internacional sobre o crime* foi realizada em 1992. Alguns dos países que participaram da primeira investigação, como a Suíça, Noruega e Irlanda do Norte, não participaram na segunda. Mas o segundo inquérito incluiu alguns países da Europa de Leste que não participaram no primeiro, como a Polónia e a antiga Checoslováquia (cf. Del Frate et al., 1993).

A terceira fase do *inquérito internacional sobre o crime* foi realizada em 1996-1997, em vinte países em transição. Foram os ex-países socialistas da Europa de Leste, desde a Polónia à Mongólia no Oriente, à Albânia, Bulgária e Macedónia no Sul até aos países bálticos, Estónia, Letónia e Lituânia, no Norte. Os relatórios nacionais deste estudo foram publicados em 1998 pelo *United Nations Interregional Crime and Justice Research Institute* (UNICRI) (Hatalak et al., 1998). A quarta fase foi aplicada em 2000 em 47 países. Foi seguida pela quinta em 2004-2005. A sexta teve lugar em 2009. Apesar da proliferação dos inquéritos sobre a vitimação e da sua inquestionável utilidade, não é ainda claro o que eles medem exactamente e quais são os seus objectivos a longo prazo. A vitimação é uma experiência individual, subjectiva e culturalmente relativa (Fattah, 1993b).

O sentimento de se ser vitimado nem sempre coincide com a definição legal de vitimação. Assim o que estão exactamente os inquéritos de vitimação a tentar medir? O objectivo é contar as vitimações criminais que atendam aos critérios estabelecidos pelo Código Penal, ou é medir as experiências de vitimação subjectivas dos entrevistados? Estas, escusado será dizer, são duas realidades diferentes. As investigações são destinadas a avaliar a criminalidade ou a vitimação? Os termos "inquéritos de crime" e "inquéritos de vitimação" continuam a ser utilizados de forma intercambiável (Fattah, 1997) e estudos internacionais recentes foram chamados de "Inquéritos internacionais de vítimas de crime".

A riqueza dos dados recolhidos, principalmente através de inquéritos de vitimação, tem levado a várias formulações teóricas. Os diferentes modelos existentes são apresentados e resumidos no meu livro *Understanding Criminal Victimization* (Fattah, 1991).

PARTE II
Sobre algumas questões importantes mas, ainda assim, negligenciadas sobre a investigação com vítimas

1. O uso da vítima como um agente de neutralização e legitimação

A atitude do agressor para com a vítima é uma área importante da Vitimologia, que recebeu pouca atenção dos investigadores. Em muitos casos, a atitude do agressor para com a vítima é caracterizada pela apatia e indiferença. Outro aspecto interessante é que os agressores parecem sustentar os estereótipos de vítimas prováveis. A maioria não escolhe os seus alvos de forma aleatória, mas cuidadosamente, seleccionam-nas e, no processo, fazem distinções subtis entre alvos legítimos e ilegítimos, adequados e inadequados, fáceis e difíceis, acessíveis e inacessíveis, e assim por diante.

As atitudes dos agressores, as imagens mentais e os estereótipos de vítimas potenciais desempenham um papel importante na racionalização anterior à vitimação (Fattah, 1976).

Ao analisar o processo de pré-vitimação, pode identificar-se e distinguir-se diferentes processos mentais: a neutralização, a redefinição/auto-legitimação e a dessensibilização. A neutralização tem o agressor como foco. A sua principal finalidade é permitir-lhe superar as barreiras morais e culturais que se interpõem no caminho para o acto de vitimação.

A redefinição/auto-legitimação tem o acto de vitimação como o seu foco. O seu principal objectivo é redefinir, racionalizar e justificar o acto. O terceiro processo, a dessensibilização, tem a vítima potencial como o seu foco. O seu principal objectivo é dessensibilizar o agressor da dor e do sofrimento infligido à vítima. O processo de neutralização opera para tornar os mecanismos de controlo social ineficazes. O processo de redefinição opera para retirar o carácter delinquente, ilegal ou imoral ao acto. O processo de dessensibilização torna possível ferir, magoar e prejudicar a vítima, sem se sentir mal ou culpado por isso e sem sofrer dissonância cognitiva pós-vitimação (Fattah, 1991).

Os agressores usam variadas técnicas de dessensibilização. Entre essas técnicas estão a negação, a reificação, desindividualização e a despersonalização da vítima; a negação do prejuízo para a vítima leva à sua culpabilização, desvalorização e desumanização. Culpar a vítima é uma das técnicas mais populares de neutralização e dessensibilização. Usando esta técnica, o agressor é capaz de convencer-se de que a vítima lhe fez, a ele ou a outras pessoas próximas, algo de errado e, portanto, é culpada pelo sucedido. Uma vez que a culpa da vítima, real ou imaginária, é estabelecida na mente do agressor nenhuma compaixão pela vítima ou sentimento de culpabilidade pessoal é experienciado.

Deve ressaltar-se que, apesar da culpabilização da vítima ser uma técnica popular, comum e amplamente utilizada, não é um processo de distorção intencional. Na maioria dos casos o agressor está, no momento e posteriormente, convencido da culpa da vítima e percebe o seu acto de vitimação como um acto de justiça ou de retaliação. As técnicas acima mencionadas de dessensibilização têm sido muito estudadas por psicólogos sociais, havendo fortes evidências empíricas da sua utilização (Fattah, 1991).

Sentimentos de injustiça, a realidade ou a sensação de se ter sido vitimado, também são mecanismos importantes no processo de neutralização, bem como nos processos de redefinição/auto-legitimação e dessensibilização. Não é de estranhar, portanto, que um grande número de delinquentes e criminosos se percebam a eles próprios mais ou menos como vítimas. Este facto explica o fenómeno da inter-permutabilidade entre vítima e agressor (cf. tópico seguinte) e porque muitas vítimas se transformam em agressores. As crianças abusadas, que mais tarde se tornam abusadores de crianças, as populações oprimidas que se transformam em opressores cruéis, as vítimas de injustiça política que se transformam em terroristas inocentes são simplesmente alguns exemplos dessa metamorfose.

2. Os papéis permutáveis de vítima e agressor

Como a nossa abordagem para ajudar as vítimas não é baseada na ciência, mas na política e na ideologia, é fundamentalmente imperfeita. O actual processo de identificação de quem é vítima, de decidir quem está qualificado para beneficiar dos serviços de apoio às vítimas, de assistência às vítimas, de compensação, etc., é simultaneamente simplista e arbitrário. Um único incidente serve para garantir a concessão de quaisquer direitos ou privilégios que esse estatuto confere. Não só isso, também o resultado final é usado como uma forma de determinar quem é a vítima e quem é o agressor, ignorando assim as dinâmicas situacionais e comportamentais do processo de vitimação. Nas efervescentes e rapidamente mutáveis situações como altercações, disputas, brigas, rixas, etc., a pessoa lesada é quase automaticamente definida como a vítima, independentemente de ter sido ou não o instigador, o iniciador, o agressor original e assim por diante. Como a maioria dos crimes de violência é de retaliação na sua natureza, o resultado final é um indicador muito pobre de quem é a verdadeira vítima. A retaliação é um ingrediente-chave da violência (Steadman & Felson, 1983) e a vingança é o motivo mais frequente para o uso da força. A violência gratuita é a excepção à regra. A violência na maioria dos casos é uma expressão de uma queixa, uma resposta a um ataque, ferimento ou provocação. A presente abordagem ignora o facto de que os papéis das vítimas e agressores não são estáticos, fixos ou atribuídos. Eles são dinâmicos, complementares e intercambiáveis com a mesma pessoa a deslocar-se sucessivamente ou mesmo simultaneamente entre os dois papéis. Quando se responde à agressão com agressão, quando a violência é combatida com violência, os papéis são simplesmente revertidos. O agressor inicial torna-se a vítima e a vítima inicial acaba por ser definida como o agressor. Tudo isto sugere que a agressão e a vitimação não são dois fenómenos opostos, mas são as duas faces da mesma moeda. Eles são eventos conjuntos e paralelos nas experiências de vida de muitas pessoas (Fattah, 1994). Isto também sugere que, contrariamente à percepção popular (ou melhor, aos equívocos populares), a vítima e o agressor não são, como geralmente se acredita, duas populações distintas e mutuamente exclusivas. Eles são realmente populações homogéneas que se sobrepõem, em grande medida. Vítimas de ontem são frequentemente criminosos de hoje, e os infractores de hoje são frequentemente vítimas de amanhã. A popularidade do modelo predador-presa é tal que muitos recusam aceitar a ideia de que a ofensa e a vitimação sejam dois fenómenos mutuamente excludentes, defendendo antes que são acontecimentos comuns e paralelos na vida de muitas pessoas. A ideia de que a vida de muitas pessoas é um ciclo contínuo de vitimação e agressão é uma ideia estranha para alguns, uma vez que contraria a dicotomia popular entre o agressor activo e o passivo sofredor, o criminoso culpado e a vítima inocente, os bons Abéis e os maus Cains. A falácia do modelo predador-presa pode ser facilmente vista quando se olha para as crianças vítimas de abuso sexual que, quando crescem, se tornam abusadores sexuais. É também bastante óbvia, no caso dos meninos de rua, que constantemente se deslocam de um papel para o outro, às vezes em poucos minutos, outras vezes em poucas horas. As suas experiências quotidianas tornam impossível que se coloquem num dos dois papéis: delinquentes ou vítimas. Para as crianças, a violência e até mesmo a morte são parte integrante das suas vivências quotidianas. Elas são um facto normal das suas vidas. A sua existência a cada dia é uma cadeia de delinquências e vitimações. Envolvem-se em actividades delinquentes de alto risco para sobreviverem e são vitimadas repetidamente, quer física, quer sexual, quer financeiramente, mesmo por outros miúdos de rua mais velhos e, em alguns países centrais e sul-americanos como o Brasil, são mesmo liquidadas por esquadrões da morte (Fattah, 1994 & 1997).

3. Resposta da vítima à vitimação de confronto e o seu impacto no resultado final

O estudo das relações vítima-agressor, que recebeu muita atenção nas fases iniciais da Vitimologia, está a dar lugar ao estudo da dinâmica da vitimação e das relações vítima-agressor, bem como dos seus resultados potenciais. Uma análise aprofundada dessas interacções é essencial para a compreensão da dinâmica da vitimação violenta (e de vários tipos de vitimação não-violenta). Esta abordagem interaccionista situacional analisa vários tipos de vitimação criminal não como unilaterais, vendo-se apenas um lado dos comportamentos, mas como operações situacionais. Este é o caso das vitimações face-a-face, onde as interacções breves ou prolongadas entre a vítima e o agressor têm lugar. Em tais situações, a resposta da vítima para a vitimação indesejada e geralmente inesperada é, em grande medida, não premeditada e não planeada. A espontaneidade da reacção é, sem dúvida, em parte, responsável pelas variações extremas de resposta das vítimas a situações idênticas e a experiências de vitimação muito semelhantes. A variedade de respostas das vítimas é, por sua vez, responsável pelos resultados diferentes daquelas vitimações de confronto. O resultado também é determinado ou condicionado por um grande número de variáveis: características sócio-demográficas da vítima, por exemplo, estão fortemente associadas com a probabilidade de lesões sofridas. O risco de lesões também varia conforme o tipo de infracção e, por razões bastante óbvias, é um pouco maior na violação do que em assaltos, agressões físicas ou agressão simples (Fattah, 1984).

A investigação sobre as respostas das vítimas à vitimação face-a-face está ainda numa fase embrionária e tem ainda que resolver uma série de problemas conceptuais e metodológicos. Há uma necessidade, entre outras coisas, de desenvolver uma tipologia de respostas e construir instrumentos adequados para medir os níveis de resistência. É difícil avaliar a sequência de tempo de resistência e de resposta e estabelecer o que aconteceu primeiro, se o uso da força por parte do infractor foi precedido de resistência por parte da vítima ou se a vitimação foi utilizada para superar essa resistência.

Há, também, uma necessidade urgente de estudar minuciosamente as correlações de diferentes respostas de vítimas em situações de confronto cara-a-cara. Estas incluem, entre outros: idade, sexo e raça da vítima, presença ou ausência de uma arma, a relação autor-vítima, a hora e o local do ataque, o elemento surpresa, o número de vítimas e agressores envolvidos na situação; homogeneidade/heterogeneidade racial e de género; diferença de idades entre agressor e vítima, a presença de álcool e/ou drogas e a presença de outras pessoas não envolvidas na situação de vitimação (Fattah, 1991, p. 216).

Escusado será dizer que há uma relação causal directa entre a resistência e a concretização do crime. A investigação empírica mostra que a resistência da vítima é a variável mais fortemente associada à realização ou não realização do delito. Existe também evidência empírica que indica uma associação positiva entre a resistência e a frequência e gravidade das lesões sofridas pela vítima (cf., por exemplo, Block, 1977; Block & Skogan, 1986; Chappell & James, 1986; Cook, 1986; U.S. Bureau of Justice Statistics, 1987; Wolfgang, 1982; Wright, 1980; Ziegenhagen, 1985; Zimring, 1979; Zimring & Zuehl, 1986). Há obviamente a necessidade de desenvolver uma teoria das respostas das vítimas à vitimação de confronto. Tal teoria teria implicações significativas para reduzir o risco de morte e ferimentos em vítimas de violação, roubo, assalto, sequestro, etc, e deve constituir a base para as recomendações dadas às potenciais vítimas sobre como melhor responder quando se encontram numa situação de vitimação face-a-face. Outra tarefa da investigação é desenvolver uma tipologia de respostas e estabelecer a frequência, os determinantes e as correlações de cada resposta. Concomitantemente há a necessidade de se definir o que se entende por "eficácia" e estabelecer os critérios segundo os quais a eficácia de diferentes tipos de respostas pode ser medida.

Enquanto a maioria dos confrontos entre agressor e vítima é marcada por raiva, hostilidade e antagonismo, tem sido observado em alguns casos de rapto, tomada de reféns e sequestro de aviões, que algumas vítimas reagem com uma resposta emocional positiva, ao invés de uma resposta emocional negativa, aos seus agressores. Ainda não está claro o que leva a essa reacção inesperada. Na tentativa de explicar o desenvolvimento de tais vínculos afectivos positivos entre os antagonistas foram identificadas duas síndromes: a Síndrome de Estocolmo e a Síndrome do Sequestrado (cf. Fattah, 1980a).

4. Selecção de vítimas/alvos e suas implicações para a vitimação/prevenção

Os inquéritos de vitimação têm demonstrado que os riscos e as taxas de vitimação criminal não estão uniformemente distribuídos pela população em geral. Isto sugere que as vítimas/alvos de crimes não são escolhidas ao acaso, que certas vítimas/alvo são preferenciais, que algumas são escolhidas, enquanto outras são evitadas. Este capítulo negligenciado da Vitimologia tem importantes implicações teóricas e práticas. Há, portanto, uma necessidade premente de mais investigações sobre o que os infractores, profissionais, ocasionais e amadores procuram quando escolhem uma vítima /alvo e quais os critérios que usam quando seleccionam um alvo entre vários outros.

Embora os critérios de selecção sejam diversos e variem de ofensor e ofensa, e apesar de "alvo atraente" e "alvo adequado" serem conceitos relativos e subjectivos, a parca investigação que tem sido feita sobre a selecção de alvos permite-nos identificar e classificar um grande número de factores que são susceptíveis de influenciar ou contribuir para a escolha do infractor.

Os factores de selecção mais comuns podem ser agrupados em cinco categorias gerais: 1) proximidade; 2) atracção; 3) acessibilidade; 4) tarefa; e 5) risco (Fattah, 1991).

A proximidade é importante porque a maioria dos criminosos não viaja longas distâncias para cometer os seus crimes. A sua busca por uma vítima adequada é, normalmente, confinada ao seu espaço de reconhecimento. A familiaridade com a área, bem como a familiaridade com a vítima/alvo, é susceptível de reforçar os sentimentos do autor, de protecção e segurança, assim como de aumentar a sua confiança.

Naturalmente, a atractividade da vítima varia de ofensa para ofensa e de autor para autor. Esta é composta por factores como as características pessoais da vítima: a atracção física (especialmente em crimes sexuais), a rentabilidade/rendibilidade (sobretudo em crimes cometidos com fins lucrativos), vulnerabilidade, oportunidade e conveniência, etc.

A acessibilidade da vítima/alvo, tanto temporal como geográfica/espacial, é também um factor importante na selecção. A localização geográfica, o sítio, o layout físico e a facilidade de acesso à vítima/alvo são algumas das características que podem ser objecto de atenção pelo autor ao escolher entre vários destinos disponíveis.

A tarefa da vítima é provável que seja um factor importante em crimes onde não há confrontação face-a-face entre os protagonistas, como na violação, agressão sexual, roubo, assalto, sequestro, tomada de reféns, etc. Ao decidir sobre uma determinada vítima/alvo os infractores podem contemplar a sua capacidade de controlar a situação, de coagir a vítima e de impor respeito.

Finalmente, há uma série de factores de risco que potenciais infractores levam em consideração ao escolher entre várias vítimas. Estes incluem o nível de segurança do alvo, o tipo de protecção (ou a falta dela), o alvo, o grau de vigilância do alvo; os perigos inerentes a atacar o alvo, tal como a probabilidade da vítima estar armada, a probabilidade do infractor ser ferido ou morto pela vítima, o risco de ser interrompido por um terceiro ou pela polícia, a possibilidade de uma intervenção policial; as estimativas de eventuais sanções se o infractor for preso e condenado (Fattah, 1991, p. 253).

5. Vulnerabilidade da vítima e vitimação repetida: a vítima reincidente

Desde o nascimento da Criminologia, os criminologistas têm tentado explicar o comportamento criminal por referência às características pessoais do agressor. Da mesma forma, os vitimologistas têm tentado explicar a vitimação, particularmente a vitimação repetida, por referência às características pessoais e sociais daqueles que são vitimados. O ímpeto para tal investigação pode ser atribuído à prova incontestável de que os riscos de vitimação criminal não são uniformemente distribuídos entre a população em geral e que as vítimas de crime não constituem uma secção transversal imparcial dessa população. Os inquéritos de vitimação mostraram, sem qualquer dúvida, que a probabilidade (e as taxas reais) da vitimação criminal está ligada às características pessoais das vítimas e varia de acordo com determinadas variáveis sócio-demográficas. Os mesmos estudos revelaram que as vítimas de crimes sofrem, desproporcionalmente, de uma variedade de outros infortúnios. Tudo isto sugere uma certa vulnerabilidade ou predisposição à vitimação. Vulnerabilidade ou propensão não devem ser interpretadas como implicando algum tipo de fatalismo ou inevitabilidade. Estes conceitos são semelhantes ao conceito de predisposição, frequentemente encontrado na medicina, o que sugere que alguns indivíduos podem ser mais susceptíveis a certas doenças do que outros. Em Vitimologia, vulnerabilidade/propensão é utilizada para explicar as variações no risco e probabilidades estatísticas de vitimação. Deve-se ressaltar que as variações no risco não têm como causa algum atributo pessoal inerente, tais como o desleixo ou a inadequação. Elas são provavelmente o resultado de diferentes situações sociais, áreas de residência, ocupação, exposição e acessibilidade, etc. Embora as noções de vulnerabilidade e propensão, às vezes, sejam usadas como sinónimos, não são conceitos idênticos. A vulnerabilidade é, apenas, uma dimensão da propensão e não é, de forma alguma, a dimensão mais importante (Fattah, 1991).

É possível identificar vários tipos de propensão: propensão espacial, propensão estrutural, propensão relacionada com o desvio, propensão profissional, propensão situacional, e assim por diante. Estes tipos de propensão são sugeridos pelas variações nos riscos de vitimação. Os moradores de áreas urbanas, por exemplo, correm um maior risco de vitimação criminal que os residentes de zonas rurais e, dentro de uma cidade grande, as pessoas que vivem ou trabalham em determinadas áreas são mais propensas à vitimação do que outras. A vitimação é espacial, mas social também. Isto sugere o que pode ser denominado como "propensão estrutural". A propensão estrutural pode estar relacionada com a idade, o sexo feminino, a condição de minoria, o desemprego, os estilos de vida, etc. Estilos de vida desviantes levam a uma propensão relacionada com o desvio. Este é o caso, por exemplo, dos dependentes de drogas/traficantes, homossexuais, prostitutas. Os rótulos negativos, a estigmatização social, a falta de protecção, a natureza das actividades em que a pessoa se envolve e as condições em que essas actividades ocorrem são factores importantes que levam à propensão dos membros desses grupos. A prostituição, por exemplo, é uma actividade de risco extremamente elevado que torna as prostitutas, em especial as prostitutas de rua, muito vulneráveis a vários tipos de vitimação criminal (Fattah, 2002, 2003).

Certas condições de propensão são temporárias e transitórias e podem ser consideradas estados de "vulnerabilidade efémera", como o de vulnerabilidade química, resultante do consumo de álcool. O álcool é um importante factor vitimogénico e pode contribuir de diferentes formas para o risco de vitimação. Isto é confirmado por um crescente corpo de evidências empíricas que mostra que uma elevada percentagem de vítimas de violência consome álcool nas horas que antecederam a sua vitimação (Fattah, 1991).

6. Vítimas reincidentes e crónicas

Utilizando a frequência da vitimação como critério, as vítimas de crimes podem ser divididas em grupos: o temporal, o ocasional, o reincidente e as vítimas crónicas. O rótulo de vítima "reincidente" pode ser usado para descrever um indivíduo, empresa, organização, etc. Aplica-se a quem tiver sido frequente e repetidamente vítima em ocasiões distintas, num curto período de tempo, quer por parte do mesmo agressor, quer por parte de agressores diferentes. Quando as repetidas vitimações do mesmo tipo acontecem frequentemente à mesma pessoa e se estendem por um longo período de tempo, essa pessoa pode legitimamente ser descrita como uma "vítima crónica".

Algumas investigações empíricas apoiam quer a existência de vítimas reincidentes, quer de vítimas crónicas. O psiquiatra alemão Reimer Hinrichs (1987) usou o rótulo de "vítima crónica" como título do seu livro. Este relata as conclusões do estudo comparativo sobre a vitimação que realizou em Berlim Ocidental e na Filadélfia.

Vítimas reincidentes e crónicas são de especial valor para a investigação vitimológica, porque nos ajudam a entender os factores e variáveis associados a certos tipos de vitimação criminal, podendo melhorar a nossa compreensão sobre a noção de propensão e vulnerabilidade (Fattah, 1991).

PARTE III
Da Vitimologia do Acto à Vitimologia de Acção

1. Vitimologia teórica de Wither

Em 1960, Sutherland e Cressey (1960, p.55) afirmavam que Lombroso e a Escola Positivista Italiana atrasaram por 50 anos o progresso da investigação sobre a etiologia do crime, por considerarem o crime um fenómeno mais individual que social, em contraste com as escolas anteriores (tais como Guerry e Quetelet). Uma crítica semelhante pode ser feita aos vitimologistas que atrasaram o progresso da Vitimologia Teórica, tornando uma incipiente e promissora disciplina científica num campo de batalha ideológico. A crítica feroz que empatou a investigação teórica em Vitimologia teve um efeito intimidatório junto dos pioneiros da Vitimologia, que deixaram de estudar o papel da responsabilidade funcional da vítima, por medo de serem acusados de pró-reclusos e anti-vítimas. Estudos promissores que analisavam acontecimentos criminais, como interacções ou transacções situacionais, estudos sobre os comportamentos das vítimas como variáveis situacionais, análises de precipitação da vítima e outras formas de contribuição da mesma para a génese do crime, tornaram-se quase assuntos tabu! O que mais poderiam fazer os investigadores ao ler Timmer e Norman (1984, p.66) a anunciar "A ideologia de precipitação da vítima não culpa, nem a estrutura da sociedade, nem o agressor individual para o crime. Em vez disso, responsabiliza a vítima que precipita crime?" Esta crítica foi muito semelhante à que Franklin II e Franklin (1976) haviam feito, quase uma década antes, quando argumentaram que a precipitação da vítima reduz o ofensor a um actor passivo, que é posto em acção pelo comportamento da vítima. É fácil entender que, subjacente a essa crítica, está um equívoco amplamente sustentado, ou seja, a visão de que qualquer tentativa de explicar a vitimação a um nível micro, por referência ao comportamento da vítima, é uma tentativa deliberada de culpar a vítima e enfatizar as causas individuais do crime, ao invés das estruturais. A falácia deste argumento é clara. A Vitimologia não pretende explicar a criminalidade, mas sim explicar a vitimação. Não procura explicar porque algumas pessoas se tornam criminosas, mas porque algumas pessoas (alvos) se tornam vítimas e outras não. Obviamente, isso não pode ser feito sem que se observem as características, comportamentos e estilos de vida daqueles que são vitimados. A alegação de que ao fazê-lo a atenção é desviada das causas estruturais da criminalidade, não se justifica. Explicar os riscos diferenciais e as variações nas taxas reais da vitimação requer uma análise aprofundada, não só das características individuais das vítimas, mas também de factores estruturais que aumentam a vulnerabilidade e a propensão à vitimação, tais como idade, sexo, condição de minoria, desemprego, pobreza, etc. A investigação teórica em Vitimologia é uma tentativa de lançar luz sobre o papel que os factores estruturais jogam na etiologia de vitimação. Macro explicações, no entanto, precisam ser complementadas por outras, capazes de explicar a vitimação individual: porque esta vítima particular foi escolhida, porque a vitimação ocorreu nesta situação concreta, naquele tempo e lugar específicos e nas circunstâncias em que ocorreu. Daqui decorre a necessidade de uma melhor compreensão e operacionalização de conceitos precisos, como o de vulnerabilidade da vítima, precipitação da vítima, participação da vítima, vítima de imprudência, negligência, e assim por diante.

Um bom exemplo de como os investigadores foram completamente intimidados com as críticas dirigidas à precipitação da vítima é o estudo de Linden, Gibson e Johnson acerca da violação, em Winnipeg (1980), no âmbito do qual os autores propõem "A Teoria Situacional da Violação".

Os autores criticam as explicações «genéticas» da violação e demonstram facilmente a superioridade das explicações que têm em conta factores situacionais. Comunicando os resultados da sua investigação e expondo a sua teoria, os autores referem os tempos (*facilitating times*), os lugares (*facilitating places*), as circunstâncias (*facilitating circumstances*), os equipamentos (*facilitating hardware*) e os autores (*facilitating actors*) que facilitam a violação. É curioso notar que os autores não ousam falar das vítimas que facilitam a violação. Quando eles discutem o papel da vítima, a palavra vítima é substituída por "outros" (*facilitating others*)! Os autores não aceitam a noção de Amir da "violação catalisada pela vitima". Mas em vez de elaborar a sua própria definição e de aplicar esta definição aos casos estudados, empregam aquela utilizada por Wolfgang para os casos de homicídio, por concluírem que não havia casos no seu material que pudessem ser qualificados de violação precipitada pela vítima. Eles escrevem:

> No seu estudo sobre os homicídios em Filadélfia, Wolfgang definiu homicídios precipitados pela vítima como aqueles em que a vítima tinha sido a primeira a utilizar a força física no confronto, o que derradeiramente levou à sua morte. Se a violação é vista como um acto de assalto forçado, para ser coerente com o uso do termo de Wolfgang, uma vítima precipitada de violação seria aquela em que a vítima foi a primeira a introduzir o elemento de coerção física. Se alguém segue essa definição, nenhuma das violações incluídas no seu estudo poderiam ser classificadas como precipitadas pela vítima (Linden, Gibson & Johnson, 1980).

Após terem rejeitado a definição cunhada por Amir e depois de terem concluído que a violação desencadeada pela vítima (no sentido utilizado por Wolfgang no caso de homicídio) não existe, os autores admitem mais à frente que alguns casos de violação não podem ser explicados adequadamente sem ter em conta o papel desempenhado pela vítima:

> Embora os nossos dados mostrem que as vítimas raramente, ou nunca, precipitam o delito de violação (pelo menos no sentido em que Wolfgang introduziu o termo), a vítima pode ser vista, em alguns casos, como um outro facilitador. Em 9,2% dos casos de Winnipeg, tanto a vítima quanto o autor admitiam que a vítima tinha sido parcialmente responsável pelo que tinha acontecido. Estes casos incluíram situações em que a vítima tinha seduzido o agressor, tinha concordado em ter relações com o agressor e depois mudou de ideias ou tinha removido voluntariamente as suas roupas antes da violação. Nós não cremos que a vítima seja merecedora de culpa nesses casos, uma vez que, por exemplo, a mulher tem o direito de mudar de opinião sobre ter relações sexuais sem estar sujeita a uma violação. No entanto, em termos de perspectiva situacional proposta aqui, a probabilidade da violação ocorrer, dentre uma série de actos disponíveis, é aumentada se a vítima é, ou se supõe que é, inicialmente condescendente para com os avanços sexuais do agressor (Linden, Gibson & Johnson, 1980).

2. O choque entre o empírico e o ideológico

A Vitimologia científica, não partidária, é não alinhada, é uma Vitimologia objectiva, neutra, orientada para a pesquisa e centrada na teoria. É uma disciplina académica não ideológica que não faz juízos de valor e não toma partidos. É uma Vitimologia que presta igual atenção aos crimes cometidos contra o indivíduo e aos crimes cometidos contra grupos ou populações inteiras. É uma Vitimologia que está igualmente interessada em vitimações perpetradas pelos poderosos e vitimações cometidas pelos não poderosos.

A Vitimologia científica é neutra em termos de género, raça e classe. É uma Vitimologia igualitária que não cria uma hierarquia normativa das vítimas, que não considera certas vítimas como mais merecedoras do que outras e não oferece tratamento preferencial a determinadas vítimas ou grupos de vítimas. Por outras palavras, é uma Vitimologia livre de valores.

A transformação ideológica da Vitimologia tem sido prejudicial ao desenvolvimento e ao progresso da Vitimologia científica e criou um fosso quase intransponível entre vitimologistas cientificamente orientados e vitimologistas ideologicamente comprometidos e orientados para a acção. Os seus objectivos e linguagem são diferentes e, dificilmente, estarão no mesmo *comprimento de onda*. O confronto entre o científico e o político, entre o empírico e o ideológico, foi bem descrito pelo falecido Donald Cressey, no seu discurso, no Quinto Simpósio Internacional de Vitimologia, em Zagreb (Agosto, 1985). Lamentando o que muitos acreditavam ser um infeliz desenvolvimento e uma não transformação da Vitimologia, Cressey declarou abertamente que a Vitimologia não é nem uma disciplina científica, nem um campo académico (como a Criminologia ou a Ecologia). Chamou-lhe antes um programa não-académico em que há uma mistura de ideias, interesses, ideologias e métodos de investigação. Ele descreveu o estado de Vitimologia nestes termos, muito pouco elogiadores:

> Mais especificamente a Vitimologia é caracterizada por um choque entre duas orientações igualmente desejáveis face ao sofrimento humano – a humanística e a científica. O trabalho da "humanista" tende a ser substituído, pois é considerado propagandista em vez de científico, e o trabalho dos cientistas tende a ser preterido, porque não é suficientemente orientado para a acção social (p. 43).

Cressey observou que nos Estados Unidos da América, pelo menos, uma parte considerável de vitimologistas era constituída por activistas políticos e trabalhadores sociais, cujo principal interesse era o da obtenção da justiça para as pessoas que haviam sido directamente prejudicadas – física, económica ou psicologicamente – por parte de criminosos de rua. Cressey acrescentou que nenhuma investigação empírica é necessária para dar suporte à causa humanitária ou apoiar os feridos, incluindo as vítimas directas de crimes. Ele reafirmava que muitos dos vitimologistas da "lei e ordem", que querem combater o crime a fim de reduzir os níveis de vitimação criminal, são ideólogos, ao invés de cientistas.

3. A pobreza teórica da vitimologia activista

Como Cressey apontou na sua intervenção já referida, "os vitimologistas humanistas estão interessados em estabelecer uma condição como um problema social em vez de estudar cientificamente essa condição".

Voluntária ou involuntariamente, consciente ou inadvertidamente, defensores das vítimas estão *nas mãos* de políticos conservadores e neo-conservadores. Ajudaram a propagar as ideias, a filosofia e as políticas da Criminologia da direita. Nesse contexto, a investigação científica sobre as interacções vítima-ofensor e sobre o papel das vítimas e sua contribuição para a génese do crime está destinada a ser sumariamente rejeitada, alegando-se que promove a culpabilização das vítimas.

A recente transformação ideológica da Vitimologia não aconteceu sem consequências negativas. Um dos resultados tem sido o refocar da noção de criminalidade em crimes tradicionais que têm uma vítima directa, imediata, tangível e identificável. Crimes de *colarinho branco*, crimes e acções corporativas causando danos sociais e económicos graves, ou não definidos como crimes, mais uma vez foram relegados para segundo plano. Os activistas concentraram a sua atenção e orientaram os seus esforços para os chamados crimes de rua e convencionais. Crimes corporativos e empresariais que vitimam milhões e milhões de pessoas continuam a acontecer e não são condenados ou julgados. Apesar da dimensão dos crimes de *colarinho branco* ter sido a grande responsável pelo recente quase colapso da economia mundial, e apesar das suas implicações superarem os efeitos dos crimes de rua, estes crimes são totalmente deixados à margem das campanhas de vítimas, bem como outras acções socialmente prejudiciais, tais como a poluição do meio ambiente, a produção de substâncias tóxicas, a eliminação de materiais perigosos ou produtos químicos, a fabricação de produtos nocivos, a violação de códigos de segurança e de saúde, só para citar alguns exemplos, e para não falar das vítimas de abuso de poder político e económico ou das vítimas do terrorismo do Estado.

Quer seja com fins ideológicos, políticos ou por razões pragmáticas, os movimentos das vítimas foram amplamente selectivos, discriminando mesmo, em seu foco, atenção e acção. Estes movimentos têm sido muito selectivos nos grupos de vítimas que apoiam e nos tipos de crimes que escolhem para lutar contra. Como resultado, a grande maioria das vítimas da criminalidade é deixada sem protecção, sem assistência e sem voz.

4. As bases instáveis da actual política sobre as vítimas

O genuíno interesse em aliviar o sofrimento humano exige que a investigação e a acção sejam orientadas para a compreensão, a redução e a prevenção da vitimação, quer seja ela física, sexual, mental ou económica; quer seja ela motivada por intenção, acção deliberada ou por acidente, imprudência, descuido ou negligência; quer ocorra em casa, na rua ou no local de trabalho; quer seja perpetrada por indivíduos, organizações, empresas ou pelo próprio governo.

Apesar de seu objectivo nobre, a Vitimologia humanista é, na sua maior parte, não-científica, dominada pela ideologia e contaminada pelo fenómeno popular. Esta abre a porta para que a política entre e domine uma área que estava previamente a tentar, de forma árdua, através da investigação científica, aumentar o conhecimento e melhorar o entendimento sobre as dinâmicas do crime. Estudos sobre a vitimação à parte, a nova Vitimologia adicionou pouco ao conhecimento criminológico existente. Embora as investigações sobre vitimação tenham levado a algumas formulações teóricas interessantes, como o Modelo dos Estilos de Vida (cf. Garofalo, 1986), a nova tendência "aplicada" tem prejudicado e retardado o progresso da teoria vitimológica. Postulados ideológicos têm substituído as noções académicas e hipóteses e tentativas de lançar luz sobre a dinâmica da vitimação estão a ser desafiadas, não por razões científicas, mas por motivações ideológicas e filosóficas.

Como uma disciplina emergente, a "velha" Vitimologia tinha as suas deficiências, mas o seu objectivo era fornecer as bases científicas para uma teoria criminológica dinâmica e uma política eficaz de prevenção baseada nas vítimas. A "nova" Vitimologia está, antes, a atrair mais dos mesmos remédios ineficazes e soluções desgastadas. Um retorno à forca, sentenças de prisão mais longas, mais restrições à liberdade ou à liberdade condicional, não vão diminuir o crime. Estas medidas não foram eficazes no passado e não vão ser eficazes no futuro, só irão desviar a atenção e os fundos do que poderia e deveria ser feito para mudar as condições sócio-económicas que geram criminalidade e que transformam certos indivíduos em cruéis e impiedosos agressores. No entanto, esses remédios são as exigências feitas pelos defensores das vítimas, pelos comités oficiais e pelas *task forces* a quem se solicita recomendações para melhorar a sorte das vítimas da criminalidade. A *Task Force on Victims of Crime* do Presidente Reagan, por exemplo, recomendou a abolição da "regra de exclusão", que torna inadmissível no processo penal qualquer prova recolhida ilegalmente. Recomenda sentenças mais longas de prisão, a abolição da liberdade condicional e o desenvolvimento de um "endurecer" geral das políticas para os criminosos de rua.

Slogans como "Justiça para as Vítimas" são, invariavelmente, interpretados pelo público em geral no sentido de mais punição para os infractores. Um clima social é assim criado no seio do qual o ideal de justiça humana, íntegra e não retributiva, se perde ou se abandona, um clima em que as velhas noções de castigo e vingança são revividas, ganham ímpeto, adquirem nova relevância e são activamente defendidas. Isto é o que tem acontecido nestas últimas décadas. Apesar da investigação nesta área ser escassa, há razões para acreditar que a postura beligerante das vítimas tem sido larga ou parcialmente responsável pela defesa de penas mais severas, um maior uso da prisão e encarceramentos mais longos.

A ironia é que poucas vítimas recebem ajuda pelo facto de enviarem mais criminosos para as prisões por períodos de tempo mais longos. Dinheiro que poderia ser gasto de forma positiva para ajudar e compensar as vítimas está, deste modo, a ser desperdiçado em encarceramentos pouco produtivos. E a restituição por parte do agressor, que é a única esperança de reparação disponível para vítimas de crimes contra a propriedade que não têm seguros, é dificultada, e não reforçada, com as penas de prisão (Fattah, 1997a, 1997b).

5. Os perigos do zelo missionário

5.1. *As consequências inesperadas e indesejáveis de uma abordagem unilateral e inquinada*

Na sua crítica académica da disciplina de Gerontologia Social, Smith (1989) alerta para o perigo do "zelo missionário" exibido por alguns gerontologistas sociais no interesse dos membros da sociedade que são mais velhos. Smith sugere que este zelo missionário poderia facilmente pôr em perigo a visão académica do investigador e a sua contribuição potencial para a política social da investigação sobre a velhice. Tendo realçado muitos perigos relacionados com a sobre-identificação de pessoas mais velhas, Smith defende a busca de uma forma rigorosa de pensar a relação entre a identificação e a investigação académica em Gerontologia Social.

Ao ler o trabalho de Smith, não se pode deixar de ver as semelhanças notáveis entre a situação da Gerontologia Social e os desenvolvimentos recentes na área da Vitimologia. A transformação ideológica da Vitimologia, que ilustra a transição entre o estudo das vítimas e a arte de as ajudar, a sobre-identificação das vítimas de crimes e o zelo missionário, usados para defender os "interesses" das vítimas, são aspectos evidentes em conferências e simpósios de Vitimologia. Aqueles preocupados com a perda de neutralidade e objectividade da disciplina não poderiam estar senão amargurados por testemunharem a substituição do conhecimento académico desapaixonado, independente e imparcial pela defesa política e pelo partidarismo aberto (Fattah, 1992).

O zelo missionário exibido por muitos vitimologistas a favor e no interesse das vítimas de crimes está cheio de perigos. Em primeiro lugar, como sugerido acima, o de comprometer a qualidade dos estudos e a orientação académica da disciplina de Vitimologia. Como resultado, a Vitimologia é cada vez mais considerada um movimento humanitário e ideológico e menos uma disciplina científica (cf. Cressey, 1992).

Em segundo lugar, o zelo missionário e o partidarismo estão a orientar a lei criminal e o sistema de justiça criminal para um sentido punitivo e retributivo. Há também um terceiro perigo. Uma vez que o *lobby* das vítimas optou por se concentrar nos crimes tradicionais, em vez de crimes de *colarinho branco* ou actos de abuso de poder, tem havido uma clara mudança de foco na investigação para o primeiro tipo, a expensas deste último. Vítimas de crimes de *colarinho branco*, de crimes corporativos e de abuso de poder foram, mais uma vez, relegadas para a sombra.

Mais grave ainda é contudo um outro perigo. Na busca diligente dos direitos das vítimas parece haver uma vontade manifesta ou latente de sacrificar os direitos dos infractores. Uma falsa competição é criada entre os direitos de ambos os grupos. Karmen (1990) cita aqueles que afirmam que os direitos das vítimas devem ser adquiridos à custa dos direitos dos criminosos, alegando haver demasiada preocupação com os "direitos dos criminosos" e não a suficiente com o sofrimento das pessoas inocentes lesadas. Karmen (1990, p. 331) apresenta o seguinte resumo das exigências dos defensores das vítimas:

> Para restaurar alguma aparência de equilíbrio na balança da justiça, que foi inclinada em favor dos criminosos, algumas das oportunidades 'anti-vítima" e dos privilégios que os infractores acumularam devem ser retirados. Segundo esta análise, as vítimas precisam de direitos para compensar, igualar, ou até mesmo superar os direitos dos criminosos. Neste contexto, a reforma significa reverter as decisões judiciais anteriores e as tendências legais, mudando o equilíbrio de poder dos malfeitores para as pessoas lesadas.

O Relatório do Presidente da *Task Force* dos Estados Unidos (1982) e as suas recomendações pode ser interpretados como um prejuízo grave de muitas das garantias legais que o sistema de justiça criminal dos Estados Unidos conquistou ao longo dos anos para proteger a condenação de inocentes e defender os direitos e as liberdades tão profundamente desejadas numa democracia.

Deve salientar-se, no entanto, que a ênfase sobre os direitos das vítimas e a insistência em criar uma competição entre os direitos das vítimas e dos delinquentes têm sido muito mais acentuadas na América do Norte do que no Reino Unido e em muitos outros países. Ao traçar o desenvolvimento dos movimentos das vítimas na Grã-Bretanha e nos Estados Unidos, Mawby e Gill (1987) concluíram que, embora o movimento britânico tivesse ganho maior impulso junto da facção mais à direita do espectro político, o foco continuava a ser as necessidades das vítimas e a melhor forma de satisfazer essas necessidades. Em contraste, os movimentos das vítimas na América do Norte estiveram mais directamente relacionados com os direitos das vítimas. Depois de terem argumentado como é simplista sugerir que as vítimas ganham muito menos do sistema de justiça criminal do que os infractores, Mawby e Gill optaram por uma postura mais equilibrada. Devendo os direitos das vítimas ser reconhecidos, isto deve ser feito sem caricaturar o estado da lei e da ordem ou os chamados 'privilégios' das vítimas ou dos ofensores.

PARTE IV
Para onde se dirige a Vitimologia?

1. A actual crise na Vitimologia: A esterilidade científica da política e da ideologia

Na primeira Conferência Nacional de Vítimas de Crime em Toronto, em 1985, os movimentos das vítimas foram apelidados de *a* indústria em desenvolvimento da década. No Reino Unido foi considerado o mais rápido desenvolvimento de movimentos voluntários. É bem verdade que nas últimas três décadas, grupos e organizações de vítimas proliferaram em toda a América do Norte, Europa e outras partes do mundo. Inevitavelmente, este expressivo crescimento teve um impacto significativo (e na minha opinião negativo) sobre a disciplina de Vitimologia. Em grande medida, os encontros de Vitimologia deixaram de ser encontros de académicos, onde os resultados da investigação científica sobre as vítimas eram apresentados e discutidos. Tornaram-se, antes, um fórum para a retórica política e ideológica onde se reflectiam as transformações da Vitimologia enquanto disciplina académica orientada para um movimento humanista e a mudança da investigação académica para o activismo político. Assim, a melhor maneira de descrever hoje a Vitimologia é defini-la como um movimento político-ideológico e uma profissão de ajuda, não muito diferente da enfermagem ou do serviço social.

Campanhas e *lobbys* em favor das vítimas, embora motivadas pela mais nobre das preocupações humanitárias com o bem-estar das vítimas, não têm que ver com ciência. A investigação vitimológica realizada por activistas e *lobbyists* é tão objectiva quanto a investigação realizada pelo *lobby* das armas sobre a questão do controle das mesmas. Os grupos de pressão, por natureza e por escolha, falham na neutralidade e imparcialidade, que são requisitos para a pesquisa científica objectiva e desinteressada. O activismo político e o conhecimento desinteressado não andam de mãos dadas. Este não apela ao idealismo *torre de marfim* ou à passividade académica. É crucial separar a ciência da política e diferenciar o papel do investigador daquele que faz *lobbying*.

2. Para onde se dirige a Vitimologia?

Para onde se dirige a Vitimologia? Encaminha-se para uma disputa entre os humanistas e os cientistas? Tal choque é inevitável? Poderia ser evitado? Será que tal confronto assinalaria o fim da Vitimologia como disciplina científica? Estas são todas questões difíceis e as respostas no momento só podem ser especulativas. Cressey (1985) sugere uma forma de atenuar o conflito potencial entre os humanistas e os académicos. Ele acha que todos devem ser encorajados a compreender que a Vitimologia é investigação científica e que uma sociedade de vitimologistas é uma sociedade de investigadores. Esta definição, segundo ele, deixaria os humanistas à margem, podendo facilmente encontrar abrigo junto de grupos de direitos humanos e, aqueles envolvidos na prática, junto de trabalhadores sociais.

Alternativamente, a Vitimologia poderia extinguir-se. Se este curso fosse tomado, vitimologistas humanistas poderiam ser incentivados a aliar-se a outros defensores dos direitos humanos e vitimologistas científicos poderiam ser incentivados a aliar-se aos cientistas sociais que se autointitulam como criminologistas. Com efeito, se a preocupação da Vitimologia era restrita às vítimas de crimes... não haveria nenhuma razão convincente para se separarem da Criminologia (p.54).

Conclusão

Ciência e partidarismo não são compatíveis. Assim que os investigadores tomam partido ou se tornam activistas, perdem a sua neutralidade, a sua objectividade e a sua credibilidade. Este é um princípio fundamental que deve ser seriamente considerado pelos criminologistas bem-intencionados e vitimologistas que adoptaram a causa das vítimas de crimes e que pretendem falar em seu nome. Aqueles que tentam incessantemente separar a Vitimologia da Criminologia para criar um empreendimento político e ideológico nada têm a ver com a ciência (Fattah, 2008).

O futuro da Vitimologia dependerá, assim, da sua capacidade de voltar à sua missão científica original, de esbater o seu envolvimento ideológico e de retomar o seu papel como uma disciplina académica e como parte integrante da Criminologia. É a necessidade de separar a investigação da acção e a ciência do activismo que dita que a Vitimologia deve ser separada da política. Para restaurar a neutralidade da Vitimologia e para recuperar e manter a integridade científica, ela deve desvincular-se da política e da ideologia. Foi precisamente a necessidade de afirmar o carácter não-normativo e não-ideológico da Criminologia que levou alguns dos mais destacados criminalistas do século XX, como Thorsten Sellin (1938) e Hermann Mannheim (1965), só para citar alguns exemplos, a pedir o divórcio entre a política criminal e a Criminologia.

Já em 1938 Sellin havia sugerido que o termo Criminologia fosse usado para designar apenas o conhecimento científico e a busca deliberada de tal conhecimento. Propôs então que o uso técnico do conhecimento criminológico no tratamento e prevenção da criminalidade fosse separado do uso científico. Como não conseguiu encontrar um termo adequado para designar a área técnica, sugeriu que pudesse ser designada de "Crimino-tecnologia".

Três décadas mais tarde, Hermann Mannheim (1965, p.13) aconselhou que a política criminal fosse tratada como uma disciplina à parte, e não como matéria integrante da Criminologia. Afirmando o carácter normativo da Criminologia, Mannheim acreditava ser preferível que as questões que *deveriam* ser trabalhadas no sentido de reformar a lei criminal e o sistema penal fossem tratadas numa disciplina separada, com base no apuramento dos factos feito por criminologistas e penalistas. A Criminologia, de acordo com o autor, deve continuar a ser uma disciplina não criadora de política. Mannheim acrescentou que tal facto não deveria impedir o criminologista de defender uma certa reforma legal e penal administrativa, devendo ele ou ela fazê-lo como um político ou um cidadão e eleitor comum, e não como criminologista.

Em consonância com o pensamento que estou a sugerir, a Vitimologia é o termo a ser usado apenas para designar o corpo de conhecimentos científicos relacionado com as vítimas e com a busca de conhecimento. O conselho que Mannheim (1965) ofereceu aos criminologistas aplica-se igualmente à Vitimologia. A Vitimologia deve continuar a ser um projecto académico, científico, uma disciplina não política.

Gostaria também de acrescentar que apressar a sabedoria de tal conselho nunca foi tão necessário como é hoje.

Um facto que é frequentemente ignorado ou negligenciado nas ciências sociais é que a busca do conhecimento e a aplicação ou a implementação desse conhecimento são duas coisas diferentes, distintas e separadas. A busca do conhecimento pelo conhecimento, como acontece na Antropologia, na Arqueologia e na História, é um exercício louvável e útil, quer o conhecimento tenha ou não tenha qualquer aplicação prática. É um trabalho mais valioso, pois é neutro e não contém nele o perigo de que o conhecimento adquirido possa ser mal utilizado ou deformado quando aplicado (Fattah, 2008).

REFERÊNCIAS

Amir, M. (1971). *Patterns in Forcible Rape*. Chicago: University of Chicago Press.
Block, R. (1977). *Violent Crime*. Lexington, MA.: D. C. Heath & Co.
Block, R. & Skogan, W. G. (1986). Resistance and Non-fatal Outcomes in Stranger to Stranger Predatory Crime. *Violence and Victim*. 1(4), 241-253.
Chambers, G. & Tombs, J. (Ed.) (1984). *The British Crime Survey Scotland*. A Scottish Office Social Research Study. Edinburgh: Her Majesty's Stationary Office.
Chappell, D. & James, J. (1986). Victim Selection and Apprehension from the Rapist's Perspective: A Preliminary Investigation. In K. Miyazawa and M. Ohya (Ed.) *Victimology in Comparative Perspective*. Tokyo: Seibundo Publishing Co. Ltd.
Clark, L. & Lewis, D. (1977). *Rape: The Price of Coercive Sexuality*. Toronto: The Women's Press.
Cook, P. J. (1986). The Relationship between Victim Resistance and Injury in Non-commercial Robbery. *Journal of Legal Studies*. XV, 405-416.
Cressey, D. R. (1985). Research implications of conflicting conceptions of victimology. In Z. P. Separovic (Ed.). *International action and study of victims*. (pp. 43-54). Zagreb: University of Zagreb. Reprinted in 1992 In E. Fattah (Ed.). *Towards a Critical Victimology*. London: Macmillan.
Curtis, L. (1974). *Criminal Violence: National Patterns and Behaviour*. Lexington, MA.: D.C. Heath & Co.
Del Frate, A. A. et al. (1993). *Understanding Crime - Experiences of Crime and Crime Control*. Rome: UNICRI, Publication no. 49.
Ellenberger, H. (1955). Psychological Relationships between the Criminal and His Victim. *Archives of Criminal Psychodynamics*. 2, 257-290.
Fattah, E. A.
– (1967a). La Victimologie: Qu'est-elle et quel est son avenir? (première partie). *Revue Internationale de Criminologie et de Police Technique*. 21(2), 113-124.
– (1967b). La Victimologie: Qu'est-elle et quel est son avenir? (suite et fin). *Revue Internationale de Criminologie et de Police Technique*. 21(3), 192-202.
– (1973). Le rôle de la victime dans le passage a l'acte. *Revue Internationale de Criminologie et de Police Technique*. 36(2),173-88.
– (1976). The use of the victim as an agent of self-legitimization: Towards a dynamic explanation of criminal behavior. In E. C. Viano (Ed.). *Victims and society*. (pp. 105-29). Washington, D. C.: Visage Press.
– (1979). Some recent theoretical developments in victimology. *Victimology: An International Journal*. 4, 198-213.
– (1980a). Some Reflections on the Victimology of Terrorism. *Terrorism: An International Journal*. 3(2), 81-108.

– (1980b). Victimologie: Tendances Récentes. *Criminologie.* 13(1), 6-36.
– (1981a). Becoming a Victim: The Victimization Experience and its Aftermath. *Victimology: An International Journal.* 6(1) & (4), 29-47.
– (1981b). La Victimologie Entre les Attaques Idéologiques et les Critiques Epistémologiques. *Déviance et Société.* 1, 71-92.
– (1984). Victims' response to confrontational victimization: A neglected aspect of victim research. *Crime and Delinquency.* 30(1), 75-89.
– (1986). Victimologia: Tendencias Recientes. *Revista Mexicana de Justicia.* Fecha 20, (May), 43-79.
– (1988). Some Recent Theoretical Developments in Victimology. *Proceedings of the 8.*[th] *International Congress of Criminology,* Lisbon, Portugal: Ministry of Justice, pp. 659-93.
– (1989). Victims and Victimology: The Facts and the Rhetoric. *International Review of Victimology.* 1(1), 1-21.
– (1991a). *Understanding criminal victimization.* Scarborough, Ontario: Prentice Hall.
– (1991b). From crime policy to victim policy - The need for a fundamental change. *International Annals of Criminology.* 29(1) & (2).
– (1992a). *Towards a critical victimology.* London, UK and New York, NY: Macmillan and St. Martin's.
– (1992b). The need for a critical victimology. In E. A. Fattah (Ed.). *Towards a Critical Victimology.* (pp. 3-26). London, UK and New York, NY: Macmillan and St. Martin's.
– (1992c). Victims and victimology: The facts and the rhetoric. In E. A. Fattah (Ed.). T*owards a critical victimology.* (pp. 29-56). London, UK and New York, NY: Macmillan and St. Martin's.
– (1992d). The UN declaration of basic principles of justice for victims of crime and abuse of power: A constructive critique. In E. A. Fattah (Ed.). *Towards a critical victimology.* (pp. 401-24). London, UK and New York, NY: Macmillan and St. Martin's.
– (1993a). La relativité culturelle de la victimisation. *Criminologie.* 26(2), 121-36.
– (1993b). Doing unto others: The revolving roles of victim and victimizer. *Simon Fraser University Alumni Journal.* 11(1), 12-15.
– (1994a). *The interchangeable roles of victim and victimizer.* Second Inkeri Anttila's Honour Lecture. Helsinki, Finland: HEUNI. Translated into Spanish (*Los Roles Intercambiables de Victima y Victimario)* and published in 1997 in Cuadernos de Criminologia. (Santiago, Chile). N.º 7, 23-53.
– (1994b). La victimologie au carrefour: Entre la science et l'idéologie. *Présentations à la Société Royale du Canada.* 47, 159-72.
– (1994c). Some recent theoretical developments in victimology. In P. Rock (Ed.). *Victimology.* (pp. 285-300). Dartmouth: Aldershot.
– (1994d). Victimology: Some problematic concepts, unjustified criticism and popular misconceptions. In G. F. Kirchhoff, E. Kosovski & H. J. Schneider (Ed.). *International Debates of Victimology.* (pp. 82-103). Mönchengladbach: WSP.
– (1995). La victimologie au carrefour: Entre la science et l'idéologie. *Revue Internationale de Criminologie et de Police Technique.* 2, 131-39.
– (1997a). *Criminology: Past, Present and Future – A Critical Overview.* London, UK and New York, NY: Macmillan and St. Martin's.

– (1997b). Los Roles Intercambiables de Victima y Victimario. *Cuadernos de Criminologia.* (Santiago, Chile). N.º 7, 23-54.
– (1997c). Victimas y Victimologia: los Hechos y la Retorica. *Victimologia.* N.º 14, 13-44. Cordoba, Argentina.
– (1999). From a handful of dollars to tea and sympathy: The sad history of victim assistance. In J. M. Van Dijk, R. G. H. Van Kaam J. Wemmers (Ed.). *Caring for crime victims: Selected proceedings of the 9.th international symposium on victimology.* (pp. 187-206). Monsey, NY: Criminal Justice.
– (2000a). Victimology: Past, Present and Future. *Criminologie* 33(1), 17-46.
– (2000b). *Victimology Today: Recent Theoretical and Applied Developments.* Resource Material Series. 56, 60-70. Fuchu/Tokyo: UNAFEI.
– (2001). Preventing Repeat Victimization as the Ultimate Goal of Victim Services. *International Annals of Criminology.* 38(1/2), 113-33.
– (2004). Positions savantes et idéologiques sur le rôle de la victime et sa contribution à la genèse du crime. In Cario & P. Mbanzoulou (Ed.). *La victime est-elle coupable? Collection Sciences Criminelles (Les Controverses).* (pp. 23-41). Paris: L'Harmattan.
– (2008). The future of criminology as a social science and academic discipline: Reflections on criminology's unholy alliance with criminal policy & on current attempts to divorce victimology from criminology. *International Annals of Criminology.* 45(1) & (2), 135-170.
– (2010). The Evolution of a Young, Promising Discipline: Sixty Years of Victimology, A Retrospective and Prospective Look. In P. Knepper, S. Shoham & M. Kett (Ed.). *International Handbook of Victimology.* (pp. 43-94). Taylor and Francis.
Felson, R. B. & Steadman, H. J. (1983). Situational Factors in Disputes Leading to Criminal Violence. *Criminologyl.* 21(1), 59-74.
Franklin II, C. W. & Franklin, A. P. (1976). Victimology Revisited: A Critique and Suggestions for Future Direction. *Criminology.* 14(1), 177-214.
Gibson, L., Linden, R. & Johnson, S. (1980). A Situational Theory of Rape. *Canadian Journal of Criminology.* 22(1), 51-65.
Gottfredson, M. R. (1984). *Victims of crime: The dimensions of risk.* Home Office Research and Planning Unit Report. N.º 81. London: HMSO.
Hatalak, O., Del Frate, A. A. & Zvekic, U. (1998). *The International Crime Victim Survey in Countries in Transition.* Rome: UNICRI.
Hepworth, M. (1975). *Blackmail: Publicity and Secrecy in Everyday Life.* London: Routledge & Kegan.
Hindelang, M., Gottfredson, M. & Garofalo, J. (1978). *Victims of Personal Crime.* Cambridge, MA: Ballinger.
Hinrichs, R. (1987). *Das Chronische Opfer.* Stuttgart: Georg Thieme Verlag.
Karmen, A. (1990). *Crime Victims: An Introduction to Victimology* (2.nd Ed.). Monterey: Brooks/Cole.
– (1996). *Crime victims: An Introduction to Victimology.* (3.rd Ed.). Belmont, CA: Wadsworth.
Mannheim, H. (1965) *Comparative Criminology.* London: Routledge.
Normandeau, A. (1968). *Trends and Patterns in Crimes of Robbery.* Ph.D. Dissertation. Philadelphia: University of Pennsylvania.
Padowetz, M. (1954). *Der Heiratsschwindel.* Wien: Springer.

Pittman, D.J. & Handy, W. (1964). Patterns in Criminal Aggravated Assault. *Journal of Criminal Law, Criminology and Police Science.* 55(1), 462-469.

Rock, P. (1990). *Helping crime victims: The home office and the rise of victim support in England and Wales.* Oxford, UK: Clarendon.

– (1994). *Victimology.* Aldershot: Dartmouth.

Silverman, R. (1973). Victim Precipitation: An Examination of the Concept. In I. Drapkin & E. Viano (Ed.). *Victimology: A New Focus.* (Vol. 1). Lexington, MA.: D. C. Heath & Co.

Singer, S. (1981). Homogeneous victim-offender populations: A review and some research implications. *Journal of Criminal Law and Criminology.* 72, 779-88.

Smith, S. J. (1986). *Crime, space and society.* Cambridge: Cambridge University Press.

Sparks, R., Genn, H. & Dodd, D. (1977). *Surveying Victims: A Study of the Measurement of Criminal Victimization.* London: John Wiley and Sons.

Sparks, R. F. (1981). Multiple Victimization: Evidence, Theory and Future Research. *The Journal of Criminal Law, Criminology and police Science.* 72, 762-778.

Sellin, T. (1938). *Culture Conflict and Crime.* New York: Social Science Research Council.

Sutherland & Cressey, D. (1960). *Principles of Criminology.* (6th Ed.). New York: Lippincott.

Timmer, D. & Norman, W. H. (1984). The Ideology of Victim Precipitation. *Criminal Justice Review.* 9, 63-68.

United Nations (1985). *Declaration of basic principles of justice for victims of crime and abuse of power.* New York: United Nations' Department of Public Information.

United States of America, Bureau of Justice Statistics (1987). *Robbery Victims: Special Report.* Washington, D.C.: Government Printing Office.

United States of America (1982). *President's task force on victims of crime: Report.* Washington, D.C.: Government Printing Office.

Van Dijk, J., Mayhew, P. & Killias, M. (1990). *Experiences of Crime across the World – Key Findings of the 1989 International Crime Survey.* Deventer: Kluwer Law and Taxation Publishers.

Von Hentig, H. (1940/41). Remarks on the Interactions of Perpetrator and Victim. *Journal of Criminal Law and Criminology.* 31, 303-309.

Von Hentig, H. (1948). *The Criminal and his Victim.* New Haven: Yale University Press.

Wertham, F. (1949). *The Show of Violence.* New York: Doubleday.

Wolfgang, M. E. (1957). Victim-precipitated criminal homicide. *Journal of Criminal Law, Criminology and Police Science.* 48(1), 1-11.

Wolfgang, M. E. (1958). *Patterns in criminal homicide.* Philadelphia: University of Pennsylvania Press.

Wolfgang, M. E. (1982). Victim Intimidation, Resistance and Injury: A Study of Robbery. In K. Miyazawa & M. Ohya (Ed.). *Victimology in Comparative Perspective.* Tokyo: Seibundo Publishing Co. Ltd.

Wright, R. (1980). Rape and Physical Violence. In D. J. West (Ed.). *Sex Offenders in the Criminal Justice System.* Cambridge: Institute of Criminology. Cropwood Conference Series N.º 12.

Ziegenhagen, E.A. & Brosnan, D. (1985). Victim Responses to Robbery and Crime Control Policy. *Criminology.* 23(4), 675-695.

Zimring, F. (1979). Determinants of the Death Rate of Robbery: A Detroit Time Study. In H. M. Rose (Ed.). *Lethal Aspects of Urban Violence.* Lexington, MA: D.C. Heath & Co.

Zimring, F. & Zuehl, J. (1986). Victim Injury and Death in Urban Robbery: A Chicago Study. *Journal of Legal Studies.* XV, 1-31.

CAPÍTULO 3
Vitimologia e Investigação

SANDRA WALKLATE
University of Liverpool, United Kingdom

1. Introdução

Zedner (2002, p. 419) inicia a sua revisão sobre o conceito de "vítimas", para o *Oxford Handbook of Criminology*, com as seguintes afirmações:

> As vítimas, antes à margem da investigação criminal, são agora o foco central da investigação académica. Investigações acerca de crimes, tanto nacionais como locais e estudos qualitativos sobre o impacto do crime, as necessidades e os serviços de vítimas, têm fundamentado grande parte da informação que alterou definitivamente a agenda criminal... Como resultado, a vítima passou de "actor esquecido" a "peça chave" no processo de justiça criminal.

Sebba (2001, p. 44) apresenta argumentos diferentes para estes desenvolvimentos. Conclui que:

> A investigação sobre as vítimas de crimes nas sociedades ocidentais tem posto a descoberto algumas das suas necessidades reais, não apenas em termos práticos, mas também em termos da necessidade das agências de justiça criminal prestarem maior atenção às vítimas e garantirem uma maior participação destas no processo legal. Os direitos das vítimas têm sido reconhecidos ao nível das políticas e respectiva legislação, no entanto, noutras áreas da política criminal (e mesmo das políticas sociais, em geral), estas políticas não são necessariamente – ou até habitualmente – baseadas nos resultados das investigações, mesmo quando disponíveis.

O objectivo deste trabalho é o de submeter ambas as declarações anteriores a um escrutínio crítico. Considerando a relação histórica entre a academia e o activismo no domínio dos estudos sobre as vítimas (cf. Fattah, 1991, 1992) e a sua relevância para se compreender a natureza da investigação vitimológica, será inevitavelmente dada particular atenção a essas conexões neste texto. Como é evidente, a investigação vitimológica é politizada de formas diferentes como resultado das interconexões entre os activistas, o que resulta em diferentes orientações de investigação. Tal facto pode induzir diferentes ênfases nos seus respectivos resultados. No entanto, tanto Zedner como Sebba (acima citadas) estão correctas na sua (implícita) asserção sobre o volume de investigação vitimológica conduzido ao longo dos últimos 25 anos.

Se quisermos desenhar aqui uma imagem dessa investigação teremos de prestar particular atenção a dois temas: o impacto do desenvolvimento e aplicação da investigação sobre a vitimação criminal e o impacto e desenvolvimento da investigação feminista *informada/crítica*. Nesta revisão, a preocupação central será a de salientar os tipos de vitimação que foram tornados visíveis e invisíveis nestes dois temas de investigação e, assim, oferecer uma avaliação crítica do modo como a vítima passou de "actor/a esquecido/a" a elemento chave no processo de justiça criminal (Zedner, 2002; Sebba, 2001) e o papel que a investigação vitimológica tem vindo a desempenhar neste processo.

2. O crescimento cada vez maior das investigações sobre vitimação criminal: inquéritos nacionais

A investigação acerca da vitimação criminal nasceu nos Estados Unidos em meados de 1960, em parte para tentar combater as chamadas "cifras negra" do crime (toda a actividade criminal que as estatísticas policiais não registam), e em parte como resposta ao reconhecimento de que o crime estava a tornar-se um problema social cada vez mais importante. Foram feitas investigações simples sobre a vitimação criminal, através de amostras aleatórias da população, projectadas para questionar as pessoas acerca das suas experiências com o crime, policiamento e sistema de justiça criminal, quer tivessem denunciado as suas experiências à polícia, ou não. A primeira investigação deste tipo foi feita em Inglaterra e em Gales, em 1982, onde actualmente são feitas anualmente. Existem fontes similares para o Canadá e Austrália. No entanto, apesar do envolvimento de alguns países europeus na primeira *Investigação Internacional sobre Vitimação Criminal*, conduzida em 1989, muitos países europeus resistiram ao movimento a favor do desenvolvimento deste tipo de base de dados nacionais. Como veremos, embora estes estudos tenham gerado uma riqueza de dados para vitimologistas e criminologistas trabalharem, também têm os seus pontos fracos.

A investigação sobre a vitimação criminal aborda as pessoas acerca das suas próprias experiências de crime. Desta forma, assume-se que os inquiridos podem reconhecer um evento como criminal, podem recordar-se precisamente do que lhes aconteceu dentro do prazo da investigação, podem definir o que lhes aconteceu da mesma forma que a investigação o faz (um problema particularmente grave no que diz respeito a crimes de violência) e podem definir como crime o que lhes aconteceu (uma vez mais, um aspecto particularmente grave para pessoas cujas experiências diárias envolvam comportamentos definidos como ilegais, mas que possam não ser reconhecidos como tal). Além disso, algumas actividades criminais raramente estão contempladas nestes estudos, como por exemplo, crimes de *colarinho branco* ou crimes ambientais, pelo que o inquirido pode não ser capaz de reportar quaisquer experiências vividas relativamente a estes assuntos. Todos estes problemas podem ser resumidos como factores de viés do inquirido. Outros problemas associados com as investigações sobre vitimação criminal podem derivar da variabilidade do entrevistador; das questões que são colocadas da mesma forma, mas a diferentes inquiridos (nas entrevistas face-a-face surgem problemas diferentes das entrevistas feitas por telefone); da variabilidade da codificação (forma como a codificação é gerida e implementada); da estrutura e composição da amostra; e da cotação da resposta. Em particular, como os não inquiridos se comparam ou se diferenciam dos inquiridos. Uma análise detalhada de todos estes problemas pode ser encontrada em Lynn e Elliot (2000). É possível resumir todas estas dificuldades como sendo um problema de identificação de quem é realmente a vítima e do quê. Como seria de esperar, como resultado da persistência das vozes feministas, algumas críticas têm sido feitas à forma como estas investigações são dirigidas e ao facto de darem prioridade à violência doméstica e ao abuso sexual, enquanto outros crimes que ocorrem em casa, em instituições de protecção privadas ou públicas, crimes perpetrados pelo Estado (brutalidade policial a crimes de guerra) e outros crimes cometidos por corporações empresariais são ocultados pelo método dos inquéritos de vitimação. Em particular, o resultado é um leque de (potenciais) grupos de vítimas escondidos, nomeadamente crianças e jovens (embora em Janeiro de 2009 o *British Crime Survey* tenha sido alargado, de forma a cobrir os indivíduos menores de 16 anos de idade), sem-abrigo e grupos desfavorecidos e, como sugerido em cima, aqueles que, por definição, podem ser não inquiridos. Apesar desta lista de problemas técnicos, alguns dos quais reflectem profundos constrangimentos associados à metodologia, a qual será discutida mais à frente, em termos de custo-benefício estas investigações representam uma mais-valia como processos geradores de dados e têm certamente uma elevada credibilidade na investigação vitimológica. A questão é: porquê? Parte da resposta a esta questão está na apreciação do profundo comprometimento da Vitimologia com a metodologia positivista e a forma como as técnicas de investigação são consequentemente aplicadas.

Miers (1983, p. 3) define a Vitimologia positivista como "a identificação de factores que contribuem para um padrão não aleatório de vitimação, o ênfase nos crimes de violência interpessoal e a preocupação em identificar vítimas que possam ter contribuído para a sua própria vitimação".

Esta definição assemelha-se à definição de "Vitimologia Conservadora" de Karmen (1990) e de "Vitimologia Convencional" de Walklate (1989).

Ambas as definições caracterizam uma Vitimologia que se preocupa com o que é convencionalmente compreendido como criminal: o crime que é considerado normal ou comum, que aparece ao "público" como, por exemplo, o roubo ou crime de rua. Esta Vitimologia Positivista engloba duas grandes preocupações: a ênfase em padrões de regularidade e na objectividade. Como Keats e Urry (1975, p. 3) observaram:

> Para os positivistas não são necessárias conexões na natureza, apenas há regularidades, sucessões de fenómenos que podem ser sistematicamente representadas pelas leis universais da teoria científica. Qualquer tentativa

em ir para além disto mergulha a ciência em assumpções inverificáveis da metafísica e da religião, que são, no seu melhor, não científicas e, no seu pior, insignificantes.

Assim, a Vitimologia Positivista, através da investigação sobre vitimação criminal, luta por colocar a descoberto os padrões regulares da vitimação criminal, padrões esses que podem ser suportados por evidências e não apenas por asserções (ou seja, objectivamente).

Apoiando esta busca, a investigação sobre a vitimação criminal baseia-se em si mesma na assumpção de que é possível inferir as *causas* da vitimação através dos *padrões* de vitimação.

Isto pressupõe que o crime é um evento e não um processo e, consequentemente, pode ser medido. Um conceito chave que tem baseado a medição do crime como um evento tem sido o de estilo de vida. A noção de rotina de Hindelang, Gottfredson e Garofalo (1978) centra-se na relação entre estilo de vida e vitimação pessoal e, a par do trabalho de Cohen e Felson (1979), gera questões de investigação que exploram a exposição dos inquiridos aos riscos do crime, através da análise da sua proximidade ao mesmo (onde vão, como passam o seu tempo), da sua atractividade como potenciais vítimas (se têm instalado um sistema de alarme) e da disponibilidade dos outros para os proteger. Esta visão tem dois efeitos.

Primeiramente, como Hope (2007) frisou, isto resulta num processo de criação de dados que é sujeito a, pelo menos, cinco falácias: a *falácia ecológica* (fazer observações acerca de indivíduos baseadas em dados agregados); a *falácia contextual* (não medir apropriadamente as variáveis); a *falácia de agregação* (utilizar dados agregados como se fossem capazes de medir as variáveis de forma apropriada); a *falácia individualista* (analisar o que o indivíduo diz fora do contexto); e a *falácia da selecção da composição* (seleccionar e construir uma amostra que produz uma profecia auto-cumpridora). Em segundo lugar, este processo de criação de dados assume que o termo vítima em si não é problemático: a vítima é tida como tal pela lei criminal ou pela própria natureza do seu sofrimento, mais do que pelo o que as próprias dizem e identificam como lhes tendo acontecido. Esta assumpção esconde uma visão da sociedade inerentemente estática e funcionalista. Como resultado, a Vitimologia Positivista e os trabalhos de investigação que dela emanaram podem providenciar-nos retratos de regularidades da vitimação criminal, mas não podem oferecer uma compreensão da produção histórica e social e da reprodução dessas regularidades ao longo do tempo e do espaço. Tal como Digman (2005, p. 33) afirmou relativamente à Vitimologia Positivista:

> (...) falha em reconhecer o facto de que o Estado, ele próprio, quer através das suas agências, quer através dos processos legais e penais que promove pode criar novas vítimas e re-vitimar aquelas que já foram vitimadas.

Apesar destas limitações técnicas e metodológicas, os inquéritos de vitimação enquanto ferramenta de investigação tem-se desenvolvido ao longo dos últimos anos, especialmente no que respeita à sua capacidade de abordar crimes de violência sexual e/ou assédio racial. Como consequência, as investigações mais recentes têm lidado de uma forma muito mais sensível com estes assuntos e têm permitido o registo de uma maior taxa de incidentes deste tipo (cf. Spalek, 2006, p. 55 e seguintes). Além disso, o uso dos inquéritos de vitimação criminal tem-se ampliado, tornando-se um exemplo, particularmente no que respeita ao desenvolvimento de inquéritos internacionais de vitimação.

3. O crescimento da investigação sobre a vitimação criminal: investigações internacionais

As investigações internacionais sobre vitimação partilham obviamente dos mesmos problemas que as investigações nacionais, mas encaram uma dificuldade adicional no que concerne à eficácia deste método em diferentes contextos sócio-económicos e culturais: o problema da comparação. Nelken (2002) facultou uma análise minuciosa do problema da comparação na Criminologia e, por consequência, na Vitimologia. A questão que aqui se coloca é a de saber se, face à mesma pergunta, feita em diferentes contextos sócio-culturais e legais, se poderá obter respostas suficientemente similares, para que os dados façam sentido. Então como é que o *International Criminal Victimisation Survey* (ICVC) gere este problema?

O ICVC é constituído por um grupo de trabalho internacional de criminologistas motivado e experiente em metodologias da investigação. Este grupo começou a trabalhar em 1987 e, embora os seus membros tenham mudado ao longo dos anos, o seu trabalho ainda é patrocinado pelo Ministério da Justiça Holandês. Seguindo as pegadas das investigações nacionais, o primeiro ICVS foi elaborado em 1989 e já se realizaram outros cinco desde então, tendo o sexto sido planeado para 2009. Durante esse tempo também houve "inquéritos suplementares", realizados em sociedades não industrializadas, que utilizaram as metodologias dos ICVS e que foram conduzidos sob os auspícios do *United Nations Interregional Criminal Justice Research Institute* (UNICJRI), cuja sede é em Roma. Estes inquéritos têm sido realizados ao nível de cidades, principalmente, com o objectivo de tentar informar os governos regionais dos problemas identificados nas suas áreas urbanas. Foi, ainda, realizado um inquérito, patrocinado pela União Europeia e publicado em 2005, o *European Safety Survey*, que seguiu a metodologia do ICVS.

Neste breve apontamento é simplesmente impossível fazer-se justiça à importância dos dados que toda esta actividade tem produzido. Na verdade, em muitos aspectos, uma das características do trabalho conduzido pelo ICVS e pelo UNICJRI é a sua transparência. Os relatórios acerca dos seus resultados são cuidadosamente transcritos e são feitos todos os esforços no sentido de clarificar a forma como os dados foram recolhidos e analisados, bem como a sua interpretação. No entanto, o legado histórico do ICVS, emanado da metodologia de investigação nacional, oferece algumas pistas quanto aos problemas de enquadramento metodológico. Além disso, existe uma outra dificuldade neste trabalho. É o problema a que Cain (2000) se referiu como o problema do Ocidentalismo e será útil explorar com maior detalhe como é que tal se manifesta no ICVS.

Os problemas "técnicos" enfrentados pelo ICVS vão desde a questão de como acautelar os diferentes quadros legais no âmbito dos quais a investigação pode ser conduzida, ao processo de colecta de dados e aos problemas de tradução. Cada um destes problemas pode ter um impacto diferente nos resultados encontrados. Por exemplo, Mawby e colaboradores (1999), num estudo comparativo sobre vítimas de roubo, optou pela definição de roubo como "a situação em que alguém entra em casa sem permissão legal e rouba ou tenta roubar alguma coisa." Esta definição não coincide com a definição legal de roubo, nem na Polónia nem na Hungria (duas das parceiras na investigação), mas foi talvez a definição mais fácil de ser traduzida para entrevistar vítimas de roubo. Dado o objectivo da investigação, era mais importante fazer com que as pessoas falassem sobre as suas experiências do que enquadrar com precisão os resultados nas estatísticas oficiais. O ICVS, no entanto, tem preocupações diferentes.

Desde a realização do primeiro ICVS muito trabalho tem sido feito para aperfeiçoar e "normalizar" as questões do inquérito. Os investigadores referem os esforços que têm feito para acautelar os diferentes enquadramentos jurídicos, as questões de linguagem e os tipos de crimes mais comuns. Na verdade, o tipo de coisas sobre as quais as pessoas são questionadas mudou relativamente pouco nas diferentes áreas de abrangência do ICVS. Aliás, o tipo de perguntas que devem ser feitas, sobre que experiências e como devem ser colocadas, são aspectos que devem garantir a possibilidade de comparação dos dados em contextos socioeconómicos potencialmente muito diferentes. É aqui que as assunções dominantes do positivismo, que se centram nas regularidades e objectividades, se manifestam no ICVS, procurando a "normalização". É nesta conjuntura que o problema do Ocidentalismo também emerge. Este é provavelmente melhor ilustrado através de um exemplo.

A investigação de Caldeira (2000), acerca de questões da ordem pública e do crime em São Paulo, não é um estudo criminológico de vitimação, mas um estudo antropológico. Ela apelida o seu estudo de "Antropologia com sotaque" pois, ao longo de um período de dez anos, viveu entre a América do Norte e do Sul analisando o crime, o medo do crime e a resposta urbana ao mesmo. Neste trabalho apresenta um argumento convincente para a compreensão da extensão com que "a violência é constitutiva da ordem social" (Caldeira, 2000, p. 142), em São Paulo, referindo que "o abuso de rotina (incluindo a tortura) é o modus operandi da polícia" (p. 145). Neste regime social os ricos podem comprar a tortura à polícia, que a aplicará aos infractores suspeitos, da mesma maneira que podem comprar a sua segurança privada. Na verdade é esta aceitação social da tortura que Caldeira (2000) relaciona com a crença cultural de que com a dor vem o conhecimento e, consequentemente, a verdade. Relaciona ainda este conceito com outras crenças sociais sobre o carnaval e a libertação do corpo. Por exemplo, argumenta que a propensão dos brasileiros para se submeter a cirurgias invasivas, das cesarianas às cirurgias estéticas, está relacionada com a aceitação social da tortura e ambos são uma manifestação de diferentes atitudes em relação ao corpo. Argumenta, ainda, que são estes valores culturais que precisam ser entendidos antes que se possa começar a intervir nas questões dos direitos humanos, dos direitos civis ou, mais especificamente, sobre o crime. Esta análise compara, de forma interessante, os resultados do inquérito do UNICJRI sobre a corrupção, relatados por Del Frate (1998, p. 46). Ela afirma:

> Na terceira análise do ICVS, os mais altos níveis de corrupção ocorrem na América Latina, Ásia, África e países em transição, todos eles bem acima dos valores limiares de 10%... Apesar de possíveis explicações abrangerem uma gama de factores, incluindo os de índole cultural, estes resultados indicam que, por um lado, é mais provável que a corrupção de rua de agentes públicos tenha a ver com as regras da administração pública, e por outro lado, com a postura global dos cidadãos.

Ao comparar estas duas imagens diferentes do Brasil, por um lado, e da América do Sul, por outro, é possível ver que uma (a do relatório do ICVS) se refere aos níveis de corrupção e a outra (a do estudo de Caldeira) se refere a crenças culturais, as quais sustentam que com a dor se obtém a verdade e, neste contexto, os polícias são pagos para prender os infractores (aceitando subornos). De um certo ponto de vista, estas interpretações e discernimentos contrastantes são um forte argumento para a compreensão e valorização da dinâmica do contexto local da vitimação que pode resultar em padrões específicos de estatísticas de vitimação criminal. Além disso, estas interpretações contrastantes também constituem um forte argumento sobre o lado negativo da procura de normalização levada a cabo pelo ICVS.

Simplificando, a motivação para a elaboração de questões e, desse modo, para a obtenção de dados padronizados deixa de lado a compreensão das especificidades dos contextos sócio-culturais locais. É nesta tentativa de padronização que é possível rastrear a influência política do Ocidentalismo: o uso de uma linguagem anglo-americana como padrão, patente no tipo de questões que o inquérito de vitimação internacional introduz, assim como o padrão de punição com que outros países respondem ao crime, bem como o sistema de justiça criminal são comparados e implicitamente medidos e julgados.

O estudo de Caldeira não só destaca a importância do local (São Paulo), como também salienta o contexto cultural de atitudes e valores no Brasil. Obviamente Caldeira, no intuito de dar sentido aos seus resultados, vai para além dos conhecimentos da Vitimologia, apoiando-se na Sociologia do corpo e seu quadro teórico. A sua visão esclarece o problema do Ocidentalismo e, implicitamente, também o problema da comparação. Isso não significa que os resultados do ICVS não sejam relevantes; apenas algo limitados em termos de prover um potencial compreensivo ou explicativo da realidade. Na verdade, o seu uso, além de envidar esforços para mapear padrões transculturais relacionados com a vitimação criminal, contribui para o desenvolvimento de políticas e directrizes sobre vitimação criminal, quer ao nível do Conselho Europeu, quer ao nível das Nações Unidas, sendo que algumas favorecem as vítimas de crimes (cf., por exemplo, Van Dijk e Groenhuijsen, 2007). No entanto, a ligação com a Vitimologia positivista, reflectida neste trabalho, assim como as suas tendências Ocidentais, necessitam ser tidas em conta quando se consideram os resultados alcançados.

Assim, a investigação com base nos inquéritos de vitimação, apesar de privilegiada dentro da pesquisa em Vitimologia, tem os seus problemas. A maioria destes problemas deriva de um compromisso implícito, a nível metodológico, com o positivismo, que impõe limites ao valor dos dados produzidos, para além de todas as questões técnicas relacionadas com a aplicação do método. No entanto, é também importante referir que essa forma de gerar dados tem também as suas mais-valias. Revela-nos um padrão consistente em que, independentemente do contexto sócio-económico onde queiramos entender o crime "convencional", a experiência de vitimação criminal não é uniformemente distribuída por todos os grupos da população. Na verdade, bem pelo contrário. Dependendo do tipo de crime que está a ser considerado, a hipótese de vitimação criminal de um indivíduo pode ser maximizada ou minimizada por factores como a idade, etnia, sexo e classe social. No entanto, são geralmente os indivíduos mais pobres da sociedade que mais são afectados pela criminalidade, especialmente em termos de impacto, sendo igualmente aqueles que menos recursos têm para geri-la. Reiterando o que já foi dito, muitos aspectos da vitimação criminal ficam de fora nestas análises, especialmente o que se passa *em privado* (como, por exemplo, o abuso infantil ou os maus-tratos a pessoas idosas) e o que não é tão *visível* no quotidiano (como por exemplo os crimes praticados pelo Estado ou os crimes corporativos). Além disso, mesmo que os parâmetros dos inquéritos de vitimação criminal, tal como convencionalmente são entendidos, fossem aceites, como Hope (2007, p. 86) refere, "a única estratégia viável de investigação, então, seria trabalhar com as observações de vitimações de crime que somos capazes de recolher, mas dentro de uma abordagem fundamentalmente reflexiva e hipotética".

Por outras palavras: tratar os dados com cuidado, especialmente no que diz respeito à explicação dos mesmos.

4. Vitimação e investigação feminista *informada/crítica*

A marginalização do Feminismo pela investigação vitimológica tem sido bem documentada (cf., por exemplo, Rock, 1986, 2007). A sua análise sugere que tal advém, em certa medida, do resultado das escolhas feitas pelas próprias feministas que consideravam o conceito da *precipitação da vítima* um conceito fundamental no âmbito da investigação vitimológica, equivalente à culpabilização da vítima, especialmente quando considerado em relação à violência sexual. Embora as preocupações levantadas pelo Feminismo sejam muito mais profundas do que isso (cf. Walklate, 2003), a influência da investigação que emana do movimento feminista, que documenta a "vitimação" das mulheres pelos homens, não deve ser subestimada. Contudo, antes de nos voltarmos para essa influência, será útil falar um pouco sobre o que as feministas consideram problemático na Vitimologia.

Uma das preocupações das feministas tem a ver com o próprio termo *vítima*. Por exemplo, quando a palavra vítima é *genderizada*, como em francês, torna-se indissociável do ser feminino. As feministas opõem-se a isto, uma vez que as conotações de passividade e impotência associadas ao termo vítima são igualmente caracterizadas como femininas. Consequentemente quem trabalha a partir de uma perspectiva feminista prefere falar de *sobreviventes* em vez de vítimas, já que este termo sugere uma imagem mais positiva e activa das mulheres. Além disso, como Spalek (2006, p. 43) afirma,

> Embora algumas mulheres sejam mortas pelos homens, e algumas achem que determinados aspectos das suas vidas tenham sido completamente arruinados pela violência, muitas mulheres, no entanto, conseguem reconstruir as suas vidas, emocional, psicológica e fisicamente, e este tipo de reconstrução deve ser reconhecido através da utilização da palavra "sobrevivente" em vez de "vítima"; o mesmo se aplica a todos os tipos de grupos menos poderosos da sociedade.

Esta citação capta muito as históricas e bem documentadas tensões entre o Feminismo e Vitimologia. Essas tensões são profundas e orientam-nos para a questão da relação entre método e metodologia discutida acima. No entanto, no contexto da investigação feminista *informada* ou *crítica*, a compreensão da relação entre método e metodologia começa num lugar diferente.

Metodologicamente, o Feminismo concentra a nossa atenção sobre a forma como podemos conhecer as coisas do mundo, sobre quem pode ter esse conhecimento e sobre como esse conhecimento se pode apresentar. Devido à ênfase que foi dada até agora ao conceito de estilo de vida, utilizaremos o mesmo para explorar o modo como a investigação feminista poderia pensar este conceito, por meio de uma ilustração. Genn (1988, p. 92-3) oferece-nos uma:

> Interessando-me pelo que aparentemente seriam exemplos de "predisposição de vítima", numa determinada área geográfica, visitei um quarteirão em especial, num determinado concelho, ao longo de vários meses, gravando entrevistas com várias famílias, seus vizinhos e amigos e, posteriormente, passei um curto período de tempo com a mulher que sofreu o maior número de vitimações da nossa investigação. As opiniões que formei após este período de observação intensiva têm uma importância substancial, não simplesmente no que se refere às experiências de múltiplas vítimas, mas às limitações das investigações sobre as vítimas, tais como estão actualmente concebidas... O que também se tornou evidente foi o facto de que os acontecimentos relatados no estudo não foram considerados particularmente notáveis. Eles eram apenas parte da vida.

Esta citação refere-se às experiências de vitimação criminal de uma mulher, algumas das quais provavelmente identificadas por ela como vitimação criminal e outras não.

No entanto, para esta discussão, a frase chave é: "Eles eram apenas parte da vida". O destaque é dado ao estilo de vida, não como uma série de incidentes ou eventos discretos ou mensuráveis, mas como um processo. O estilo de vida como um processo não pode ser captado pela metodologia dos inquéritos de vitimção, concebida pela Vitimologia positivista, como a citação de Genn claramente aponta. É necessária uma maneira diferente de pensar e explorar o que "apenas parte da vida" significa para as pessoas. Muito do trabalho feminista *informado* tem estado ligado a diferentes formas de pensar sobre a natureza da rotina de vida das mulheres, tendo-se empenhado em desafiar o conhecimento adquirido sobre a vida quotidiana. No entanto, a importância do desafio feminista não é só a de analisar as vidas das mulheres (e as vidas de outros grupos sem poder), mas também a de estimular o pensamento crítico sobre a forma como as coisas acontecem. Aqui também se inclui o processo de produção de conhecimento.

Existem diferentes Feminismos e cada um pensa de maneira diferente sobre o processo de produção de conhecimento. Esta discussão é feita por Harding (1991). Ela adoptou uma postura explicitamente hegeliana argumentando que as mulheres, tal como o proletariado, acederam e receberam informações sobre o mundo baseadas numa perspectiva de submissão e de reconhecimento de quem detém efectivamente o poder. Na sua opinião, este acesso ao conhecimento, de ambos os lados desta relação dicotómica, torna o tipo de conhecimento que as mulheres têm mais completo e, portanto, mais objectivo. Assim, as feministas estão preocupadas com as mulheres, tanto como membros do mundo público, quer como membros do mundo privado. Esse reconhecimento significa que o conhecimento das mulheres pode tornar visível e nomear processos que antes eram invisíveis e não tinham nome; para efeitos da presente discussão isto incluiria nomear e tornar públicos "crimes privados" como, por exemplo, a violência doméstica. A aplicação deste ponto de vista, no que concerne ao processo de produção de conhecimento, resultou na exigência de se trabalhar para as mulheres, com as mulheres e pelas mulheres. Esta é uma reivindicação que tem sido frequentemente associada à investigação qualitativa, mais do que à quantitativa, reflectindo uma preferência pela pesquisa em profundidade, que pode ser sensível à atitude do entrevistador e à dinâmica do processo de entrevista. Como Hoyle (2007, p. 148) afirma:

As suas escolhas de métodos empíricos dirigem-se à divergência entre duas abordagens sobre o que constitui a investigação legítima. A Vitimologia continua empenhada em objectivar e valoriza o método científico e social puro e o seu objectivo principal é académico e não activista. Por outro lado, a maioria das feministas não reclama nem aspira a neutralidade dos valores.

No entanto, a preferência por este trabalho qualitativo comprometido não deriva necessariamente da postura feminista. O que dela deriva mais significativamente é a importância de se compreender como o problema da investigação é definido, compreendido e enquadrado. Assim, é o modo como o problema da investigação é entendido e operacionalizado que precisa ser analisado e não necessariamente as técnicas de investigação que são escolhidas para explorar o problema. Na verdade Spalek (2006, p. 43) vai mais longe e sugere que "parece que a investigação se baseia numa "perspectiva branca", de modo a que o que parece ser "normal", "neutro" ou "de senso comum" é, na realidade, uma lente especial através da qual o mundo tem sido visto".

O trabalho feminista *informado* ou *crítico* põe em evidência a visão (positivista) do mundo da Vitimologia, não só como aquela que assume uma perspectiva metodológica particular, mas também como aquela que, ao assumir essa visão, usa o padrão branco, masculino e heterossexual como a referência a partir da qual todas as outras experiências são comparadas. Isto não significa que as feministas não possam fazer inquéritos de vitimação. Significa apenas que uma investigação feminista *informada* ou *crítica* ofereceria um ponto de partida conceptual diferente. Assim, em vez de assumir uma visão estática e funcional da sociedade, em que a ordem natural da vida social resulta do domínio dos homens sobre as mulheres (relações de poder do patriarcado), os inquéritos de vitimação *informados* ou *críticos* partiriam da posição de que as relações sociais estão imbuídas de relações de poder patriarcais. Por conseguinte, o processo de amostragem e a concepção dos inquéritos seriam desenvolvidos neste pressuposto.

No entanto, no contexto da investigação sobre vitimação criminal, a compreensão diferente do estilo de vida por parte das feministas (como um processo, como ilustrado acima) e a forma potencialmente diferente de explorar esse conceito originam uma gama de diferentes dificuldades acerca do que medir; a incidência (eventos que acontecem durante um determinado período de tempo) ou a prevalência (eventos que acontecem ao longo de uma vida) e como separar as diferentes partes de um processo em entidades mensuráveis. Por exemplo no contexto da violência doméstica pode ser muito difícil separar a violência física de violência sexual, visto que qualquer caso em particular pode implicar ambas. Na realidade, ao nível da experiência, tais categorias podem não ter muito significado. Kelly (1988) e Lundgren e colaboradores (2002) expressam-no em termos de um "continum" de violência. Este é um conceito que reconhece que a natureza, a dimensão e a experiência da violência sobre as mulheres variam desde a violência letal (por exemplo, os crimes de homicídio e "honra") a uma violência 'menor' e, provavelmente, mais rotineira, como o assédio sexual. Este amplo leque exige que se tenha alguns cuidados no traçar da natureza e da extensão da violência contra as mulheres, especialmente quando nos referimos aos dados dos inquéritos de vitimação criminal.

Não obstante, o trabalho pioneiro de Russell (1990) e de Walby e Myhill (2001) aponta para uma série de melhorias feitas em relação a estas técnicas de inquérito, relativamente às práticas do entrevistador, ao modo de inquirição, à forma como o conceito de violência é operacionalizado, à natureza da amostragem, melhorias que em conjunto resultaram num grande aperfeiçoamento da medição da natureza e da extensão da violência contra as mulheres. Estas mudanças têm influenciado o trabalho de investigação sobre esta área na Finlândia (Piipsa, 2003) e, cada vez mais países, seguindo o exemplo das Estatísticas do Canadá, têm incluído nos seus levantamentos nacionais a questão da violência contra as mulheres. (cf., por exemplo, Muller & Schrottle, em 2004, Alemanha; Fougeyroullas-Schwebel, em 2005, em França). Como consequência, actualmente a questão da violência contra as mulheres tem uma posição de destaque, conhecendo-se hoje muito mais sobre a sua natureza e extensão do que se conhecia, por exemplo, no início dos anos setenta, quando os inquéritos de vitimação criminal estavam ainda em fase de desenvolvimento e de implementação. Na verdade, Mouzos e Makkai (2004), referindo-se à vertente australiana do *Violence Against Women Survey* (conduzido sob o controle do HEUNI), sugerem que mais de um terço das mulheres na sua amostra, que tinham ou tiveram um parceiro íntimo, tinham experimentado pelo menos uma forma de violência na sua vida. Barbaret (2005, p. 358) relata que "a violência por parte do parceiro íntimo é tão prevalente e grave em Espanha como em outros países" e, numa descrição mais detalhada, O'Donnell (2005) relata uma forte tendência ascendente do número de crimes sexuais registados na República da Irlanda, embora atribua grande parte desse aumento às melhores práticas de registo e à diminuição do estigma associado a esse tipo de vitimação. Deste modo, defende-se que os padrões de vitimação criminal em geral, e também no que toca à violência, em particular, são *genderizados* (cf. Walby & Allen 2004) com Newman (1999) a sugerir que estes padrões têm dimensões globais.

Assim, embora tenha havido, e ainda haja, tensões históricas entre o Feminismo e a Vitimologia, especialmente ao nível da metodologia, a partir desta breve revisão pode ver-se que as questões que foram motivo de preocupação central para as feministas da década de setenta, nomeadamente a violência masculina contra as mulheres, passaram de inexistentes ou marginais a centrais na investigação.

Assim, resumidamente, de um certo ponto de vista, o impacto da investigação feminista *informada* ou *crítica* nos estudos sobre as vítimas tem sido bastante profundo. Esse tipo de investigação não só colocou a natureza e a extensão da violência (sexual) contra as mulheres claramente nas agendas de investigação, como também tem sido um factor chave no crescente reconhecimento do impacto da natureza e extensão dessa violência nos homens.

Actualmente, o fosso entre os trabalhos mais convencionalmente orientados, patrocinados pelos governos nacionais e organizações internacionais, e aqueles cujo enfoque é mais radical, é muito mais estreito do que antigamente. Algumas mudanças significativas na arena política contribuíram para a redução desse fosso, aumentando substancialmente a noção em torno daquelas que devem ser consideradas as legítimas preocupações de uma agenda de investigação orientada para as vítimas.

No entanto, tal como acontece com a investigação convencional sobre vitimação criminal, várias categorias de vítimas de crime permanecem ocultas no trabalho feminista *informado* ou *crítico*. Por exemplo, um dos perigos do trabalho feminista no campo da violência sexual é o que sugere claramente a equação vítima=feminino, ofensor=masculino. Esta equação, talvez um pouco perversamente, é igualmente aceite nas principais correntes vitimológicas, utilizando-se as categorias branco, heterossexual e masculino para implicitamente diferenciar a vítima da não-vítima (cf., por exemplo, o trabalho de base de Von Hentig 1948). Neste trabalho, as mulheres são propensas à vitimação e os homens não. Essa visão deixa os homens e as suas experiências de vitimação fora de cena, ocultando-os. Na última década, a invisibilidade das experiências de vitimação dos homens tem sido muito contestada (cf., por exemplo, Newburn & Stanko, 1994; Goodey, 1997; Allen, 2002) e, curiosamente, a vitimação sexual dos homens, em particular, tem sido analisada em grande parte como consequência do trabalho feminista *informado*.

Assim, hoje, alguns aspectos dos crimes privados estão muito menos ocultos do que antigamente. No entanto, apesar do reconhecimento crescente de que os homens também podem ser vítimas, o estatuto de vítimas é ainda reservado a poucos: em grande parte aos mais idosos, às pessoas do sexo feminino e a vítimas de crime. Carrabine e colaboradores (2004, p. 117) sugeriram que essa reivindicação de estatuto de vítima fosse caracterizada como uma "hierarquia de vitimação". Na base dessa hierarquia estariam os sem-abrigo, os toxicodependentes e as prostitutas de rua: todos aqueles cujo estilo de vida os torna propensos à vitimação, mas menos propensos a adquirirem o estatuto de vítimas e, mais perto do topo, estariam os idosos, as mulheres e as vítimas de crimes violentos: os que seriam menos propensos a este tipo de criminalidade, mas aos quais seria mais facilmente atribuído o estatuto de vítimas. Ocultados, mas na hierarquia de poder, estariam os jovens delinquentes detidos: invisíveis a todos, mas cujo envolvimento no crime é provável que tenha sido motivado pela vitimação (Goldson & Cole, 2005). As vítimas delinquentes, como Miers (2007) as designa, aquelas vítimas que desafiam o estereótipo vitimológico, especialmente aquelas que também possam ter sido agressoras, são altamente problemáticas para a investigação vitimológica. Na verdade, a questão da relativa invisibilidade dos criminosos como vítimas, juntamente com a questão da vitimação que ocorre e que nem sempre conseguimos classificar (os crimes que acontecem *nas nossas costas*), continuam a ser problemáticas para a investigação feminista *informada* sobre vitimação criminal.

5. Conclusão: O profundo mundo da Vitimologia

Não há qualquer dúvida de que a agenda da investigação vitimológica foi ampliada a um ritmo acelerado, ao longo dos últimos vinte e cinco anos e que, graças a essa ampliação, muito se aprendeu quanto à natureza, extensão e níveis de vulnerabilidade à vitimação criminal. Este texto procurou evidenciar o modo significativo como a investigação tem contribuído para o alargamento da agenda da investigação vitimológica, na senda do que concluiu Zedner (2002, p. 447)

> Longe de ser um tópico simplesmente compartimentado, a investigação sobre a vítima teve um impacto sobre todos os aspectos do pensamento criminológico e tem alterado profundamente a nossa imagem do crime, pondo a descoberto uma vasta gama de delitos ocultos, muitos contra os membros mais vulneráveis da sociedade.

Além disso, como Goodey (2005, p.53) observou, as experiências de crime da maioria das pessoas são "cultivadas em casa". No entanto, a forma como tal é entendido pode variar consideravelmente. A Vitimologia positivista, na identificação dos padrões de vitimação criminal, observaria que a natureza "caseira" da vitimação criminal compreende experiências que estão delineadas geográfica, económica e racialmente e em função da idade, as quais são nocivas à vida pública das pessoas. Uma abordagem feminista *informada* ou *crítica* da vitimação criminal colocaria em primeiro plano a natureza *genderizada* do crime "doméstico", interpretando o contexto familiar e conhecido, quer na segurança do lar quer nos contextos de trabalho, como potenciais espaços problemáticos para as mulheres. O mesmo pode ser dito sobre a crescente consciencialização, no âmbito da investigação vitimológica, em torno dos "crimes de ódio", quer sejam motivados pela religião ou pela raça, enfrentando-se os mesmos desafios que muita da investigação convencional vitimológica enfrentou, alguns dos quais documentados neste ensaio. Grande parte deste tipo de vitimação também pode ser considerada como "doméstica" (para conhecer desenvolvimentos recentes sobre o tema cf. Goodey, 2007). No entanto, tudo isto é omitido como fonte de informação pelas "actividades domésticas" do Estado ou das empresas para os quais trabalhamos (cf. Whtye, 2007).

Cada uma das vertentes da investigação vitimológica discutidas aqui, num plano teórico, oferece uma visão diferente sobre quem pode ser criminalmente vitimado e porquê. No entanto, em cada uma delas há vozes que ainda precisam ser ouvidas. Goodey (2005) aponta para o quão pouco é ainda conhecido sobre as vítimas que não participam no sistema judicial e sobre os serviços que ele oferece. Será que elas nada têm em comum? Existe alguma coisa a ser aprendida sobre como elas gerem e respondem às suas experiências? Spalek (2006) indica, e bem, tal como sugerido anteriormente, que muito poucas teorias vitimológicas ofereceram um quadro explicativo da natureza inter-mutável de se ser uma vítima ou um criminoso e tendeu-se a presumir que estas duas categorias não são apenas dicotómicas em termos de justiça penal, mas também a nível da experiência. Isto verificou-se apesar das crescentes evidências que emanam da investigação criminológica, as quais apontam para o facto de tal pensamento não ser empiricamente sustentável (cf., por exemplo, Chesney-Lind & Pasko, 2004; Rumgay, 2005, no contexto das experiências femininas). Spalek (2006, p. 157) é também muito crítica sobre os esforços da Vitimologia em defender plenamente a compreensão das experiências de minorias étnicas e de membros de outros grupos marginais em relação à vitimação. Como ela afirma

> (…) parece que as diferenças entre as vítimas raramente têm sido reconhecidas ou integradas em planos de investigação, tendo as contas generalizadas de vitimação resultado no que resultaram... No entanto, os cientistas sociais raramente questionam a aplicabilidade dos quadros generalistas de compreensão das vítimas individuais, que podem variar de acordo com a classe, raça, religião e sexo dos sujeitos. Como resultado, a questão da diversidade tem sido um pouco negligenciada, usando-se categorias um pouco essencialistas que ignoram diferenças significativas entre vítimas individuais. É nesta conjuntura que o mundo mais profundo da Vitimologia emerge.

A Vitimologia, tal como a Criminologia, está associada a um projecto moderno e, como tal, está intimamente ligada à agenda política. Isto é evidente nas citações com as quais esta revisão começou. Quer Zedner (2002), quer Sebba (2001) vincularam a investigação vitimológica à política. Reconhecer que a Vitimologia está ligada ao modernismo, neste sentido, significa também reconhecer as suas inerentes limitações. Como um conjunto de asserções dominantes a Vitimologia só pode ver um mundo moderno: um mundo que é composto de regularidades que podem ser descobertas, que fazem sentido e que geram intervenções que marcam a diferença. Esta visão vitimológica restrita promove diferentes compreensões da natureza actual do mundo contemporâneo. Como resultado, algumas questões permanecem sem resposta. Algumas dessas questões são um subproduto inevitável do aumento da influência dos inquéritos de vitimação criminal. Apesar de todas as questões metodológicas e o seu respectivo desenvolvimento terem, com sucesso, ganho relevância, há crimes (e vítimas) que, como resultado, ainda permanecem ocultos. Como Mawby e Walklate (1994) argumentaram, ainda há espaço para conhecer "o que se passa *nas nossas costas*" ou como Walklate (1994) afirma "esses grupos de vítimas, que também [frequentemente] padecem por estar fora da ordem social vigente, podem sem dúvida beneficiar de uma Vitimologia que se recusa a perpetuar o homem, branco, heterossexual, com uma visão eurocêntrica do que constitui o conhecimento".

A este respeito muito se tem progredido, mas ainda há muito mais trabalho a ser feito. Sobre este tema, tanto Zedner (2002) como Sebba (2001) estão correctas em reconhecer o progresso feito, estando conscientes da importância do papel de relevo que a investigação vitimológica tem desempenhado em tudo isto.

REFERÊNCIAS

Allen, S. (2002). Male Victims of Rape: Responses to a Perceived Threat to Masculinity. In C. Hoyle & R. Young (Ed.). *New Visions of Crime Victims*. Oxford: Hart Publishing.
Barbaret, R. (2005). Country Survey: Spain. *European Journal of Criminology*, 2 (3), 341-68.
Cain, M. (2000). Orientalism, Occidentalism and the Sociology of Crime. *British Journal of Criminology*, 40(2), 239-60.
Caldeira, T. (2000). *City of Walls: Segregation and Citizenship in Sao Paulo*. Berkeley, Ca.: University of California Press.
Carrabine, E., Inganski, P., Lee, M., Plummer, K. & South, N. (2004). *Criminology: A Sociological Introduction*. London: Routledge.
Chesney-Lind, M. & Pasko, L. (2004). *The Female Offender*. London: Sage.
Cohen, L. E. & Felson, M. (1979). Social Change and Crime Rate Trends: a Routine Activities Approach. *American Sociological Review*. 44, 588-608.
Dignan, J. (2005). *Understanding Victims and Restorative Justice*. Maidenhead: Open University Press.
Fattah, E. (1991). *Understanding Criminal Victimisation*. Scarborough, Ontario: Prentice-Hall
Fattah, E. (Ed.)(1992). *Critical Victimology*. London: Macmillan.
Fougeyrollas-Schwebel, D. (2005). *Violence Against Women in France: The context, findings and impact of the Enveff Survey*. UN Division for the Advancement of Women, Expert Group Meeting, Geneva, April.
Del Frate, A. (1998). *Victims of Crime in the Developing World*. UNICRI No. 57, Rome.
Genn, H. (1988). Multiple Victimisation. In M. Maguire & J. Pointing (Ed). *Victims of Crime: A New Deal?* Milton Keynes: Open University Press.
Goodey, J. (1997). Boys Don't Cry: Masculinities, Fear of Crime and Fearlessness. *British Journal of Criminolog*, 37 (3), 401-18.
Goodey, J. (2005). *Victims and Victimology*. London: Longmans
Goodey, J. (2007). 'Race', Religion and Victimisation: UK and European Responses. In S. Walklate (Ed). *Handbook of Victims and Victimology*. Devon: Willan.
Harding, S. (1991). *Whose Science? Whose Knowledge?* Buckingham: Open University Press.
Goldson, B. & Cole, D. (2005). *In the Care of the State? Child Deaths in Custody in England and Wales*. Inquest London.
Hindelang, M. J., Gottfredson, M. R. & Garofalo, J. (1978). *Victims of Crime: An Empirical Foundation for a Theory of Personal Victimisation*. Cambridge, MA: Ballinger.

Hope, T. (2007). Theory and Method: the Social Epidemiology of Crime Victims. In S.Walklate (Ed.). *Handbook of Victims and Victimology*. Devon: Willan.
Hoyle, C. (2007). Feminism, Victimology and Domestic Violence. In S. Walklate (Ed.). *Handbook of Victims and Victimology*. Devon: Willan.
Karmen, A. (1990). *An Introduction to Victimology*. California: Brooks Cole.
Keat, R. & Urry, J. (1975). *Social Theory as Science*. London: Routledge, Kegan & Paul.
Kelly, L. (1988). *Surviving Sexual Violence*. Oxford: Polity.
Lundgren, E., Heimer, G., Westerstrand, J. & Kalliokoski, J. (2002). *The Captured Queen: Men's Violence against Women in "Equal" Sweden: A Prevalence Study*. Stockholm: Fritzes Forlag.
Lynn, P. & Elliott, D. (2000). *The British Crime Survey: A Review of Methodology*. London: National Centre for Social Research.
Mawby, R. & Walklate, S. (1994). *Critical Victimology*. London: Sage.
Mawby, R., Gorgenyi, I., Ostrihanska, Z., Walklate, S. & Wojcik, D. (1999). Victims' Needs and the Availability of Services. International Criminal Justice Revie, 9, 18-38.
Miers, D. (1989). Positivist Victimology: A Critique. Part 1. *International Review of Victimology*, 1(1), 1-29.
Miers, D. (2007). Looking Beyond Great Britain; The Development of Criminal Injuries Compensation. In S.Walklate (Ed.). *Handbook of Victims and Victimology*. Devon: Willan.
Mouzos, J. & Makkai, T. (2004). *Women's Experiences of Male Violence. Research and Public Policy Series*. N.º 56. Canberra: Australian Institute of Criminology.
Muller, U. & Schrottle, M. (2004). *Health, Well-Being and Personal Safety of Women in Germany*. Federal Ministry for Family Affairs, Senior Citizens, Women and Youth. Retrieved from www.bmfsfj.de
Nelken, D. (2002). Comparing Criminal Justice. In M. Maguire, R. Morgan & R. Reiner (Ed.). *The Oxford Handbook of Criminology*. Oxford: Oxford University Press.
Newburn, T. & Stanko, E. A. (Ed.). (1994). *Just Boys Doing Business*. London: Routledge.
Newman, G. (Ed.). (1999). *Global Report on Crime and Justice*. New York and Oxford: Oxford University Press.
O'Donnell, I. (2005). Crime and justice in the Republic of Ireland. *European Journal of Criminology*, 2(1), 99-131.
Piipsa, M. (2003). Violence Against Women as Conveyed by Surveys: the Finnish Case. *Journal of Scandinavian Studies in Criminology and Crime Prevention*, 3, 173-193.
Rock, P. (1986). *A View from the Shadows*. Oxford: Oxford University Press.
Rock, P. (2002). On Becoming a Victim. In C. Hoyle & R. Young (Ed.). *New Visions of Crime Victims*. Oxford: Hart Publishing.
Rock, P. (2007). Theoretical Perspectives on Victimisation. In S.Walklate (Ed.). *Handbook of Victims and Victimology*. Devon: Willan.
Rumgay, J. (2005). *When Victims Become Offenders: In Search of Coherence in Policy and Practice*. London: The Fawcett Society.
Russell, D. (1990). *Rape in Marriage*. New York Collier.
Sebba, L. (2001). On the Relationship between Criminological Research and Policy: The Case of Crime Victims. *Criminal Justice*, 1(1), 27-58.
Spalek, B. (2006). *Crime Victims: Theory, Policy and Practice*. London: Palgrave.

Van Dijk, J. & Groenhuisjsen, M. (2007). Benchmarking Victim Policies in the Framework of European Union Law. In S. Walklate (Ed.). *Handbook of Victims and Victimology*. Devon: Willan.
Von Hentig, H. (1948). *The Criminal and his Victim*. New Haven, Conn.: Yale University Press.
Walby, S. & Myhill, A. (2001). New Survey Methodologies in Researching Violence Against Women. *British Journal of Criminology,* 41(3), 502-22.
Walby, S. & Allen, J. (2004). *Domestic Violence, Sexual Assault and Stalking: Findings from the British Crime Survey*. London: Home Office.
Walklate, S. (1989). *Victimology: The Victim and the Criminal Justice Process*. London: Unwin Hyman.
Walklate, S. (1994). Can There Be a Progressive Victimology? *International Review of Victimology,* 3(1/2), 1-16.
Walklate, S. (2003). Can there be a feminist victimology? In P. Davies, P. Francis & V. Jupp (Ed.). *Victimisation: Theory, Research and Policy*. London: Palgrave.
Whyte, D. (2007). Victims of Corporate Crime. In S.Walklate (Ed.). *Handbook of Victims and Victimology*. Devon: Willan.
Zedner, L. (2002). Victims. In M. Maguire, R. Morgan & R. Reiner (Ed.). The *Oxford Handbook of Criminology* (3rd Ed.). Oxford: Oxford University Press.

CAPÍTULO 4
Justiça Restaurativa como Justiça Social para as Vítimas: uma perspectiva feminista

KATHERINE VAN WORMER
University of Northern Iowa, Estados Unidos da América

1. Justiça Restaurativa

O que é a Justiça Restaurativa? A Justiça Restaurativa é um movimento dentro (e por vezes fora) do sistema de justiça criminal que dá especial relevância às populações marginalizadas, entre as quais as mulheres e que é um dos principais argumentos deste capítulo. A Justiça Restaurativa é uma abordagem centrada nas vítimas, através da qual os agressores assumem a responsabilidade pelos seus crimes e concordam em restituir-se perante as vítimas e a comunidade. Estudos clássicos da Justiça Restaurativa descrevem formas padrão de justiça criminal que são molduras anglo-saxónicas que remontam a práticas primitivas, relacionadas com o combate (cf. van Wormer, 2009; Zehr, 1990). As tradições europeias no continente, no entanto, têm uma história e forma diferente. Itália, França e Portugal, por exemplo, utilizam um formato inquisitorial, que é centrado no juiz, em vez de centrado no advogado. Os julgamentos por júri são relativamente raros. Não obstante as diferenças entre os estilos anglo--saxónicos de julgamento e os modelos inquisitoriais, as críticas dirigidas ao processo de justiça criminal assemelham-se. Ambas as formas de justiça podem ser consideradas retributivas, ao invés de reparadoras.

A Justiça Retributiva, como sugere Howard Zehr (2002), é construída sobre a crença de que a dor deverá ser restituída mas, na prática, a imposição de dor é, muitas vezes, contraproducente quer para a vítima, quer para o agressor. A teoria da Justiça Restaurativa, em contrapartida, argumenta que

> o que verdadeiramente restitui é o reconhecimento do danos das vítimas e das suas necessidades, em combinação com um esforço activo para encorajar os agressores a serem responsáveis, a emendar as suas atitudes erróneas e a actuar sobre as causas dos seus comportamentos (Zehr, 2002, p. 59).

Para o entendimento da prática legal em Portugal, é interessante analisar a perspectiva da especialista Sónia Sousa Pereira (2006), uma ex-advogada criminal e investigadora que trabalha na implementação da mediação vítima-agressor e em outras práticas restaurativas no país[1].

Pereira (2006) refere que

> Como advogada criminal senti, muitas vezes, que mesmo quando a parte que eu representava "ganhasse", ninguém ganhava realmente. Curiosamente senti o mesmo quer representasse vítimas ou agressores e em diferentes tipos de crimes. A solução participativa que as práticas restaurativas fornecem parece ser o caminho a tomar no sentido de um sistema de justiça criminal humanizado, que deve ser capaz de aceitar e fazer uso da capacidade de auto-regulação dos indivíduos e das comunidades (as cited in Restorative Justice Online, 2006, para. 6, 7, 8).

Mundialmente, a Justiça Restaurativa percorreu um longo caminho desde que dois agentes de liberdade condicional levaram dois agressores a casa das suas vítimas, em 1974, em Ontário, no Canadá, para se restituírem dos crimes praticados (Zehr, 2002). A ideia da reparação de danos causados a uma vítima ou vítimas não era, no entanto, nova tendo sido já praticada há séculos pela maioria das populações indígenas em todo o mundo. Contudo, esta prática espalhou-se pela América do Norte e pela Europa, em paralelo com outras formas de justiça. A literatura de justiça criminal tem dado conta do reconhecimento legal das formas de reconciliação entre agressor, vítima e comunidade. O *U.S. National Institute of Corrections* (Barajas, 1995), por exemplo, usou a palavra *revolução* para se referir a essa mudança de paradigma na introdução de várias formas de Justiça Restaurativa no sistema oficial de justiça criminal.

---

[1] O seu site tem informações sobre a evolução da Justiça Restaurativa em Portugal. (cf. http://www.jusrespt.blogspot.com).

A mudança de paradigma vai no sentido de prestar maior atenção aos danos causados às vítimas e às comunidades e menor atenção ao acto de infringir a lei (Zehr, 2002). A um nível macro, a Justiça Restaurativa diz respeito a fazer a paz; a um nível micro diz respeito à relação. Do ponto de vista do agressor, a Justiça Restaurativa é sobre a mudança e redenção; do ponto de vista da vítima, trata-se de cura. Acima de tudo, a Justiça Restaurativa diz respeito ao *empowerment*.

No plano internacional, um forte impulso para a implementação de uma visão restaurativa tem sido dado pelas Nações Unidas. Após consulta com as organizações não-governamentais, as Nações Unidas, através da sua Comissão de Prevenção do Crime e Justiça Penal, aprovou uma resolução canadiana que incentiva os países a utilizar os princípios básicos da Justiça Restaurativa e a incorporá-los nos seus processos de justiça criminal. Esses princípios ou directrizes foram formulados pelos representantes dos 38 países que participaram numa conferência especial das Nações Unidas para esse fim. (cf. UN Crime Commission Acts on Basic Principles, 2002). Infelizmente, os Estados Unidos não participaram na elaboração destas directrizes e a forma dominante de justiça, na maior parte do mundo ocidental, continua a ser a Justiça Retributiva.

Sim, ainda temos um longo caminho a percorrer. Mas os políticos estão cada vez mais a tomar consciência de como o actual sistema está a falhar com as vítimas de crimes e, especialmente, com as mulheres vítimas de violência interpessoal. Começaremos por tecer considerações sobre o que os princípios da Justiça Restaurativa podem oferecer às vítimas desses tipos de crimes.

2. Pertinência dos processos de Justiça Restaurativa para as vítimas do sexo feminino

Para as vítimas de crimes pessoais, tais como violação e violência doméstica, o sistema de justiça criminal oficial é impessoal e, muitas vezes, incapacitante. Antes de mais, o sistema é orientado para a determinação da culpa e da inocência do acusado e não para as necessidades das vítimas. E em relação à violência perpetrada por um parceiro íntimo, como Frisch (2003) indica, a lei que foi concebida para proteger os cidadãos contra a violência perpetrada por estranhos, que provavelmente as vítimas nunca mais verão, não se enquadra facilmente nas demandas das situações interpessoais. Vítimas de violência familiar geralmente não gostam de sofrer a perda considerável de influência que pode acontecer no exercício do seu direito de invocar a protecção e ajuda das autoridades (Coker, 1999; Burford & Adams, 2004). Vítimas sobreviventes de tais crimes pessoais são muitas vezes revitimadas, quando procuram justiça através do sistema de justiça criminal. Este facto é especialmente verdadeiro para as vítimas de violação, que raramente denunciam o crime à polícia devido à antecipação da censura do tribunal e humilhação pública enquanto testemunhas.

O fracasso do sistema de justiça criminal na satisfação das necessidades das vítimas de crimes e a falta de uma atmosfera na qual o agressor é recompensado por expressar remorsos são temas comuns na literatura (cf. Ptacek, 2010a; Rozee & Koss, 2001; van Wormer, 2006; Zehr, 2002). O primeiro conselho pessoal que um advogado dá aos seus clientes é o conselho para manter a calma e não admitir nada, porque tudo o que disser será usado contra si no processo judicial. Mesmo sem assessoria jurídica, os culpados costumam cometer perjúrio e fugir ao crime. Em contraste, o apuramento da verdade é uma qualidade primordial da Justiça Restaurativa (Zehr, 2002).

Em contraste com práticas estandardizadas de justiça criminal, os processos de Justiça Restaurativa são altamente coerentes com as formas femininas do saber e com a teoria feminista, sendo centrados na pessoa, na vítima e conducentes a uma comunicação aberta (Gilligan, 1982; Van Den Burgh & Cooper, 1986; van Wormer, 2004). Os valores feministas que aqui são de especial relevância são: a confiança na narrativa pessoal da mulher para dizer a verdade, a aceitação de uma visão holística e não dicotomizada da realidade, incluindo uma junção entre a política e a componente pessoal, um enfoque sobre a escolha e opções, uma compreensão da natureza de género nas relações de poder da sociedade e uma ênfase na capacitação pessoal e de cura, especialmente em casos de vitimação. Um modelo de justiça centrado na mulher, em que os valores e as relações de cuidado pessoal são valorizadas, pode melhor reflectir as necessidades pessoais das mulheres (cf. Bricker-Jenkins, 2002; Dominelli, 2002; Robbins, Chatterjee & Canda, 2006). Embora a concepção de justiça que é favorecida pelos defensores da Justiça Restaurativa, como Howard Zehr (1990) e Van Ness e Strong (2002), seja consistente com os princípios do feminismo, a prática da Justiça Restaurativa nem sempre pode cumprir a promessa feminista. A Justiça Restaurativa pode ser encarada como estando no extremo feminino do espectro. A cura e a reabilitação integral são metas; ganhar unilateralmente contra um oponente não é um objectivo.

A estudiosa legal Marie Failinger (2006), que foi inspirada pelo modelo relacional do desenvolvimento moral baseado no género de Gilligan, vê as abordagens restaurativas como especialmente adequadas para responder aos "círculos de cuidado" das mulheres ou a problemas de relacionamento. Ao colocar o indivíduo face-a-face com a vítima e com outras pessoas afectadas pelo processo de vitimação, o processo restaurativo pode iniciar a cura entre os participantes. Em segundo lugar, os processos restaurativos identificam os criminosos como pessoas da comunidade dignas de apoio e capazes de ver restaurado o seu funcionamento enquanto cidadãos da comunidade. Em terceiro lugar, como Failinger sugere ainda, as estratégias de Justiça Restaurativa respondem a todos os participantes no processo como agentes morais que devem assumir a responsabilidade pelas suas acções.

Isto é particularmente importante para as mulheres cujas agressões estão intimamente ligadas às suas relações com os outros. Agora voltemo-nos para vários exemplos de casos que vão desde o homicídio, ao abuso sexual por parte de membros do clero, passando pelo encarceramento, para mostrar como os processos de reparação podem ajudar a satisfazer as necessidades das vítimas do sexo feminino.

3. Exemplos de Casos

(1) Quando contactada primeiramente pelos *Iowa Administrador of Víctim and Restorative Justice Programs* para participar de um encontro com a assassina da sua filha, que estava agora na prisão a cumprir a sua sentença, Cindy recusou estar presente. A sua filha tinha sido morta por uma mulher, Terra, após uma disputa relacionada com um homem. O crime tinha sido horrivelmente brutal; Terra tinha atropelado a vítima com o seu carro e arrastou o corpo desta, preso por baixo do carro, por vários quarteirões. Cindy recusou esta reunião por achar que Terra estaria a usar o facto de ter bebido como uma desculpa. No entanto, quando leu a carta de Terra solicitando a reunião, ela ficou impressionada ao ver que ela estava a assumir a responsabilidade pelo crime. Ambas as mulheres receberam aconselhamento para prepará-las para o encontro. Na prisão, as mulheres reuniram-se por três horas e meia, com cada uma a expressar os seus sentimentos sobre o crime. No final, Cindy disse a Terra que lhe desejava o melhor, que a sua filha também o teria desejado, que vivesse uma vida boa e evitasse as más companhias por quem se fazia acompanhar antes. Uma vez que Terra estava prestes a sair em liberdade condicional, o encontro teve um significado especial para ambas e permitiu resolver uma série de questões difíceis.

(2) Foi solicitado a um grupo de padres e ex-padres em tratamento por ofensas sexuais que participasse de um painel em que homens e mulheres que foram molestados/as quando crianças contariam como o abuso sexual afectou as suas vidas. O Padre Brown, que confessou ter molestado uma série de mulheres jovens ao longo dos anos, dizendo para si próprio que a introdução suave destas jovens adolescentes inocentes ao sexo era uma bênção para ambos, foi subitamente colocado face-a-face com o egoísmo de que tinha sido protagonista. Ele ouviu o desespero das vítimas, traídas pela figura paterna durante as suas vidas, o seu sentimento de culpa, a dor do sigilo e, finalmente, a perda da fé religiosa. E as suas defesas de longa data foram quebradas. Pela primeira vez, sentiu empatia pelas pessoas que haviam sido objecto do seu desejo.

(3) A descrição que se segue é baseada num relatório da procuradora Lorenn Walker (2010). Penny, que tem cerca de trinta e cinco anos de idade, é *hapa*, parte havaiana e parte portuguesa. A sua família vem de uma região economicamente deprimida, no Havai. Penny pode ser considerada tanto como uma vítima, como uma ofensora. Vítima de um homem com quem mantinha relações, um traficante de drogas, que costumava espancá-la e que a colocou em apuros por consumir drogas.

A conferência de Justiça Restaurativa, que teve lugar numa prisão de mulheres do Havai, foi uma sessão de planeamento de reentrada. Estas sessões aconteciam regularmente e tinham como objectivo orientá-la para o sucesso do seu futuro enquanto mulher livre. Como descrito pela especialista de Justiça Restaurativa e advogada Lorenn Walker (2010), Penny juntou-se a um círculo de doze outras mulheres detidas que estavam a participar do *Modified Restorative Circle Proccess*. Após Penny ter listado o que ela mais se orgulhava de ter realizado, cada mulher, apoiando-a no Círculo, referiu o que mais gostavam nela e quais eram os seus pontos fortes.

Os Círculos fornecem elementos que podem ajudar as pessoas detidas a reescrever as suas histórias de vida, inclusive apoiando-as na reconciliação com os seus entes queridos e a comunidade. Às vezes, se considerarem que não vai perturbar as vítimas, as mulheres escrevem cartas de desculpa assinalando o que poderiam fazer para reparar os danos. Os Círculos geram inspiração, pensamentos e emoções positivas, algo que o actual sistema falha em fornecer, porque se centra quase exclusivamente sobre os défices e sobre o que há de errado com as pessoas.

Escolhi as ilustrações acima apresentadas, pois são baseadas em intervenções reais no domínio da Justiça Restaurativa e porque as descrições revelam o espírito de Justiça Restaurativa, que reconcilia o indivíduo com a comunidade. Além disso, todas estas situações envolviam mulheres e, no primeiro e terceiro exemplos, as intervenções foram orientadas para as necessidades específicas das mulheres. O restante do capítulo está mais centrado nas mulheres que foram vítimas directas de crimes, na sua maioria, crimes nos quais os ofensores eram homens.

4. Modelos de Justiça Restaurativa

Os quatro modelos mais relevantes para suprir as necessidades das mulheres são a conferência agressor-vítima, conferência de grupo familiar, círculos de cura e reparações da comunidade. A conferência agressor-vítima, às vezes, incorrectamente referida como mediação vítima-infractor, reúne as partes (ofensora e ofendida), com o propósito da resolução, e se possível, reparação dos erros. Ao contrário do modelo de mediação, a Justiça Restaurativa reconhece os seus participantes como vítima e infractor, ao invés de duas partes em conflito (Presser & Gaarder, 2004). Pode haver mais do que uma vítima e mais do que um agressor. Os maiores programas existentes até à data têm sido oferecidos por serviços de assistência às vítimas, das secretarias estaduais de correcção (Umbreit, Vos, Coates & Brown, 2003). Um profissional treinado abre a conferência e descreve a situação de um modo geral.

Considere-se a situação em que um adolescente colocou em perigo, de alguma forma, as vidas dos seus vizinhos. As vítimas, que são o centro da conferência, começam por descrever a sua reacção ao acto que foi perpetrado contra elas e as sequelas deixadas por terem sido lesadas.

Os defensores do delinquente fornecem informações básicas sobre o autor e o seu *background* cultural se necessário, por exemplo, se a pessoa é um imigrante que chegou recentemente ao país e tem tido algumas dificuldades na adaptação à nova terra ou se experimentou trauma antes da situação actual. Tem lugar uma discussão informal onde, geralmente, os agressores restituem as vítimas, de alguma forma, e expressam remorsos pelo mal que foi feito.

Nos últimos anos, na América do Norte, os facilitadores das conferências começaram a ser convidados a reunir vítimas ou sobreviventes de formas graves de violência, como violência física e assassinato de um membro da família. Em resposta à necessidade de se criarem novas formas de se fazer justiça junto de mulheres vítimas de abuso, James (2010b) publicou a obra *Justiça Restaurativa e Violência Contra as Mulheres*. Os conflitos ocorreram, como observa Ptacek, entre a Justiça Restaurativa e os movimentos feministas sobre a possibilidade de estratégias de reparação serem utilizadas para crimes de violência contra mulheres. Como é natural, as feministas também estão divididas sobre esta questão.

No que diz respeito às formas mais graves de violência, como o homicídio, Umbreit, Vos e colaboradores (2003) aconselham que a Justiça Restaurativa possa ser aplicada em tais casos, mas que é necessária uma preparação mais longa de todos os participantes. Especial atenção deve ser dada à vítima e aos familiares, bem como às expectativas e sentimentos sobre o encontro e uma maior qualificação profissional dos facilitadores é necessária para negociar e esclarecer as questões dos limites que possam surgir.

As iniciativas de Justiça Restaurativa estão, cada vez mais, a ser introduzidas em prisões femininas. (Os casos exemplo acima mencionados de Iowa e no Havai são típicos.) Pela sua sensibilidade à comunicação entre as partes e pelos sentimentos evocados pelo delito e pelo processo de promoção da cura, a Justiça Restaurativa tem uma ressonância especial nas mulheres.

Nos Estados Unidos da América, em Minnesota e em Vermont, bem como no Canadá, Austrália e Nova Zelândia, o sistema de justiça juvenil depende fortemente da conferência vítima-agressor para os casos que envolvam crimes juvenis, incluindo roubo, furto e vandalismo. Os jovens pedem desculpas pelos seus actos e devem trabalhar para reparar os danos.

Portugal está empenhado na reabilitação de jovens com condutas desviantes. No caso dos jovens com idades entre os 12 e os 16 anos, o sistema jurídico pode remetê-los para a mediação. Na minha opinião, o termo mediação é incorrecto, pois este é um termo que implica que a vítima tem algo a negociar ou mediar. Para os casos de divórcio, a mediação aplica-se frequentemente uma vez que cada uma das partes é incentivada a um compromisso. No entanto, a vítima não fez nada de errado. A conferência é, portanto, o termo correcto. Em qualquer caso, no âmbito do processo de reparação juvenil em Portugal, os jovens que cometem erros devem assegurar a restituição à vítima, fazer pagamentos a organizações sem fins lucrativos e envolver-se em serviços comunitários (Lazaro & Marques, 2006). Este acordo foi introduzido na lei em 1996, sob a forma de Lei Tutelar Educativa. Em 2002, 183 casos de menores foram tratados dessa maneira. Infelizmente, muitas vítimas recusaram-se a participar. Uma maior consciencialização do público sobre as vantagens desta forma alternativa de justiça é necessária. Isto aplica-se ainda mais à implementação de estratégias de Justiça Restaurativa aplicadas a adultos, que teve um início mais lento em Portugal.

O *Family Group Conferencing* (FGC, Nova Zelândia) é uma consequência de ambas as práticas indígenas e preocupações feministas decorrentes dos movimentos internacionais dos direitos das mulheres e dos direitos das crianças, da década de oitenta e além. Este processo, baseado nas soluções, é na maioria das vezes utilizado por serviços de apoio às criança, em casos de abuso infantil e negligência. Apesar das diferenças entre jurisdições, existe um ponto primordial comum: as conferências dos grupos familiares são potencialmente mais eficazes do que as formas tradicionais de resolução de conflitos, no que toca a dar voz aos tradicionalmente mais desfavorecidos. Ao contrário da conferência agressor-vítima, o foco aqui não é sobre o mal feito à criança abusada ou negligenciada, mas sim à família como um todo. Esta abordagem é adequada para as necessidades das mulheres, na medida em que permite a resolução de questões de parentalidade e facilita a prestação de cuidados às crianças, muitas vezes, através do apoio de outros parentes no cumprimento das responsabilidades de cuidado. Este modelo funciona bem em redes estreitas e comunidades reduzidas com laços familiares extensos (Burford & Hudson, 2000; Kemp, Whittaker & Tracy, 2000).

Os círculos de cura oferecem um modelo emprestado de rituais nativos norte-americanos que são especialmente relevantes para o trabalho com as vítimas/sobreviventes na prestação de apoio à família e/ou comunidade. Esse apoio é frequentemente necessário após o trauma causado por um crime como a violação. Esta abordagem inovadora também é ideal para a recuperação de alcoólicos/toxicodependentes que desejem ser reconciliados com entes queridos. O *Toronto District School Board* adoptou esta abordagem para situações em que alunos vitimam outros na escola (Toronto Star, 2001). Nos círculos de cura todas as pessoas envolvidas no delito reúnem-se na tentativa de analisar o incidente ou incidentes, procurando dar-lhes sentido e chegar a uma resolução pacífica. Com o objectivo de alcançar o consenso, todos os participantes têm uma voz na decisão a tomar. Para além do uso do consenso na tomada de decisão, vários aspectos do processo de círculo reforçam o ideal democrático da igualdade de posições e responsabilidades (Pranis, 2001). Um objecto de interlocução, que pode ser uma pena de pássaro gigante, tem o efeito de uniformizar a estruturação do diálogo à medida que vai passando de orador em orador, proporcionando uma oportunidade para que todos os presentes falem. O papel da comunidade é participar na discussão e identificar os factores que levaram ao comportamento ofensor e procurar formas de eliminar esses problemas (Doerner & Lab, 2005).

As iniciativas restaurativas não estão limitadas a trabalhar com indivíduos e famílias, podendo também ser aplicadas com sucesso no tratamento das populações. A um nível macro, a *reparação* é a forma de Justiça Restaurativa que ocorre fora do contexto da justiça criminal e do sistema de protecção das crianças. O infractor neste caso é o Estado. Perseguições em tempos de guerra, violações da propriedade, trabalho escravo e assassinatos em massa são formas de crimes contra a humanidade que exigem a procura de alguma forma de compensação para os sobreviventes e suas famílias, mesmo em gerações mais tardias, desde que as feridas ainda estejam visíveis. A *The Truth Commission*, criada na África do Sul para tratar as chagas deixadas pelo *Apartheid*, é um dos exemplos mais poderosos de restauração. A compensação foi instituída sob a forma do testemunho e pedido público de desculpas (Green, 1998).

A cura de danos causados em populações inteiras é o objectivo final da Justiça Restaurativa. A reparação comunitária geralmente envolve o reconhecimento público da responsabilidade pelos crimes contra a humanidade e, por vezes, uma compensação monetária (Braithwaite, 2002, p.207). Quando o Estado é o culpado, a Justiça Restaurativa traduz-se em reparações das violações de direitos humanos que ocorreram. As reparações podem assumir a forma de aceitação da responsabilidade pelos erros cometidos por parte do governo, muitas vezes, na sequência de um inquérito nacional. A uma escala global, o exemplo mais impressionante de narrativa e catarse pública de crimes cometidos aconteceu na África do Sul, antes da *The Truth and Reconciliation Commission*. Os testemunhos das vítimas do antigo regime sobre o *Apartheid* deram lugar à confissão daqueles que haviam cometido os crimes.

Seguindo o exemplo sul-africano de realização de cerimónias nacionais de cura e em conformidade com a decisão do Tribunal Criminal Internacional – de considerar a violência sexual um crime de guerra – tomada a partir dos casos ex-Jugoslávia e Ruanda onde milhares de mulheres foram violadas, a *The Truth and Reconciliation Commission* do Peru investigou a violência sexual contra as mulheres como uma violação dos direitos humanos (Falcón, 2005). Encorajadas, durante anos, a manter o silêncio sobre a violência sofrida, estas mulheres estiveram privadas da justiça enquanto o Peru ia sendo dilacerado pela guerra civil. Irmãs e filhas de homens detidos foram sistematicamente violadas e submetidas a outras formas de abuso sexual para incentivar os seus familiares a falar.

O relatório final dessa Comissão previa um reconhecimento apropriado da vitimação das mulheres e o reconhecimento da violência sexual, nestes casos, como crimes contra a humanidade.

Tristan Borer (2009) apresenta uma análise aprofundada da atenção prestada à violência de género por parte de comissões de verdade internacionais. Os seus resultados são decididamente negativos. "A guerra é *genderizada*, assim como a paz", afirma (p. 1171). O facto de não se considerarem as relações de poder *genderizadas* antes e durante os conflitos, faz com que o mesmo aconteça após os conflitos, durante o testemunho da verdade e a reconciliação. No caso da África do Sul, sob o pretexto do *Apartheid*, e em situações de violência sexual contra mulheres em cenários de guerra, tais actos de violência têm uma função política, devendo por isso ser reconhecidos pela Comissão. O que em parte justifica a indiferença face à violação das mulheres é o facto de um número reduzido de mulheres violadas fazer a denúncia e, sabendo disso, é improvável que os violadores peçam amnistia. Essa falta de responsabilidade, argumenta Borer (2009), pode muito bem contribuir para um clima de impunidade dos agressores. Ainda que as audiências realizadas pela Comissão Sul-Africana tenham ouvido apenas as mulheres, mais tentativas de preservar o anonimato destas devem ser desenvolvidas no futuro. Além disso, a reparação deve estar disponível para mulheres que foram vítimas de um regime anterior ou de uma guerra, mas que não testemunharam em público a sua vitimação, por vergonha dentro da sua sociedade. A muitas Comissões de verdade falta *sensibilidade de género*, o que torna as vozes das mulheres mudas; os seus depoimentos testemunham a vitimação dos homens. É importante não esquecer, como aponta Borer (2009), que o recurso à justiça através dos tribunais é, muitas vezes, um lugar improvável para as vítimas de violência sexual receberem justiça. Comissões futuras precisam fazer mais para oferecer recursos às mulheres que sofreram violência de género.

Actualmente existem, no Brasil, planos para a criação de uma Comissão de Justiça e Verdade para garantir justiça no caso do assassínio em massa de membros do partido comunista, que ocorreu há quase três décadas (Osava, 2009). No entanto, como Borer (2009) indicou quanto à comissão da África do Sul, o papel dominante que as mulheres irão desempenhar continua a relacionar-se com a vitimação dos seus amigos e familiares, ao invés da que elas próprias sofreram.

5. Resultados da investigação sobre a Eficácia

O que nos mostra a literatura sobre a eficácia, a longo prazo, destes modelos de Justiça Restaurativa? Serão as vidas das pessoas alteradas por eles? A cura dos participantes, vítimas e agressores, acontece? De especial significado para a violência de género é a investigação sobre a conferência vítima-ofensor e o diálogo em casos de violência grave, crimes para os quais se pensava que a Justiça Restaurativa seria contra-indicada, principalmente por causa das preocupações de segurança em casos de violência familiar (Grauwiler & Mills, 2004). A investigação em casos de violência grave, de acordo com Umbreit, Vos e colaboradores (2003) mostra consistentemente que o processo é bem recebido por vítimas e agressores. Os pais das crianças assassinadas manifestaram o seu sentido de alívio após a reunião com o assassino e a partilha da sua dor permitiu-lhes desenvolver uma melhor compreensão sobre o que aconteceu. Alguns participantes relatam que, posteriormente, passaram a ser capazes de *abrir mão* do seu ódio, chegando a ver o agressor como um ser humano (Umbreit, Vos et al., 2003).

Para obter uma medida agregada de resultados empíricos sobre a eficácia das práticas de reparação, Latimer, Dowden e Muise (2001) utilizaram a técnica estatística da meta-análise, para preparar um relatório detalhado para o Departamento de Justiça do Canadá. Os programas de Justiça Restaurativa apresentaram-se significativamente mais eficazes, em todos os critérios estudados, incluindo na satisfação do ofensor e da vítima e no cumprimento dos acordos de restituição.

6. Iniciativas Restaurativas baseadas no género

Como mostram muitas discussões no campo da Justiça Restaurativa e Criminal, as necessidades especiais das meninas e das mulheres não são tidas em conta. Quando tratamos criminosos do sexo feminino, geralmente confundimos igualdade com uniformidade. A cegueira de género no tratamento dado às meninas e às mulheres pelo sistema de justiça criminal sujeita-as à disciplina projectada para os homens com comportamento anti-social, sem se ter em conta a questão da maternidade ou a história da vitimação pessoal. O uso e a dependência de drogas e a violência perpetrada pelos homens são também temas específicos. Para ajudar a atender às necessidades especiais das delinquentes do sexo feminino, desenvolvi em tempos uma abordagem restaurativa, que congrega questões feministas e de Justiça Restaurativa (van Wormer, 2010).

Uma revisão da literatura mostra que praticamente todos os estudos de caso envolvem mulheres, de uma forma ou de outra. Mulheres como membros da família ou como vítimas podem procurar encontrar-se com o assassino, mães e avós podem participar activamente na conferência da família como parte do processo de promoção do bem-estar das crianças e vítimas de crimes podem formar um painel para falar com grupos de criminosos. A última estratégia (ilustrada anteriormente, no segundo caso exemplo relativo a abusos sexuais praticados por um padre) relaciona-se estreitamente com as questões das mulheres, na medida em que as participantes que partilham as suas histórias pessoais de vitimação com os infractores são, na sua maioria, mulheres, sendo os agressores homens. Normalmente, os narradores são sobreviventes de crimes como violação, roubo e tentativa de homicídio. Os participantes não são vítimas dos infractores presentes. Painéis vítima-agressor são usados como um meio de conseguir que os abusadores do sexo masculino sintam a dor das vítimas e manifestem remorsos pelo mal que fizeram.

As iniciativas de Justiça Restaurativa estão a ser introduzidas nas prisões femininas, como já mencionei (o primeiro caso exemplo ilustra a reunião entre uma agressora do sexo feminino e a mãe da sua vítima).

O *Minnesota Department of Corrections* tem difundido programas específicos, baseados nos princípios da Justiça Restaurativa, nas suas instituições juvenis e adultas. Além disso, emprega especialistas em Justiça Restaurativa para treinar as pessoas para as conferências enfatizando, sobretudo, um espírito de diálogo e de cura. Burns (2001), investigadora do Centro de Justiça Restaurativa, descreve um processo de pacificação que é uma combinação de conferências vítima-

-agressor, painéis e círculos de cura. Reuniões realizadas num formato de círculo, na prisão feminina, em Shakopee, foram realizadas com cinco vítimas de crimes (membros do grupo de apoio de Pais de Crianças Assassinadas), seis ofensoras, dois facilitadores, um advogado neutro e um observador. Os participantes que não se conheciam antes das reuniões disponibilizaram-se para, em certas noites, contar as suas histórias pessoais. Antes das conferências, as vítimas tinham defendido duras penas para as infractoras, mas depois viram-nas como pessoas e também como vítimas. Foi expressa nestes intercâmbios muita empatia e remorso.

7. Em situações de violência doméstica

Uma das principais questões do *empowerment* e da perspectiva das forças/potencialidades que com ele está relacionada diz respeito à necessidade do controlo pessoal – *escolha*. A escolha é a base do modelo de forças do trabalho social e o seu objectivo é o de ajudar as pessoas a encontrar o seu próprio caminho, a esculpir os seus próprios trajectos para a plenitude. O foco da teoria do *empowerment* também incide sobre os processos, ao invés dos resultados (Gutiérrez & Lewis, 1999) e sobre os meios, ao invés dos fins. Frederick e Lizdas (2010) concluíram, nos seus estudos sobre mulheres agredidas, que muitas mulheres têm pouca fé no sistema de justiça criminal e expressam o seu desejo à escolha e a ser tratadas como indivíduos, em qualquer tentativa de fazer cessar o abuso. O dilema que enfrentam as mulheres agredidas e para o qual não há uma solução claramente definida é o de saber se é o processo – dada a possibilidade das mulheres agredidas escolherem como proceder – ou se é o resultado – seguimento dos casos de violência na sua máxima extensão legal, de acordo com o desejo das vítimas – o mais importante. A criminalização da violência doméstica que segue o modelo de Duluth representou o pensamento mais progressista da década de setenta, estendendo-se até à década de noventa. A prisão dos agressores era obrigatória; frequentemente os termos da detenção eram igualmente obrigatórios; e as vítimas que apresentavam queixas não podiam retirá-las. Às vezes, as vítimas eram forçadas a testemunhar contra os seus parceiros. Tudo isto foi feito para a protecção das mesmas e parecia fazer muito sentido nesse tempo. Essa coerção das vítimas, no entanto, foi inconsistente com o objectivo de auto-determinação proclamado pelos movimentos feminista (Presser & Gaarder, 2004). O que ainda complicou mais a política de detenção obrigatória foi o uso generalizado da dupla prisão – prisão de ambos os parceiros, tanto do agressor como daquele que respondeu à agressão (van Wormer, 2010). Se o caso chegasse a julgamento, a vítima era forçada a testemunhar e o que ela dissesse contra o seu parceiro poderia comprometer a sua segurança mais tarde. Além disso, os serviços de protecção das crianças poderiam começar a investigar a mãe pelo seu fracasso em as proteger, mesmo que elas apenas tivessem testemunhado a violência. Talvez por estas razões, apenas um quarto de todas as agressões físicas, tal como indicado no *Violence Against Women Survey*, é relatado às polícias (Tjaden & Thoennes, 2000).

Uma visão pós-moderna da justiça tem sido desenvolvida o que, de acordo com Presser e Gaarder (2004), põe em causa a ideologia da justiça absoluta e as políticas que obrigam a vítima a depor em audiência pública contra o seu parceiro ou cônjuge que a agrediu. Como estes autores nos dizem, a investigação na década de noventa concluiu que as vítimas de agressão física que têm uma palavra a dizer no plano jurídico formal ou menos formal sentem-se mais capacitadas para pedir ajuda, no caso do relacionamento abusivo não terminar.

As mulheres de cor vêem frequentemente, tanto os tribunais como os serviços sociais, como adversários em vez de aliados e, por isso, a ênfase na intervenção judicial pode afastá-las. Muitas mulheres, aliás, estão dependentes do apoio financeiro dos homens, outras têm problemas com drogas ou encontram-se em situação irregular de imigração, o que as faz desconfiar do seguimento de uma acção penal.

Tendo sido as práticas subjacentes à violência doméstica questionadas desde cedo pelos movimentos civis, é tempo de, como Grauwiler e Mills (2004) argumentam, expandir os nossos esforços para dar resposta às necessidades de mulheres que evitam o sistema de justiça criminal. Intervenções baseadas nas comunidades e que não dependam de processo penal são necessárias.

Uma das exigências da prevenção da violência doméstica é a necessidade dos homens agressores receberam tratamento. O objectivo é ensinar aos infractores novas maneiras de encarar as relações e a masculinidade e de desenvolver novas maneiras de lidar com o stress e com os sentimentos de insegurança. A Justiça Restaurativa toma aqui, muitas vezes, a forma do ensino da empatia, tendo como palco um grupo de sobreviventes de violência doméstica que contam as suas histórias, relatando o que sentem ao ser violentamente agredidas por um cônjuge ou companheiro.

Ao ouvir as histórias de dor e sofrimento que os crimes violentos geram, os infractores que o permitirem não só verão as vítimas como pessoas que foram magoadas pelo descuido ou comportamento cruel de outros, mas também, muitas vezes, entrarão em contacto com a sua própria vitimação.

Entrar em contacto com seus próprios sentimentos pode prepará-los para o processo de humanização/reabilitação. Em suma, dois temas – a responsabilidade do ofensor e o empowerment das vítimas – estão idealmente reunidos nas iniciativas vítima/agressor. Assim como os criminosos, nestes encontros, vêem o rosto humano das vítimas, também os sobreviventes vêem o rosto humano dos criminosos.

O processo de conferência da comunidade como uma forma de realizar justiça para as vítimas de violação e agressão física é praticado na Nova Zelândia, com resultados favoráveis (Braithwaite & Daly, 1998). A condenação, em tal sistema, é levada a cabo por grupos comunitários que incluem a vítima e os seus familiares, bem como o agressor e os indivíduos do seu sistema de apoio. As questões do desequilíbrio de poder são trabalhadas de várias maneiras, tais como a limitação do direito do agressor de falar em seu próprio nome e a inclusão dos membros da comunidade, numa espécie de equipa de vigilância, para monitorizar o cumprimento do infractor. Braithwaite e Daly vêem o potencial seguro da utilização desses métodos, através da sua introdução numa "pirâmide reguladora" e utilizando intervenções de intensidade crescente nos casos refractários.

Ainda que intervenções mais convencionais, tais como a prisão, possam ser usadas para infractores que não respondem, os autores entendem o envolvimento da comunidade na tomada de decisões, bem como os rituais de vergonha e reintegração na comunidade, como potencialmente mais vantajosos. Nestes processos é dada voz às vítimas e a outros elementos da comunidade e são consideradas as pressões sociais exercidas sobre os delinquentes, protegendo-se as vítimas e dando-se aos agressores a possibilidade de reabilitação.

Outros relatos de casos bem sucedidos, envolvendo as conferências em comunidade, em casos de violência familiar grave, vêm do Canadá, de cerimónias tradicionais de comunidade nativas. Trata-se de diferentes métodos tradicionais de mediação utilizados com casais divorciados, em que a participação da comunidade altera o equilíbrio de poder. Griffiths (1999), por exemplo, apresenta o caso de um círculo de condenação aborígene canadiano onde se analisou a situação de um homem que, quando bebia, batia na esposa. Sentados num círculo, a vítima e a sua família relataram o seu sofrimento e um jovem falou sobre as contribuições que o agressor tinha feito para a comunidade. O juiz suspendeu a sentença até que o agressor entrasse em tratamento do alcoolismo e cumprisse as expectativas da vítima e do seu grupo de apoio. A cerimónia foi concluída com uma oração e uma refeição compartilhada. Após um período de tempo, a mulher que tinha sido vitimada expressou a sua satisfação com o processo. Neste caso, como explica Griffiths, houve uma clara ligação ao sistema de justiça criminal. Alguns casos podem ser tratados mais discretamente, por membros da tribo. Griffiths chama a atenção para um aspecto: as vítimas devem desempenhar um importante papel em todo o processo, de modo a garantir que as suas necessidades são satisfeitas e que não são re-vitimadas. Este é um processo de que se ouvirá falar muito mais no futuro. A ênfase na restauração, em vez da retribuição, pode ser empoderadora para todas as partes envolvidas.

A investigadora feminista Mary Koss (2000) defende o que chama *de justiça comunitária*, um modelo sensível à vítima, proveniente das abordagens baseadas na comunidade dos Maoris da Nova Zelândia. Tais métodos podem ser eficazes, observa Koss, porque recorrem às sanções abusivas que os homens mais temem: o estigma da família e a ampla desaprovação social. Essa conferência, como Koss indica, é mais recomendada para jovens delinquentes sem história crónica de violência.

O objectivo desta abordagem é o de ajudar homens com tendência para a violência a assumir a responsabilidade das suas acções e, ao mesmo tempo, desenvolver empatia para com as suas vítimas.

Como na Justiça Restaurativa, o objectivo é a centração no positivo, de modo a facilitar a restauração do ofensor à comunidade, ao invés de um maior desligamento.

Nos relacionamentos que ainda subsistem, o fim da violência é, obviamente, crucial. O tratamento, aliado à supervisão, dos homens que se envolvem em situações de agressão física ainda é um elemento importante na redução da violência familiar. Às vezes, iniciativas de Justiça Restaurativa, ao nível da comunidade, tomam a forma de conferência da comunidade, como se discutiu na secção anterior. A participação de todas as partes é estritamente voluntária e a preparação intensiva antecede todas as conferências desse tipo. Devem ser tratadas questões de poder e controle sobre a vítima (Umbreit, 2000). Ouvir directamente o agressor falar da sua culpa e remorso enquanto recebe o apoio de outros membros da família pode ajudar a vítima a curar-se, enquanto reduz os seus sentimentos de culpabilização. Em contrapartida, são poucos os programas tradicionais que endereçam as necessidades psicológicas das vítimas de uma forma significativa. Mesmo em situações de crime violento, a conferência da comunidade pode ajudar as vítimas, denunciando a gravidade da violência experienciada. A mensagem a todos os interessados é a de que a violência, de qualquer forma, na família, é inaceitável. Essa conferência pode dar resposta ao abuso psicológico, bem como ao abuso físico do qual um sobrevivente tenha sido vítima e contrariar o sentido de desesperança, envolvendo-o como um activo participante no processo (Koss, 2000). Além disso, podem ser tomadas medidas para reduzir a vulnerabilidade do sobrevivente, como dar-lhe acesso a contas bancárias individuais ou a transporte, por exemplo.

Rashmi Goel (2005) considera que as opções de Justiça Restaurativa são inadequadas para os casos de violência doméstica entre os imigrantes de comunidades sul-asiáticas. O seu raciocínio é o de que as mulheres da cultura sul-asiática podem ser aplacadas pelos valores da comunidade familiar, cooperação e perdão ao procurar soluções de Justiça Restaurativa e, finalmente, a permanecer numa situação abusiva. A Justiça Restaurativa é baseada na premissa de que os participantes são iguais e podem falar livremente num processo consensual. Mas, no Sul da Ásia (Índia), a tradição cultural não contempla essa hipótese. A tradição retrata o marido como a única fonte de estatuto e de apoio e as mulheres indígenas são preparadas para se sentirem responsáveis pela dor infligida pelo marido. O argumento exactamente oposto é apresentado por Grauwiler e Mills (2004). A sua recomendação vai no sentido da criação do que chamam *Intimate Abuse Circles*, uma alternativa culturalmente sensível à resposta do sistema de justiça criminal para a violência doméstica. Os círculos são especialmente úteis, sugerem, com imigrantes, minorias e famílias religiosas, onde é mais provável que a família permaneça intacta. Este modelo reconhece que muitas pessoas procuram o fim da violência, mas não do relacionamento. Tais processos restaurativos também ajudam os parceiros que gostariam de se separar de uma forma mais amigável, não recorrendo às vias de separação tradicionais.

8. Em situações de violação

Rozee e Koss (2001) criticam o tratamento e os resultados dos casos de violação perpetrados por conhecidos em todos os níveis do sistema de justiça criminal, desde o tratamento dado pelas polícias à relutância do Ministério Público em levar os casos a tribunal. Quando opta por fazê-lo, aniquila-se a credibilidade da vítima como principal testemunha de acusação. As diferenças étnico-raciais entre os funcionários do Estado e as vítimas favorecem a falta de consideração e respeito. Além disso, como Rozee e Koss sugerem ainda, a justiça é percebida como imposta pelos brancos (p. 306); as mulheres de cor têm que lidar com a tensão entre as necessidades de justiça e a obrigação sentida de apaziguar o racismo no sistema de justiça criminal. Mulheres negras e latinas podem evitar procurar a ajuda do sistema de justiça criminal ou os abrigos de mulheres para protegerem a representação do grupo minoritário a que pertencem numa sociedade racista (Presser e Gaarder, 2004). As mulheres de cor estão bem cientes do tratamento brutal e prejudicial infligido aos seus homens pelo sistema de justiça criminal e podem não querer envolver-se com o mesmo sistema de justiça.

Se o tratamento penal das vítimas de crimes em geral deixa muito a desejar, o tratamento das vítimas de violação é inconcebível. Três principais deficiências do sistema convencional são discutidas por Braithwaite e Daly (1998). A primeira delas é o baixo índice de responsabilização do sistema devido à falta de denúncias por parte das vítimas sobreviventes. A reduzida taxa de acusação, mesmo quando é apresentada queixa, está relacionada com a falta de credibilidade das vítimas de qualquer crime que envolva sexo entre o casal. As taxas de condenação, mesmo quando os casos vão a julgamento, são igualmente reduzidas. Em segundo lugar, os violadores que são condenados à prisão são frequentemente culpados de infracções repetidas, tendo assim elevada probabilidade de reincidência após a libertação. Em terceiro lugar, as mulheres são revitimadas durante os interrogatórios feitos pelos advogados de defesa, especialmente se consumiram álcool no momento do crime, se frequentaram lugares inseguros à noite ou se alguma coisa descoberta no seu passado coloque em causa a sua verdade.

As respostas de Justiça Restaurativa são consistentes com o foco comunitário dos movimentos das mulheres. Dentro deste contexto, Rozee e Koss descrevem um projecto americano baseado nos princípios da conferência comunitária e que tinha como objectivo focar os danos das vítimas sobreviventes em situações de violação. Um foco adicional seria o do restabelecimento da justiça para a comunidade. Só depois de bem sucedida a conferência para atender às necessidades da vítima é que os objectivos de reabilitação e reintegração do agressor entram em jogo.

O projecto foi lançado experimentalmente na Universidade do Arizona para lidar com várias categorias de violação e agressão sexual, aquelas com as quais o sistema convencional de justiça não era capaz de lidar – relações sexuais entre uma mulher jovem de 16-18 anos e um rapaz ligeiramente mais velho; violação relacionada com o consumo de álcool, violação no namoro ou por alguém conhecido e ofensas sexuais que não envolvem penetração. A aplicação da lei está inicialmente relacionada com o relato do crime; o procurador, nos casos apropriados para a conferência, reúne separadamente com o acusador e com o acusado para informar cada uma das partes dos benefícios e dos riscos do modelo de justiça comunitária, procurando obter o consentimento para reencaminhar o caso.

Em seguida, o facilitador reúne-se com as partes e os membros da família, se for desejável, para organizar a conferência e definir a participação dos sistemas de apoio de cada um dos lados.

Um advogado do sexo masculino qualificado pode participar, em nome da vítima ou do agressor.

A conferência é dirigida por um facilitador, geralmente um profissional de saúde mental com formação em estratégias de Justiça Restaurativa. O ofensor começa por descrever o que fez; a vítima sobrevivente fala em seguida sobre as suas experiências, enquanto os familiares e amigos de ambos os lados expressam o impacto do crime sobre as suas vidas. O ofensor admite a violação e responde ao que ouviu, muitas vezes com um pedido de desculpas. As opções incluem um pedido de desculpas formal, o pagamento das despesas incluindo o aconselhamento para a vítima, o tratamento do abuso de substâncias e/ou o tratamento para o ofensor sexual e o serviço comunitário. Um relatório escrito do processo é redigido, o qual inclui planos de *follow-up*. O assunto é confidencial, mas somente enquanto não há uma nova ofensa. Nesse caso, os resultados da conferência podem ser usados como prova num eventual futuro julgamento.

As vantagens deste formato, tal como indicado por Rozee e Koss são: o fortalecimento da confiança da comunidade, o *empowerment* da vítima/sobrevivente; a libertação das autoridades judiciais da pressão de agir sob circunstâncias difíceis; o activismo voluntário ter ganho um fórum a partir do qual pode lançar mensagens anti-violação; e um agressor estudante que é forçado a assumir a responsabilidade pelo seu comportamento, mas ainda assim tem a hipótese de evitar um estigma que poderia segui-lo para a vida.

A conferência da comunidade fornece uma plataforma para descrever as experiências de opressão racial/económica, sem as utilizar como desculpa para o mau comportamento. Acima de tudo, as mulheres foram ouvidas, foi-lhes dado o apoio da comunidade e receberam justiça. Tal como acontece com todas as formas de Justiça Restaurativa, contar a verdade em vez de a negar é incentivado no processo. Embora este inovador programa universitário seja demasiado recente para os resultados a longo prazo serem suficientemente claros, as perspectivas são boas, tendo em conta a eficácia comprovada de programas semelhantes na Nova Zelândia. Presumivelmente, também a universidade tem influência aqui, na medida em que o ofensor é um aluno matriculado num curso superior, que deseja um registo limpo se permanecer na instituição ou mesmo que seja transferido. Para todas as partes envolvidas, este processo deve ser de *empowerment*.

O advogado canadiano Ross Green (1998), no seu livro *Justiça em comunidades aborígenes*, apresenta uma pesquisa realizada sobre as práticas de condenação nos casos considerados demasiado graves para resolução fora da rota judicial convencional. Tais situações são de uma magnitude tal que não devem ser tratadas com métodos comuns, especialmente quando membros de tribos indígenas estão envolvidos. O contraste entre o modo anglo-saxónico de tratar a matéria penal e os valores aborígenes é evidente. As fotografias fornecidas pelo livro mostram um grande número de pessoas sentadas em círculo, numa reunião em que os pais se confessam culpados de incesto. A Parte I do livro centra-se no sistema de justiça canadiano convencional e o conflito entre o sistema formal e os valores indígenas. Em contraste com as modernas formas de justiça euro--americanas, a justiça aborígene pretende restabelecer o equilíbrio da comunidade.

Os povos nativos têm dificuldade em estabelecer processos padrão que os intimidem e em apresentar remorsos se forem considerados culpados.

Uma aplicação extraordinária deste tipo de conferência ocorreu no círculo da comunidade de Hollow Water (Manitoba). Nesta comunidade, um ciclo de abuso sexual tinha sido perpetuado através de gerações. Porque o problema era a nível comunitário, se as vítimas tivessem seguido os trâmites normais, quase todos os membros masculinos da comunidade teriam sido afastados. O processo de círculo de condenação foi assim escolhido como a abordagem pragmática e culturalmente sensível para uma situação quase esmagadora. No círculo, os infractores reconheceram os seus comportamentos. Contratos de cura e uma cerimónia final de limpeza proveram uma dimensão espiritual ao processo. As fortes pressões da comunidade, que se seguiram às sessões, tiveram como objectivo manter os infractores em tratamento. O processo foi empoderador para todas as partes envolvidas e, em vez de gerar divisões na comunidade, contribuiu para a uma acção concertada de mudança social.

9. Crítica Feminista

Por vezes, contudo, a satisfação não ocorre após o tratamento em círculos de casos graves, como sugere Ross (1998). Queixas de mulheres acusavam a justiça aborígene de ter sido demasiado condescendente num certo número de casos e de não ter representado as vítimas nas decisões que foram tomadas. Rubin (2003), na sua análise das experiências de mulheres em processos restaurativos na Nova Scotia, apontou críticas ao facto de se ser excessivamente positivo na avaliação dessas formas alternativas de justiça, ignorando o papel da família e da comunidade no reforço do controlo masculino da mulher. As suas recomendações vão no sentido de se dar atenção às preocupações das mulheres em matéria de segurança e garantir a sua protecção em situações de violência doméstica.

As mulheres activistas foram cépticas em relação à utilização de processos informais para lidar com homens que abusam e mulheres que são abusadas (Coker, 1999), e tiveram razão para o ser. A menos que seja feito correctamente, por decisão conjunta. o processo informal pode ser pior do que nada, especialmente em casos de violência por parceiros. A vítima desempenha um papel limitado no processo formal.

O processo é tão bom quanto as pessoas que o conduzem num formato menos estruturado. Em situações de violência de género a participação activa das mulheres em todos os níveis é fundamental. As vítimas sobreviventes correm o risco de ver as suas necessidades negligenciadas em condições de insensibilidade de género ou de autoridade predominantemente masculina. No Canadá, que tem uma extensa história de tais práticas sob a tutela da lei tribal, os interesses das mulheres indígenas não têm sido sempre representados. Às vezes, a ênfase é colocada mais no delinquente do que na vítima. Um artigo no *Canadian Dimension* descreve um polémico caso que ocorreu numa pequena cidade no Yukon, conhecido como o caso Morris (Pope, 2004). O juiz que condenou a liderança aborígene masculina viu-se constrangido por um sistema que favorecia este tipo de justiça da comunidade. O caso envolveu violação brutal, sob ameaça de morte, de uma mulher pelo marido. A mulher tinha sido quase morta, mas foi salva pela polícia. As mulheres da comunidade sentiram-se ultrajadas; 49 mulheres exigiram uma pena de prisão para este homem perigoso. O juiz, no entanto, instruído para levar em conta factores culturais como a frequência numa escola nativa, focou-se no criminoso e não na vítima. Mesmo o facto do arguido ter acusado a vítima e ter criticado as mulheres, afirmando que elas controlavam todo o dinheiro, ficando os homens sem nada, não foi tido em conta. No final, Morris foi colocado em liberdade condicional pelo conselho tribal. Em todo o Canadá foram ouvidas várias vozes contra a sentença imposta, bem como contra o processo, claramente orientado para o agressor.

Anteriormente, um bispo católico não-nativo, que havia agredido sexualmente mulheres indígenas, solicitou a constituição de um círculo. Escapou da sentença. Como resultado destes dois tipos de exemplos de denegação da justiça, a *Aboriginal Women's Action Network* (AWAN), em 2009, solicitou uma moratória sobre os processos de Justiça Restaurativa em casos de violência contra as mulheres, até que o sistema esteja livre do racismo e do sexismo. A AWAN também recomendou a investigação e análise, pela própria AWAN, das implicações da aplicação da Justiça Restaurativa a mulheres e crianças aborígenes que são vítimas de violência, assim como solicitou o compromisso do governo canadiano no sentido de financiar a organização, de forma a que esta possa realizar pesquisas, analisar, avaliar e propor directrizes e critérios para as práticas da Justiça Restaurativa.

Os processos restaurativos são inadequados em diversas situações de violência e de perigo para a vítima. Uma questão de investigação importante, que não foi ainda adequadamente explorada, é a seguinte: Para quem, para que tipo de agressores, seria uma abordagem de Justiça Restaurativa eficaz? Um conhecimento mais preciso das tipologias de agressores poderia vir a ser usado para discriminar entre as pessoas que poderiam beneficiar da aplicação desta abordagem e as que não são susceptíveis de dela beneficiar ou que constituem uma grande ameaça à segurança.

Ainda que as tipologias de agressores tenham actualmente apenas uma limitada utilidade clínica (Langhinrichsen-Rohling, Huss, & Ramsey, 2000), é possível identificar, através de testes psicológicos, aqueles que mostram tendências anti-sociais, depressão grave ou que têm historial de violência dirigida a outras pessoas fora do contexto familiar, ou seja, aqueles homens para os quais os processos restaurativos seriam inadequados.

Apresenta-se de seguida a entrevista conduzida por Katherine van Wormer, a 2 de Fevereiro de 2010, a Sónia Sousa Pereira, especialista portuguesa em Justiça Restaurativa.

10. Entrevista pessoal com Sónia Sousa Pereira

KW – O aconselhamento em grupo familiar está a ser utilizado em Portugal? Além disso, tem havido progressos na utilização de práticas de Justiça Restaurativa com adultos?

SSP – Tanto quanto sei, o aconselhamento em grupo familiar não é utilizado como uma prática restaurativa aqui em Portugal, embora se possa fazer a associação com a mediação familiar, que é o mais antigo sistema de mediação utilizado no sistema de justiça – disponível para aqueles que concordam em fazer parte do processo.

A Lei n.º 21/2007, de 12 de Junho, introduziu a mediação em matéria penal com efeitos específicos no âmbito dos processos penais.

É limitada aos casos menos graves - os danos de propriedade e todos aqueles crimes que dependem da vontade da vítima para iniciar o processo penal – através da participação criminal e, em alguns casos, da acusação privada juntamente com a acusação do Ministério Público.

O infractor deve ter uma idade superior a 16 anos e os crimes sexuais são excluídos – mesmo aqueles em que a vontade da vítima em iniciar o processo penal é necessária.

No ano passado, o Parlamento Português aprovou dois actos relevantes no que respeita à Justiça Restaurativa – a aprovação da Lei n.º 112/2009, de 16 de Setembro, relativa à protecção das vítimas de violência doméstica, considerando-se a possibilidade de haver lugar a reuniões restaurativas em apenas dois momentos do processo: ou na suspensão do processo ou após o julgamento, na fase de pós--condenação – esta opção teve em conta as necessidades de segurança da vítima e tem como objectivo restabelecer a paz social (a culpa já foi avaliado ou pelo Ministério Público ou pelo juiz).

O segundo acto relevante foi a reforma do código dos procedimentos pós-sentença, aprovada pela Lei n.º 115/2009, de 12 de Outubro (a ser aplicada em Março de 2010), que inclui a possibilidade de se desenvolver programas de Justiça Restaurativa (nas prisões, por exemplo).

KW – E quanto às mulheres na prisão?

SSP – Como mencionado na resposta anterior, só no ano passado a reforma do código dos procedimentos pós-sentença foi efectuada, não se aplicando ainda. Assim, é muito prematuro avaliar o seu impacto neste momento. Na minha opinião pessoal e, sendo uma defensora da Justiça Restaurativa, acredito firmemente que isto vai trazer alguma evolução na maneira como se superam os efeitos de vitimação e como se assumem responsabilidades derivadas do crime.

KW – Nos Estados Unidos as vítimas de violação passam por sérias dificuldades no tribunal na tentativa de obter justiça. Pergunto-me se isso é verdade em Portugal também. Nos Estados Unidos temos um sistema do tipo "o vencedor leva tudo". Portugal tem um sistema mais centrado no Juiz, por isso eu pergunto se a vítima será tratada melhor lá.

SPP – Portugal tem um sistema penal inspirado no sistema germânico. É, como diz, mais centrado no Juiz. Mas, quando está em causa o tratamento da vítima, eu tenderia a dizer que o sistema está mais relacionado com a "justiça procedimental", do que com a justiça formal. É a diferença entre as bem conhecidas "lei de livros" e "lei da acção", que dependem mais das pessoas do que da lei. Assim, creio que temos os mesmos problemas que vocês – a vitimação secundária dentro do sistema de justiça criminal também acontece aqui.

O processo de recolha de provas também pode ser bastante prejudicial para as vítimas, o que só pode ser superado através da tomada de consciência dos profissionais que são responsáveis por isso.

KW – Trabalho com a Justiça Restaurativa com vítimas do sexo feminino, portanto analiso situações de violência doméstica e violação, vendo os prós e contras.

SPP – Nós ainda não temos práticas de Justiça Restaurativa suficientes que nos permitam uma avaliação. Ainda assim, dando--lhe a minha opinião pessoal, devo dizer que, desde que a vítima queira, a Justiça Restaurativa pode ser útil e eficaz, mesmo nestes casos.

Uma das principais perguntas que as vítimas fazem é: Porquê? Porquê eu?

A possibilidade de compreender as motivações e as razões do agressor pode ser de grande ajuda para curar os efeitos da vitimação. Por outro lado, também para o futuro da vítima e do infractor, a Justiça Restaurativa pode contribuir para a conclusão do processo, permitindo começar de novo, sem medo de retaliações. Claro, tudo isto também depende da qualidade dos profissionais envolvidos – mediadores ou facilitadores, que devem garantir as condições adequadas (segurança, a base para a comunicação e assim por diante) e parar os processos quando não há desenvolvimento.

11. Conclusão

Essencial para qualquer trabalho com vítimas da violência de género, quer sejam vítimas de violência perpetrada por parceiros ou de violência sexual, é a compreensão das consequências traumáticas da violência e abuso, a longo prazo. É consensual entre as escritoras feministas da área a opinião de que o actual sistema legal não está sensível às necessidades dos sobreviventes de crimes violentos. As estratégias alternativas (ao padrão de justiça criminal) nacionais e internacionais descritas neste texto esforçam-se por dar voz e poder pessoal aos indivíduos, no interesse da justiça social e pessoal. Uma das principais contribuições da Justiça Restaurativa é a de tratar a ilegalidade e a sua resolução para além das vítimas e dos agressores, levando-a para dentro da comunidade e prestando apoio às vítimas de crime. Esta forma de justiça é baseada na solução e não nos problemas, é sobre a cura e a reconciliação, não sobre abrir feridas no interesse da retribuição. A justiça social é prestada à vítima/ sobrevivente, num esforço de reparar os danos e restabelecer a sensação de bem-estar que possa ter sido perdida, exigindo-se ao mesmo tempo que o infractor faça face às consequências do seu acto.

Devido aos riscos e incertezas destas abordagens alternativas, é importante que a liderança seja tomada por investigadoras e militantes feministas que enfoquem as questões de segurança e assegurem que o processo não é cooptado pelos líderes da comunidade que não têm em conta os interesses da vítima do crime. Para evitar tais abusos no processo, a fiscalização por parte de fontes externas de suporte às vítimas deve ser feita. As avaliações de *follow up* da eficácia das estratégias restaurativas podem garantir o sucesso destas formas de justiça centradas na vítima. Tendo isto em conta, o modelo de Justiça Restaurativa tem um potencial que está apenas a começar a ser reconhecido e a garantir que os malfeitores se responsabilizam pelo mal feito, podendo os sobreviventes do crime receber a justiça que merecem e ser capacitados pelo processo.

REFERÊNCIAS

Aboriginal Women's Action Network (AWAN) (2009, March 19). *The implications of restorative justice in cases of violence against Aboriginal women and children.* Retrieved from http://ja-jp.facebook.com/note.php?note_id=62209356690

Barajas, E. (1995). *Moving toward community justice: Topics in community corrections.* Washington, D.C.: National Institute of Corrections.

Borer, T. (2009). Gendered war and gendered peace: Truth commissions and postconflict gender violence: Lessons from South Africa. *Violence Against Women.* 15(10), 1169-1193.

Braithwaite, J. (2002). *Restorative justice and responsive regulation.* Oxford, England: Oxford University Press.

Braithwaite, J. & Daly, K. (1998). Masculinity, violence and communitarian control. In S. Miller (Ed.). *Crime control and women.* (pp. 151-180). Thousand Oaks, CA: Sage.

Burford, G. & Adams, P. (2004). *Restorative justice, responsive regulation and social work.* Journal of Sociology and Social Work. 31 (1), 20-27.

Burford, G. & Hudson, J. (Eds.). (2000). *Family group conferencing: New directions in community centered child and family practice.* New York: Aldine de Gruyter.

Burns, H. (2001, January 23). *Citizens, victims, and offenders restoring justice project.* St. Paul, MN: Center for Restorative Justice and Peacemaking.

Coker, D. (1999). Enhancing autonomy for battered women: Lessons from Navajo peacemaking. *UCLA Law Review.* 47, 1.

Doerner, W., & Lab, S. (2005). *Victimology.* (4.th Ed.). Dayton, OH: Anderson Publishing.

Failinger, M. A. (2006). Lessons unlearned: Women offenders, the ethics of care, and the promise of restorative justice. *Fordham Urban Law Journal.* 33 (2), 487-527.

Falcón, J. M. (2005). The Peruvian truth and reconciliation commission's treatment of sexual violence against women. *Human Rights Brief.* 12 (2), 1-4.

Frederick, L. & Lizdas, K. (2010) The role of restorative justice in the battered women's movement. In J. Ptacek (Ed.). *Restorative justice and violence against women.* (pp. 39-59). New York: Oxford University Press.

Frisch, L. (2003). The justice response to woman battering. In A. Roberts (Ed.). *Critical issues in crime and justice.* (2.nd Ed.) (pp 161-175). Thousand Oaks, CA: Sage.

Gilligan, C. (1982). *In a different voice: Psychological theory and women's development.* Cambridge, MA: Harvard University Press.

Goel, R. (2005, May). Sita's trousseau: Restoratative justice, domestic violence, and South Asian Culture. *Violence Against Women.* 11(5), 639-665.

Grauwiler, P. & Mills, L. (2004). Moving beyond the criminal justice paradigm: A radical restorative justice approach to intimate abuse. *Journal of Sociology and Social Welfare.* 31(1), 49-62.

Green, R.G. (1998). *Justice in Aboriginal Communities: Sentencing Alternatives.* Saskatoon, Saskatchewan, Canada: Purich Publishing.

Griffiths, C. T. (1999). The victims of crime and restorative justice: The Canadian exprience. *International Review of Victimology. 6,* 279-294.

Kemp, S., Whittaker, J. K. & Tracy, E. M. (2000). Family group conferencing as a person-environment practice. In G. Burford & J. Hudson (Ed.). *Family group conferencing: New directions in community-centered child and family practice.* (pp. 72-85). New York: Aldine de Gruyter.

Koss, M. (2000). Blame, shame, and community: Justice responses to violence against women. *American Psychologist.* 55(11), 1332-1343.

Langhunrichsen-Rohling, J., Huss, M. T. & Ramsey, S. (2000). The clinical utility of batterer typologies. *Journal of Family Violence.* 15(1), 37-53.

Latimer, J., Dowden, C. & Muise, D. (2001). *The effectiveness of restorative justice practices: A meta-analysis.* Ottawa, Canada: Research and Statistics Division, Department of Justice Canada.

Lazaro, J. & Marques, F. (2006, December 6). Restorative justice in Portugal. *Restorative Justice Online.* Retrieved from http://www.restorativejustice.org/editions/2006/dec06/portugal

Osava, M. (2009, December 17). *Brazil's turn for truth and justice.* Inter Press Service News Agency. Retrieved from http://ipsnews.net/note_award.asp?idnews=49730

Pope, A. (2004, May/June). B.C. court ignores Aboriginal women's plea. *Canadian Dimension.* 10-11.

Pranis, K. (2001). Restorative justice, social justice, and the empowerment of marginalized populations. In G. Bazemore and M. Schiff (Ed.). *Restorative community justice: Repairing harm and transforming communities.* (pp.287-306). Cincinnati, OH: Anderson.

Presser, L. & Gaarder, E. (2004). Can restorative justice reduce battering? In B. Price and N. Sokoloff (Ed.), *The criminal justice system and women: Offenders, prisoners, victims, and workers* (3rd Ed.). (pp. 403-418). New York: McGraw Hill.

Ptacek, J. (2010a). Resisting co-optation. In Ptacek, J. (Ed.), *Restorative justice and violence against women* (pp. 5-36). New York: Oxford University Press.

Ptacek, J. (2010b) (Ed.). *Restorative justice and violence against women.* New York: Oxford University Press.

Restorative Justice Online (2006). *Leading edge: Sónia Sousa Pereira.* Retrieved from http://www.restorativejustice.org/leading/sousapereirasonia

Ross, R. (2000). Searching for the roots of conferencing. In G. Burford & J. Hudson (Ed.). *Family group conferencing: New directions in community-centered child and family practice.* (pp. 5-14). New York: Aldine de Gruyter.

Rozee, P. & Koss, M. (2001). Rape: A century of resistance. *Psychology of Women Quarterly.* 25, 295-311.

Rubin, P. (2003). *Restorative justice in Nova Scotia: Women's experience and recommendations for positive policy development and implementation.* Report and Recommendations. Ottawa, Canada: National Association of Women and the Law. Retrieved from www.restorativejustice.org

Toronto Star (2001, May 26). Healing circle shows offenders their human toll. *Toronto Star*. N.º 01.
Umbreit, M. (2000). *Family group conferencing: Implications for crime victims*. Washington, DC: U. S. Department of Justice.
Umbreit, M., Vos, B., Coates, R. & Brown, K. (2003). *Facing violence: The path of restorative justice and dialogue*. Monsey, NY: Criminal Justice Press.
Van Den Bergh, N. (Ed.) (1995). *Feminist practice in the 21st century*. Washington, DC: NASW Press.
Van Ness, D. & Strong, K.H. (2002). *Restoring justice* (2nd Ed.). Cincinnati, OH: Anderson.
van Wormer, K. (2004). *Confronting oppression, restoring justice: From policy analysis to social action: From policy analysis to social action*. Alexandria, VA: Council on Social Work Education.
van Wormer, K. (2009). Restorative justice for victims of gendered violence: A standpoint feminist perspective. *Social Work*. 54(2), 107-117.
van Wormer, K. (2010). *Working with female offenders: A gender-based approach*. Hoboken, NJ: Wiley & Sons.
Walker, L. (2010). You're gonna make it: Reentry planning at a Hawai'i women's prison. Boxed Reading 7.1 In K. van Wormer and C. Bartollas (Ed.). *Women and the criminal justice system* (3.rd Ed.). Upper Saddle River, NJ: Prentice Hall.
Zehr, H. (1990). *Changing Lenses: A New Focus for Crime and Justice*. Scottdale, PA: Herald.
Zehr, H. (2002). *The little book of restorative justice*. Intercourse, PA: Good Books

PARTE II
DINÂMICAS E PROCESSOS DE VITIMAÇÃO

CAPÍTULO 5
Violência, Gênero e Saúde

LILIA BLIMA SCHRAIBER
Universidade de São Paulo, Brasil

Muitas são as possibilidades de aproximação nas reflexões acerca da violência como questão para as ciências e para a intervenção social; muitos, também, os recortes possíveis de seu estudo empírico. Escolhemos, neste capítulo, a perspectiva de entrelaçar a violência, tomada como uma questão de gênero e como situações que as mulheres experimentam, com as problemáticas do campo da Saúde, que são os adoecimentos e seus riscos de ocorrência. O recorte permite refletirmos sobre os desafios que a violência de gênero contra a mulher representa para a Saúde, tanto em seu subcampo da prática médica como o da saúde pública. São desafios de duas ordens: evidenciar que a violência é uma questão do campo da Saúde, pois à primeira vista é concebida como pertinente a outros setores sociais de intervenção e a campos científicos que não o da Saúde; e, somando-se a estes, os desafios dados pela determinação da violência contra a mulher como questão de gênero, pois a perspectiva e o conceito de gênero estão excluídos da racionalidade científica e prática do campo da Saúde, como comentaremos adiante (Giffin, 2006; Kiss & Schraiber, 2009; Krug, Dahlberg, Mercy, Zwi & Lozano, 2002; Oliveira & Villela, 2005; Oliveira, 2008; Schraiber, d' Oliveira & Couto, 2006; Schraiber, d' Oliveira & Couto, 2009). Desse modo, os desafios que discutiremos neste texto, se colocam como possibilidades e como limites de realização das práticas médica e sanitária ao tomarem a violência de gênero por objeto.

1. Violência de gênero como questão das práticas de saúde

Não há dúvidas de que, como tema social, tem sido progressivo o interesse em debater e intervir em violência, de modo geral, em nossos dias. A questão aparece na mídia com insistência e diversos organismos governamentais, notadamente a partir de 1990, elaboram políticas, leis, normas e programas para enfrentá-la, inclusive relativamente à violência contra a mulher no campo da Saúde, como no caso brasileiro (Ministério da Saúde do Brasil, 2001, 2005; Secretaria Especial de Políticas para as Mulheres do Brasil, 2007)

No Brasil e em países com grande desigualdade social e pobreza, não apenas a violência se estabelece como questão social, como também é dada uma maior ênfase à sua expressão estrutural e urbana. No campo da Saúde isto se reflete em estudos acerca de um conjunto de agravos quase sempre fatais, como por exemplo o homicídio, e considerados como devidos a 'causas externas' – denominação de contraste com as doenças que resultam também de causas 'internas' ao corpo humano (Gawryszewski & Mello-Jorge, 2000; Minayo, 1994; Schraiber et al., 2006).

Nesta violência estrutural e urbana, muitas vezes, é incluída a violência contra a mulher, sobretudo, no que tange a seus determinantes, embora pouco abordada como agravo fatal. Quando isso ocorre, os determinantes da violência contra a mulher ficam reduzidos a impactos da pobreza ou da desigualdade e iniquidades sócio--econômicas. A nosso ver, porém, a violência contra a mulher é parte dessas questões econômico-sociais, mas não se limita a elas, assumindo feições muito próprias. Representa, antes, a face mais dramática dos conflitos nas relações de gênero, o que é favorecido por contextos sociais em que resolver conflitos por meio de comportamentos violentos é aceito na norma cultural (Araújo & Mattioli, 2004; Heise, Ellsberg & Gottemoeller, 1999; Heise & Garcia-Moreno, 2002; Pitanguy, 2003; Saffioti & Almeida, 1995; Schraiber & d' Oliveira, 1999; Schraiber, Gomes & Couto, 2005). Nesse sentido, a violência é um componente importante nos modelos de masculinidade dominantes que influenciam o comportamento de homens na busca pela afirmação de poder (Jewkes, 2002; Schraiber, Gomes & Couto, 2005; Souza, 2005).

Se este aspecto das desigualdades de gênero encontra-se acentuado nas situações de pobreza e, sobretudo, de exclusão social, nem é exclusivo dessas condições, nem principalmente causado pelas características sócio-econômicas que as definem. Muitos estudos mostram, por exemplo, que mulheres com níveis de escolaridade mais elevadas não necessariamente estão mais protegidas da violência, ou o reverso: a baixa escolaridade não está em muitos contextos associado como fator relevante da ocorrência da violência contra a mulher (Rivera-Rivera et al., 2004; Vest, Catlin, Chen & Brownson, 2002). A violência contra a mulher também perpassa as camadas sociais mais ricas e favorecidas, atingindo a sociedade como um todo, e em contextos já pesquisados, como no caso do Brasil, associa-se a aspectos da emancipação econômica das mulheres e encontra-se também com maior ocorrência nas camadas sociais intermediárias, que, por meio de maior escolarização, busca ascender socialmente (d'Oliveira et al., 2009).

Manifestando-se, maioritariamente, como violência perpetrada por parceiros ou ex-parceiros íntimos, em casamentos formais ou não e em diferentes contextos sócio-culturais, é por isso concebida como uma violência doméstica, mesmo quando perpetrada fora do ambiente domiciliar e mesmo quando não se reduzindo a esta modalidade de agressão e violação de direitos (Garcia-Moreno et al., 2006; Heise, 1998; Heise & Garcia-Moreno, 2002; Schraiber et al., 2005). A violência contra a mulher, podemos dizer, parece articular de modo peculiar condutas tidas como adequadas aos espaços público e privado da sociedade, outro desafio que se coloca (Bandeira & Thurler, 2009; Moura & Moura, 2009; Neves, 2008).

Expressando-se em atos de agressão física, emocional ou sexual, é essa última que caracteriza a violência de gênero contra as mulheres (Schraiber et al., 2009), pois mesmo sem ser o mais freqüente tipo de violência contra a mulher, é a violência sexual a que diferencia os comportamentos violentos dos homens contra as mulheres, relativamente aos perpetrados entre os homens. E isto acontece até quando essa violência sexual é conjugal, de natureza doméstica, e dificilmente reconhecida como violência (Schraiber et al., 2005), uma vez que se dá nas relações de intimidade, relações afetivo-sexuais entre parceiros ou cônjuges.

Por todos esses aspectos a violência de gênero apresenta-se como questão bastante complexa, exigindo abordagens interdisciplinares; também como questão sensível, por atingir de modo muito íntimo os sujeitos que se envolvem com tal experiência, sensibilizando fortes emoções em seu relato ou escuta; e, ainda, como questão ética radical, por significar e realizar violação de direitos e negação do propriamente humano, mobilizando os sujeitos envolvidos direta ou indiretamente a prontos posicionamentos ético-políticos em torno aos direitos e sua violação.

As mulheres que experimentam ou já experimentaram essa situação apresentam muitos agravos à sua saúde. De fato, diversos estudos evidenciam as inúmeras repercussões da violência na piora da qualidade de vida e da saúde (Campbell, 2002; Ellsberg, Jansen, Heise, Watts & Garcia-Moreno, 2008; Krug et al., 2002). É também bastante conhecida a associação do uso maior dos serviços de saúde por parte de mulheres em situação de violência quando comparadas às que não enfrentam tais situações (Koss, Koss & Woodnuff. 2000; Loxton, Schofield & Rafat, 2004; Plichta, 2004). Este fato tem grande repercussão na qualidade dos serviços prestados, tanto por indicar grandes dificuldades no trato de casos de mulheres em situação de violência, com respostas insatisfatórias às mulheres, quanto por gerar relações também insatisfatórias para o sistema e os profissionais da Saúde (Kiss & Schraiber, 2009; Sugg & Inui, 1992).

A violência é, portanto, uma questão que pode e deve ser pesquisada pelos conhecimentos particulares das ciências médicas e sanitárias; pode e deve ser abordada pelos serviços que atendem as mulheres, bem como ser trabalhada por ações do campo da Saúde: no cuidado aos casos, na prevenção de sua ocorrência e na promoção global da saúde das populações. No entanto, para que tais pretensões se realizem é preciso, primeiro, lidar com o fato de que para esse campo da Saúde a violência ainda não é identificada como uma questão de seu âmbito, como antes mencionado, e será necessário compreendermos o significado dessa identificação; segundo, quando reconhecida como parte possível do escopo de atuação da Saúde, não há formas de cuidado ou tecnologias assistenciais que sejam já familiares aos profissionais dos serviços de saúde e dêem conta da complexidade e da sensibilidade da violência como questão. São essas duas ordens de reflexões que queremos trazer, buscando as raízes histórico-culturais da invisibilidade da violência de gênero contra a mulher no campo da Saúde e dos obstáculos científicos e práticos para lidar com problemáticas interdisciplinares e de naturezas ético-políticas e emocionais tão sensibilizadoras quanto as que esta violência coloca para o campo.

Uma primeira consideração a fazer é o fato de que a Saúde, tendo sido estruturada em torno da assistência médica na recuperação dos doentes e da assistência em saúde pública no controle de epidemias, é um dos mais aplicados e tecnológicos campos científicos (Ayres, 1995, 2002; Luz, 2002; Mendes-Gonçalves, 1984, 1994; Schraiber, 1993). Dispõe de muitos procedimentos técnicos e equipamentos porque orientou para essa direção seu conhecimento, seu modelo de ciência e suas intervenções. Assim, na Saúde, é necessário que todo conhecimento e o reconhecimento de problemas que geram esse conhecimento sejam produzidos de modo a obterem respostas imediatas ao problema abordado - uma intervenção prática e resolutiva é sua finalidade social. Também é necessário que essa resposta e a produção do conhecimento suscitado para tal, estejam voltadas para criar muitas tecnologias: de saberes práticos (técnicos ou tecnologia imaterial) que atuam em processos sociais de adoecimentos a recursos materiais variados, que expressam fisicamente a maior parte desses saberes e os representam na cultura profissional e popular. São os equipamentos de diagnóstico e os de tratamento, incluindo-se os medicamentos, todos eles importantes símbolos da boa intervenção em Saúde. A prática do profissional em Saúde que se quer qualificar como 'boa prática', portanto, será aquela que se vale de muitas tecnologias, particularmente as materiais.

Pode-se observar este aspecto pela historicamente bem sucedida eficácia das práticas médica e sanitária, em termos das respectivas intervenções. Esta eficácia é de natureza técnica e resulta da redução de seus objetos a um biológico delimitado em termos médicos, ou seja, a elementos biomédicos, redução que suas ciências operaram naturalizando o social.

Por aí já podemos ter uma primeira idéia das tensões que emergem à tomada da violência de gênero contra a mulher para o campo da Saúde, as quais em termos polares podem ser assim afirmadas: em um pólo, este objeto colocará em argüição a tradição científico-tecnológica do campo, a qual – repita-se – é muito bem sucedida em termos históricos, e legitimada, moral, cultural e socialmente; e no outro pólo, a violência será um objeto medicalizado, submetido às reduções biomédicas e às intervenções correlatas, até mesmo no uso dos medicamentos.

Entre essas polaridades, queremos pensar alternativas de pertencimento à Saúde, partilhando competências assistenciais, com novo paradigma de construção da violência de gênero como objeto de seus conhecimentos e de suas intervenções. Vale dizer, que o caráter muito aplicado do campo não obriga à redução biomédica e à desqualificação dos conhecimentos que tomam a violência como fato humano sociocultural. Não obstante, resta a exigência de ser conhecimento capaz de gerar, em curto prazo, procedimentos de assistência individual e de saúde pública, com programas de prevenção e promoção da saúde. Que esses procedimentos não serão os familiares à cultura profissional e desencadeiem resistências e estranhamentos nos serviços de saúde (Kiss & Schraiber, 2009), não resta a menor dúvida. Mas tampouco resta dúvida que parte desse movimento de mudança das práticas em saúde já está desencadeado, presente no caso brasileiro, em seu projeto da 'integralidade em saúde', como vamos explorar a seguir.

2. Mulheres em situação de violência e a atenção integral em saúde

Sem ser uma questão da competência exclusiva da Saúde, a violência contra a mulher é de tal magnitude que se postula, internacionalmente, seu reconhecimento como problemática da saúde pública e da assistência médica individual (Heise & Garcia-Moreno, 2002; Krug et al., 2002; Watts & Zimmerman, 2002). De fato, isto representaria um avanço necessário na direção da promoção da saúde e uma definitiva posição do setor Saúde quanto a seu compromisso com os direitos humanos. Tal atitude permitiria tornar clara a adoção do princípio da não violência como direito e valor ético para a política de saúde, com suportes substantivos na ampliação dos direitos das mulheres.

Não obstante, sabemos que a assistência médica e os cuidados em saúde, de modo geral, e não sem conflitos, são atuações profissionais que têm dificuldades para lidar com problemas mais identificados ao social ou à subjetividade do que aqueles que expressam o adoecer orgânico. Na prática médica, o adoecer é definido pelo saber nuclear em medicina, a Clínica, que se vale, como já mencionado, de referentes biomédicos do corpo humano individual e fisicamente delimitado (Luz, 2002; Mendes-Gonçalves, 1984; Schraiber, 1993). Os referentes da prática em saúde pública não são paradigmaticamente diversos (Ayres, 1995, 2002; Mendes-Gonçalves, 1994). Embora se aproxime do adoecer em termos coletivos (populacionais) e enquanto processo relacionado às situações de vida da população, o saber da prática sanitária, a Epidemiologia, também opera por meio de reduções, fatorando o social, o ético-cultural e o geo-político em comportamentos humanos estritamente individuais e aspectos segmentados do meio ambiente. É da mesma perspectiva biomédica que a saúde pública tradicionalmente se aproxima dos riscos potenciais e processos de adoecimentos em populações vivendo em determinados contextos naturais e sociais.

Tais referentes, formulados e vigentes desde a Modernidade, instauram, para as políticas de saúde, para a derivada organização e distribuição de serviços assistenciais sanitários ou médico-individuais e para as práticas profissionais, um olhar muito específico sobre carecimentos e necessidades em saúde. Este olhar 'medicaliza' carecimentos e necessidades, ao tomá-los sob a soberania da perspectiva biomédica com que opera a prática dos médicos. Assim, o reconhecimento de necessidades em saúde, que gera tanto a busca por serviços assistenciais pela população, quanto sua produção pelos profissionais e gestores, dar-se-á pelos referenciais das doenças, transportando carecimentos criados na vida social para o domínio das práticas médica e sanitária, ao serem estas concebidas como a intervenção socialmente mais adequada para tais necessidades. Por isso podemos afirmar que a medicalização apaga a socialidade e a historicidade do adoecer e também das práticas em sua intervenção, reduzindo-as a questões biomédicas. As reparações, para agravos físicos ou mentais, são nucleadas, de um lado, no orgânico, na materialidade física de um corpo humano concebido pela racionalidade científica moderna como máquina (organismo), e, de outro, em controles do meio ambiente ou de comportamentos individuais que prejudiquem ou coloquem em risco essa mesma materialidade física (Ayres, 2002; Schraiber, 1993).

Essa forma de apreender e transformar as necessidades de saúde tornar-se-á hegemônica, fazendo com que o conjunto de trabalhos na Saúde seja colonizado pelo do médico, cujo diagnóstico clínico vê, nas carências do corpo ou nos riscos potenciais destas, sempre lesões (efetivas ou potenciais) de base anatômica. Esta é a primazia da anatomo-patologia na leitura e enunciação das necessidades, em detrimento da consubstancialidade do corpo com as dimensões humanas do emocional, do subjetivo e do interativo.

Com o desenvolvimento dessa cultura medicalizante em todo campo da Saúde, e não apenas entre médicos, além da própria aculturação da população que buscará e usará seus serviços assistenciais, passa a ser cada vez mais difícil enfrentar problemas de ordem social e cultural, mesmo que tenham grandes repercussões em agravos à saúde. São dificuldades que não se prendem apenas ao quê fazer, dentro de um leque de atuações bem delimitadas como intervenções sobre o patológico, mas dizem respeito também à impossibilidade de qualificar determinados problemas como pertinentes a esse fazer biomédico, ainda que constituam, de fato, sofrimentos e necessidades de saúde da clientela dos serviços.

Nos serviços de atenção primária, pronto-atendimento ou mesmo pronto-socorro, muitas dessas situações, e que constituem uma gama bastante diversificada de problemas (Schraiber et al., 2005), apresentam verdadeiros obstáculos comunicacionais, obstáculos de linguagem para demandas que não podem ser proferidas e apresentadas como uma realidade estrita de 'doença' ou de 'risco' de adoecer. As situações de adoecimentos e sofrimentos vinculadas à violência são expressas na forma de múltiplas queixas, por vezes com e outras sem correspondência a quadros mórbidos ou patologias conhecidas.

No primeiro caso, quando há infecções, como as urinárias, as sexualmente transmissíveis e do HIV/AIDS, ou quando há quadros sindrômicos, tais como o colón irritável, a síndrome do pânico, ou quadros de dor de cabeça ou pélvicas, ou transtornos mentais como depressão ou ansiedade, são essas morbidades as atendidas como demandas das mulheres e não o "problema violência". É importante caracterizar essas demandas e necessidades de saúde com tal denominação – o problema violência – para caracterizar que a violência deve ser abordada em sua realidade própria e não apenas por suas conseqüências em lesões do corpo ou sofrimentos de natureza mental.

Esses impactos, quando descolados do problema violência, já recebem intervenções nos serviços de saúde. Mas constituem respostas insuficientes para as necessidades das mulheres, dado que a situação de violência não se extingue e suas repercussões ressurgem, voltando as mulheres a buscar os serviços para novas intervenções. Há muitos estudos que já mostram essa associação, gerando uma espiral de demandas e uso dos serviços (Koss et al., 2000; Loxton et al., 2004; Plichta, 2004) com intervenções ética e tecnicamente incompetentes para uma assistência mais resolutiva e capaz de apoiar, de fato, as mulheres.

A situação é ainda mais delicada quando as repercussões da violência são expressas na forma de quadros inespecíficos de sintomas ou dores no corpo, por vezes bastante crônicas, mas de imprecisa ou múltipla localização no organismo. São demandas "sem nomes" e traduzidas pelos profissionais como "queixas vagas, imprecisas" (Schraiber et al., 2005) e, via de regra, assumidas, de antemão, como situações assistenciais inviáveis, fadadas ao insucesso assistencial. Nesses casos é usual verificarmos uma discriminação, quase estigmatizante, das mulheres nos serviços de saúde, seja para acessá-los, seja para consumir efetivamente a assistência ofertada. Do ponto de vista dos profissionais, a incompetência assistencial que o caso evidencia, traz o sentimento de frustração e falta de motivação para seu acolhimento. Estes casos 'sem solução' quase sempre correspondem às usuárias de uso repetitivo do serviço. Preferimos chamá-los, por isso, de 'casos difíceis', pois é complexa e contra-cultural a abordagem que se faz necessária a esses casos. No cotidiano assistencial, porém, eles são, via de regra, identificados pelos profissionais como casos 'indesejáveis'. Rejeitados porque demonstram a incompetência assistencial, terminam por serem desqualificados como situações clínicas e tratados como "pessoas problemáticas", ocorrendo uma transfiguração do 'caso difícil' em 'pessoa difícil': a paciente poliqueixosa, nervosa, histérica ou hipocondríaca. Ocorre uma verdadeira recusa tecnológica ante tais casos, com variadas estratégias de discriminação assistencial.

Por outro lado, o desenlace fatal, levando à morte como conseqüência da violência, é bem reconhecido como problema da Saúde, sobretudo relativamente às violências experimentadas por homens. Como já mencionado, boa parte das vezes essa violência refere-se aos índices crescentes de mortalidade pelas chamadas 'causas externas' (Gawryszewski & Mello Jorge, 2000; Schraiber et al., 2006). Incluem-se nesta categoria os óbitos por acidentes, seja de trânsito ou de trabalho, ou domésticos; óbitos por envenenamentos, suicídios e homicídios, entre outros. É claro que os homicídios são os que expressam de forma contundente a idéia de violência.

Mas no caso das mulheres é pouco conhecido o homicídio ou o suicídio que resultou de violências do tipo doméstico ou conjugal, mesmo que se tenha em mente que a morte, nestes casos, representa o final de uma série de atos danosos. Alguns estudos o apontam (Blay, 2008; Portella, 2008), pois podem resultar em homicídios e até mesmo em "acidentes", atos que se iniciaram como conflitos entre parceiros ou entre familiares, atos de violência que podem ter representado uma situação de longa duração e invisível ao olhar externo ao âmbito doméstico. O mesmo também pode ocorrer com situações que terminam em suicídio de mulheres. Mas este agravo é ainda mais difícil de ser pesquisado, sobretudo, em termos de suas possíveis relações com a violência doméstica ou conjugal.

Temos, portanto, que considerar que a violência tem diversas expressões, o que também dificulta o diagnóstico para os profissionais da saúde, uma vez que seus diagnósticos são usualmente baseados em conjuntos bem delimitados e signos constantes conexos às lesões anatômicas do adoecimento biomedicamente tomado (Schraiber, 1993).

Essas razões nos levam a compreender como genuínas as dúvidas expressas pelos profissionais da saúde quanto a atuarem ou não sobre a violência, assumindo o 'problema violência' como parte de seus escopos profissionais. A noção de 'genuinidade' é pautada, aqui, na possibilidade/impossibilidade de um agir comunicativo (Habermas, 1987) e significa nosso entendimento de que os profissionais falam/ atuam desde o seu lugar de agentes de uma dada técnica e sujeitos portadores de uma dada cultura profissional. Seu agir, neste caso, estará conforme com esta cultura, ética e tecnicamente. Além do que, é relevante se considerar, relativamente à prática médica em suas ações de consulta clínica, o entrelaçamento da intervenção técnica com a relação interindividual construída a cada ato, substantivamente articulando o trabalho com a interação humana nesta assistência (Schraiber, 1993). Assim, o componente ético estará, de fato, construindo a intervenção, desde o momento diagnóstico, o julgamento clínico e as propostas terapêuticas, conceba-o ou não o profissional em exercício.

Sendo este aspecto em grande medida extensivo às ações da assistência individual no cuidado em saúde de modo geral, exercido por qualquer de seus profissionais e não somente o médico, um agir voltado para reconhecer e lidar com os direitos das mulheres, de imediato, revelaria às usuárias atendidas nos serviços, a ética da não violência, de modo interno ao saber autorizado e legitimado desses profissionais. Levar em consideração este aspecto é extremamente importante, e pretende ser um convite aos profissionais de saúde, uma abertura ao diálogo acerca de alternativas para a ação que, ao tomar a violência como questão também a ser enfrentada nos serviços de saúde, possa representar igualmente uma ampliação do espectro tecnológico com maior satisfação no trabalho cotidiano.

É nessa exata direção que se apresenta a 'integralidade em saúde' como projeto alternativo de cuidados em saúde, particularmente no Brasil. É com o propósito contra-hegemônico de se abrirem as práticas do campo da Saúde para o social e o cultural, que emerge a proposta de uma 'atenção integral'. O conceito e a prática de uma 'atenção integral' possuem significados específicos no contexto brasileiro, que este conta, desde 1984, com uma política de saúde que propôs e implantou o Programa de Atenção Integral à Saúde da Mulher (PAISM) no território nacional. Estes significados dizem respeito a abordar, estimular e intervir em necessidades de saúde que ultrapassem a forma medicalizada de reconhecer e lidar com agravos ou adoecimentos, esperando-se, como impacto dessa mudança, alterar o padrão de demandas apresentadas aos serviços.

Em termos críticos, a atenção integral aponta a insuficiência de ações e cuidados que se mantenham nos limites da redução científica e tecnológica de natureza biomédica, o que atinge também as qualificações de gênero das necessidades. Nesse sentido, trata-se de uma atenção que, buscando rearticular as emoções, as subjetividades e seus exercícios nas relações sociais e interpessoais, com a materialidade do corpo físico, exige em seu processo prático uma nova escuta 'diagnóstica' e um novo 'julgamento assistencial'. Com isso, da condição reduzida de corpo reprodutor da espécie, do qual as práticas da Saúde se aproximam apenas por sua capacidade e competência maternal, as mulheres passariam a ser consideradas em seus vários aspectos e condições de cidadania, como sujeitos de necessidades, desejos, responsabilidades e direitos (Schraiber et al., 2005).

Tal projeto crítico é produto histórico de um movimento que lutou no país, durante todo o período da ditadura militar dos anos 1960-1980, por melhores condições de vida, contra a pobreza e a carestia, e por melhores condições de saúde. Uma grande cooperação ocorreu, nesse movimento, entre os pesquisadores das universidades e os militantes dos movimentos sociais para a democratização da sociedade e do próprio Estado brasileiro, surgindo propostas de reforma da Saúde, com releituras das políticas de saúde, das instituições e suas organizações internas na produção da assistência nos serviços.

As intenções de integralidade, portanto, perpassam as três esferas do campo da Saúde: a político-institucional, articulando segmentos internos à Saúde e também intersetorialmente, da Saúde com outros setores sociais; a de produção assistencial, articulando serviços e práticas de recuperação, prevenção e promoção da saúde, com impactos na estruturação dos diferentes segmentos do sistema de atenção; e a das necessidades em saúde, buscando articulações entre conhecimentos científicos diversos, em que se incorporem os saberes acerca do social e do cultural em diálogo com aqueles tradicionais da medicina e da saúde pública, isto é, a Clínica e a Epidemiologia.

Assim sendo, na 'atenção integral', o agir profissional é ampliado em dois sentidos: como trabalho em equipes multiprofissionais; e como intervenções resolutivas comprometidas com os princípios éticos do cuidado em saúde e dos direitos humanos e sociais. A atenção integral é, pois, também um compromisso com a perspectiva de gênero, enquanto crítica sócio-histórica à construção culturalmente vigente das identidades e atribuições masculinas e femininas em tempos atuais.

Ao concebermos 'gênero' como referente que estrutura material e simbolicamente a vida social, estabelecendo entre homens e mulheres, ou entre pares de cada qual, relações de valor desigual com o domínio histórico do masculino, assumimos que este processo recobre o corpo biológico em seus usos historicamente construídos (Butler, 1987; Scott, 1995). Disto decorrem necessidades de saúde diversas para homens e mulheres, em seus adoecimentos também diversos, assim como nos distintos reconhecimentos que terão, quer entre homens e mulheres usuários de serviços de saúde, quer entre seus profissionais, e em termos assistenciais ou preventivos dessas situações.

Contudo, com a redução das necessidades ao plano biomédico das lesões do corpo físico, as desigualdades de gênero e as relações do exercício das masculinidades ou feminilidades com adoecimentos ou sofrimentos de qualquer ordem, serão dimensões ausentes dos serviços de saúde; ausentes, também, das demandas aos serviços valorizadas pelos usuários, homens e mulheres, por aculturação nessa mesma medicalização.

Assim sendo, sem contar com o desenvolvimento de uma assistência específica e integrada ao atendimento de rotina nas unidades de saúde, quem vive ou viveu situações de violência não encontra abordagem e atendimento apropriados. Estes implicariam acolhimento específico, com canais próprios de comunicação nos serviços de saúde e uma escuta também muito diferenciada, não só em razão da inovação complexa que representa uma 'atenção integral', requerendo difíceis e novos empreendimentos dos profissionais, como também em razão das dificuldades das próprias mulheres para relatarem as violências vividas.

Por todas essas razões, a violência é um problema também da Saúde, mas nunca prioritária ou exclusivamente da Saúde. À renovação interna a esse campo deve corresponder uma renovação em suas articulações exteriores, com os outros setores da sociedade que respondem e provêm outras modalidades de assistência às mulheres em situação de violência.

3. A atenção integral à saúde em assistência por redes intersetoriais

Do ponto de vista de programas de intervenção e construção de redes intersetoriais (d'Oliveira & Schraiber, 2006; Kiss, Schraiber & d'Oliveira, 2007), identificamos pelo menos quatro setores que se relacionam no tocante a uma assistência a essas mulheres: a Segurança Pública; o Judiciário; a Saúde e a Assistência Social. Empreendimentos de reabilitação, sobretudo, tais como Centros de Convivência, Esportivos ou de Lazer, são ainda pouco ofertados nestes termos. Todavia parecem fundamentais, devendo compor com os demais, essa rede intersetorial de ajuda e suporte para as mulheres. Tal como ocorre no Brasil, alguns podem ser serviços do setor públicos, outros não. Há muitas organizações não governamentais, via de regra, apoiadas por agências feministas, nacionais e internacionais, e também, no caso brasileiro, por agências governamentais.

É importante notar que, ao contrário do que parece, muitas das mulheres em situações de violência realizam diversos tipos de ações no sentido de lidar com o problema. Suas trajetórias, quase sempre truncadas e repletas de idas e vindas, muitas vezes não são bem sucedidas pelo modo com que são tratadas nas instituições ou pelas pessoas às quais recorrem (Meneghel, 2009; Sagot, 2000; Schraiber et al., 2005). A rede que se compõem de pessoas específicas, tais como familiares ou amigos próximos, tem sido identificada como de alta relevância, devendo estar conexa à rede propriamente de apoio institucional. Desencontros, desestímulos, pela falta de acesso e acolhimento por parte das instituições e seus serviços, ou por parte das pessoas individualmente buscadas, podem ser fortes barreiras para uma rota já bastante crítica na jornada dessas mulheres.

Além disso, dos serviços propostos, nem todos conseguem uma implantação ou manutenção efetiva. Ilustram tais situações, por exemplo, o fato, encontrado em pesquisas no Brasil (d'Oliveira & Schraiber, 2006; Ministério da Saúde do Brasil, 2007), de que alguns serviços da Saúde não oferecem efetivamente todas as ações protocolizadas, respondendo parcialmente apenas às necessidades de atenção, como é o caso dos serviços de atendimento a vítimas de violência sexual que deixam, muitas vezes, de realizar o aborto legal, atendo-se mais às terapêuticas medicamentosas. Outro exemplo é o da descontinuidade assistencial, que se verifica em muitos serviços e não apenas da Saúde. Isso ocasiona a impossibilidade de prover um bom seguimento dos casos, até a inviabilidade de encaminhamentos a outros serviços quando há falta algum tipo de assistência específica. Por fim, os serviços ainda enfrentam grande descontinuidade das políticas públicas por mudanças das equipes governamentais, que deixam de suprir e estimular o conjunto dos serviços como um todo.

Esses aspectos já foram estudados e nos apontam, em especial no caso do apoio institucional, além da grave questão da descontinuidade de políticas públicas, duas outras questões centrais a serem enfrentadas: uma tradicional independência e isolamento de cada setor social em sua política e prática de atuação; e a soberania dos profissionais, espantosamente similar entre os diferentes setores de intervenção social e não apenas na Saúde, diante do saber das próprias mulheres.

A descontinuidade política é, no país, uma prática ainda muito freqüente, produzindo repercussões negativas na qualidade de funcionamento dos serviços, nos diversos setores sociais. A esse respeito denúncias e controle da sociedade civil, com participação popular mais ampla, seria importantíssimo.

Quanto ao investimento em uma integração dos serviços de diferentes setores sociais, identificar a existência de seu conjunto e mapear os tipos de serviços nos setores sociais a que pertencem, ajuda-nos a compreender o potencial de uma rede. Mas esse conjunto pode não estar funcionando como tal (d'Oliveira & Schraiber, 2006). Alguns obstáculos são, nesse sentido, as linguagens diversas de cada um dos setores. Profissionais de saúde falam de seus casos em termos de sofrimentos e doenças; advogados e delegados os vêem e descrevem na linguagem do direito penal, em termos da lei, do crime e da pena. Para que a comunicação possa ser estabelecida e o trabalho ocorra em rede, é importante operar diversas mediações de comunicação. Outra questão é o fato de que os profissionais, de modo geral, se têm como auto-suficientes no lidar com a questão dentro de sua abordagem especializada; a noção de que violência não pode ser esgotada por uma única aproximação, requerendo um olhar interdisciplinar e uma atuação multiprofissional, ainda é pouco reconhecida. Assim, profissionais de um setor tendem a desconfiar da competência de atuação dos de outro setor. Fóruns intersetoriais e supervisões internas aos serviços, visitas e contatos com outros serviços, listas de endereços e formas de acessar os serviços, tudo o que possa facilitar a comunicação é importante.

Por fim cabe tratarmos da soberania profissional. Alguns estudos brasileiros mostram que na Saúde, assim como na Segurança Pública, os profissionais quando atuam em casos de mulheres que estão em situação de violência, frustram-se quando a mulher não segue a proposta de como lidar com a situação que é fornecida pelo profissional. Quer entre os operadores da lei, quer entre os da prática médica e sanitária, os profissionais não percebem a distância que há entre 'fornecer' uma proposta do que fazer (então derivada da medicalização ou da norma legal) e 'construir' com a mulher uma proposta, operando 'decisões compartilhadas' (Schraiber et al., 2005).

Essa noção da 'construção conjunta' é um último aspecto a abordarmos como parte da 'atenção integral'. Neste caso, além do agir profissional abrir-se a outros saberes igualmente científicos e de mesmo estatuto que o seu próprio, na adesão à interdisciplinaridade, trata-se de abrir-se a um saber de outra natureza: o que detém a mulher por suas experiências de vida e modo como até o momento lidou com a situação de violência. Essa abertura representa a atitude de respeito para com a mulher, interessando-se o profissional genuinamente por sua situação, e um modo de acolhê-la, ouvindo sua história sem 'julgamento moral'. Só assim vínculos de confiança serão estabelecidos, o que é fundamental para que a decisão seja de fato compartilhada e, mais que isso, a proposta do que fazer encontre viabilidade prática na vida cotidiana de cada mulher.

Embora tais considerações pareçam muito óbvias e, aos mais desavisados, até simples, o fato é que, da perspectiva das culturas profissionais, esse modo de agir é efetivamente contra hegemônico. Exige uma contínua 'vigilância cultural', para parafrasearmos Bourdieu, Chamboredon e Passeron (1999) que afirma a vigilância epistemológica. Afinal, será dessa vigilância também que uma mudança de paradigma, tal como vimos apontando desde o começo do capítulo, deverá se nutrir.

REFERÊNCIAS

Araújo, M. F. & Mattioli, O.C. (Ed.). (2004). *Gênero e violência.* São Paulo: Arte & Ciência.
Ayres, J. R. C. M. (1995). *Epidemiologia e Emancipação.* São Paulo: Hucitec; Rio de Janeiro: Abrasco.
Ayres, J. R. C. M. (2002). *Sobre o risco. Para compreender a epidemiologia* (2.ª Ed.). São Paulo: Hucitec.
Bandeira, L. & Thurler, A. L. (2009). A vulnerabilidade da mulher à violência doméstica: aspectos históricos e sociológicos. In F. R. Lima & C. Santos (Coord.). *Violência Doméstica: vulnerabilidades e desafios na intervenção criminal e multidisciplinar.* (pp. 159-167). Rio de Janeiro: Editora Lumen Júris.
Blay, E. A. (2008). *Assassinato de Mulheres e Direitos Humanos.* São Paulo: USP, Curso de Pós Graduação em Sociologia e Editora 34.
Bourdieu, P., Chamboredon, J. C. & Passeron, J. C. (1999). *A profissão de sociólogo: preliminares epistemológicas.* Petrópolis: Vozes.
Butler, J. (1987). Variações sobre sexo e gênero. Beauvoir, Wittig e Foucault. In S. Benhabib & D. Cornell (Ed.). *Feminismo como crítica da modernidade.* (pp. 139-154). Rio de Janeiro: Rosa dos Tempos.
Campbell, J. C. (2002). Health consequences of intimate partner violence. *Lancet.* 359, 1331-6.
d'Oliveira, A. F. P. L. & Schraiber, L. B. (2006). Identificando possibilidades e limites do trabalho em rede para a redução da violência contra a mulher: estudo entre três capitais brasileiras. *Relatório de pesquisa Ministério da Justiça/ SENASP.*
d'Oliveira A. F. P. L., Schraiber, L .B., França-Junior, I., Ludermir, A. B., Portella, A. P., Diniz, C. S. & Valença, O. (2009). Fatores associados à violência por parceiro íntimo em mulheres brasileiras. *Revista Saúde Pública.* 43(2), 299-311.
Ellsberg, M., Jansen, H. A. F. M., Heise, L., Watts, C. H. & Garcia-Moreno, C. (2008). Intimate partner violence and women's physical and mental health in the WHO multi-country study on women's health and domestic violence: an observational study. *Lancet.* 371, 1165-72.
Garcia-Moreno, C., Jansen, H. A. F. M., Ellsberg, M., Heise, L. & Watts, C. H. (on behalf of the WHO Multi-country Study Team) (2006). Prevalence of intimate partner violence: findings from the WHO multi-country study on women's health and domestic violence. *Lancet.* 368, 1260-9.
Gawryszewski, V. P. & Mello Jorge, M. H. P. (2000). Mortalidade violenta no Município de São Paulo nos últimos 40 anos. *Revista Brasileira de Epidemiologia.* 3(1-3), 50-69.
Giffin, K. M. (2006). Produção do conhecimento em um mundo 'problemático': contribuições de um feminismo dialético e relacional. *Revista Estudos Feministas.* 14(3), 635-54.
Habermas, J. (1987). *Técnica e Ciência como Ideologia.* Lisboa: Edições 70 Ltda.

Heise, L., Ellsberg, M. & Gottemoeller, M. (1999). Ending violence against women. *Population Reports*. 27, 1-43.
Heise, L. & Garcia-Moreno, C. (2002). Intimate partner violence. In E. G. Krug, L. L. Dahlber, J. A. Mercy, A. B. Zwi & R. Lozano (Ed.). *World Report on Violence and Health*. (pp. 87-121). Genebra: World Health Organization.
Heise, L. L. (1998). Violence against women: an integrated framework. *Violence against women*. 4(1), 262-290.
Jewkes, R. (2002). Intimate partner violence: causes and prevention. *Lancet*. 359(9315), 1423-9. doi: 10.1016/S0140-6736(02)08357-5.
Kiss, L. B. & Schraiber, L. B. (2009). Temas médico-sociais e a intervenção em saúde: a violência contra mulheres no discurso dos profissionais. *Ciencia & Saude Coletiva*. Retrieved from http://www.abrasco.org.br/cienciaesaudecoletiva/artigos/artigo_int.php?id_artigo=2407.
Kiss, L. B., Schraiber, L. B. & d'Oliveira, A. F. P. L. (2007). Possibilidades de uma Rede intersetorial de atendimento a mulheres em situação de violência. *Interface – Comunicação, Saúde e Educação*. 11(23), 485-501.
Koss, M., Koss, P. K. & Woodnuff, W. J. (2000). Deleterious effects of criminal victimization on women´s health and medical utilization. *Archives of Internal Medicine*. 151(1991), 342-347.
Krug, E. G., Dahlberg, L. L., Mercy, J. A., Zwi, A. B. & Lozano, R. (Ed). (2002). *World report on violence and health*. Geneva: World Health Organization.
Loxton, D., Schofield, M., & Rafat, H. (2004). History of domestic violence and health service use among mid-aged Australian women. *Australian and New Zealand Journal of Public Health*. 28(4), 383-88.
Luz, M. T. (2002). Racionalidades médicas e bioéticas. In M. Palácios, A. Martins & O. Pergoraro (Ed.). *Ética, Ciência e Saúde: Desafios da Bioética*. (pp. 76-85). Petrópolis, RJ: Vozes.
Mendes-Gonçalves, R. B. (1984). *Medicina e Historia: raíces sociales del trabajo médico*. México: Siglo Veintiuno Editores.
Mendes-Gonçalves, R. B. (1994). *Tecnologia e organização das práticas de saúde: Características tecnológicas do processo de trabalho na rede estadual de Centros de Saúde de São Paulo*. São Paulo: Hucitec e Abrasco.
Meneghel, S. N. (Org.). (2009). *Rotas Críticas II. Ferramentas para trabalhar com a violência de gênero*. Santa Cruz do Sul: EDUNISC.
Minayo, M. C. (1994). A violência social sob a perspectiva da saúde pública. *Cadernos de Saúde Pública*. 10(1), 7-18.
Ministério da Saúde do Brasil (2001). *Política Nacional de Redução da Morbimortalidade por Acidentes e Violências*. Brasília: Ministério das Saúde do Brasil.
Ministério da Saúde do Brasil, Área Técnica de Saúde da Mulher (2005). *Prevenção e Tratamento dos Agravos Resultantes da Violência Sexual contra Mulheres e Adolescentes*. Norma técnica. Brasília: Ministério das Saúde do Brasil.
Moura, L. B. A. & Moura, B. A. (2009). Reflexões sobre a conjugalidade violenta na condição moderna. In F. R. Lima & C. Santos (Coord.). *Violência Doméstica: vulnerabilidades e desafios na intervenção criminal e multidisciplinar*. (pp. 183-194). Rio de Janeiro: Editora Lumen Júris.
Neves, S. (2008). *Amor, poder e violências na intimidade. Os caminhos entrecruzados do pessoal e do político*. Coimbra: Editora Quarteto.

Oliveira, E. M. (2008). O feminismo desconstruindo e reconstruindo o conhecimento. *Estudos Feminista.* 16(1), 229-245.

Oliveira, E. M. & Vilellla, W. (2005). O campo da saúde coletiva à luz das relações de gênero: um diálogo difícil e conflituoso. In N. T. Swain & G. D. Muniz (Org.). *Mulheres em ação: práticas discursivas, práticas políticas.* (pp. 101-120). Florianópolis: Editora das Mulheres.

Pitanguy, J. (2003). Violência de gênero e saúde. Intersecções. In E. Berquó (Org.). *Sexo & vida. Panorama da saúde reprodutiva no Brasil.* (pp. 319-37). São Paulo: Ed. Unicamp.

S. B. Plichta (2004). Intimate Partner Violence and Physical Health Consequences. *Journal of interpersonal violence.* 19(11), 1296-1323.

Portella, A. P. (2008). Caracterização dos homicídios de mulheres em Pernambuco, 2002-2007. In SOS Corpo Instituto Feminista para a Democracia (Ed.). *Boletim Dados e Análises.* (pp. 2-6). Recife: SOS Corpo, IV(7).

Rivera-Rivera, L., Lazcano-Ponce, E., Salmerón-Castro, J., Salazar-Martinez, E., Castro, R. & Hernandez-Avia, M. (2004). Prevalence and determinants of male partner violence against Mexican women: a population-based study. *Salud Publica Mex.* 46(2),113-22. doi: 10.1590/S0036-36342004000200005

Saffioti, H. I. B. & Almeida, S. S. (1995). *Violência de gênero. Poder e impotência.* Rio de Janeiro: Ed. Revinter.

Sagot, M. (2000). *Ruta crítica de las mujeres afectadas por la violencia intrafamiliar en América Latina: estudios de caso de diez países.* Washington: PAHO.

Schraiber, L. B. (1993). *O médico e seu trabalho. Limites da liberdade.* São Paulo: Hucitec.

Schraiber, L. B. & d'Oliveira, A. F. P. L. (1999). Violência contra as mulheres: interfaces com a saúde. *Interface – Comunicação, Saúde e Educação.* 3(5), 11-27.

Schraiber, L. B., d'Oliveira, A. F. P. L. & Couto, M. T. (2009). Violência e Saúde: contribuições teóricas, metodológicas e éticas de estudos da violência contra a mulher. *Cadernos de Saúde Pública.* 25(suppl 2), 205-16.

Schraiber, L. B., d'Oliveira, A. F .P .L. & Couto, M. T. (2006). Violência e Saúde: estudos científicos recentes. *Revista Saúde Pública.* 40, 112-20.

Schraiber, L. B., d'Oliveira, A. F. P. L., Falcão, M. T. C. & Figueiredo, W. S. (2005). *Violência dói e não é direito. A violência contra a mulher, a saúde e os direitos humanos.* São Paulo: Ed UNESP.

Schraiber, L. B., Gomes, R. & Couto, M. T. (2005). Homens e saúde na pauta da saúde coletiva. *Ciência & Saúde Coletiva.* 10 (1), 7-17.

Scott, J. (1995). Gênero: uma categoria útil para a análise histórica. *Educação e Realidade.* 20 (2), 71-99.

Secretaria Especial de Políticas para as Mulheres do Brasil (2007). *Enfrentamento à Violência contra a Mulher - balanço de ações 2006-2007.* Brasília.

Souza, E. R. (2005). Masculinidade e violência no Brasil: contribuições para a reflexão no campo da saúde. *Ciência & Saúde Coletiva.* 10(1), 59-70.

Sugg, N. K. & Inui, T. (1992). Primary care physicians' response to domestic violence. *JAMA.* 267 (23), 3157-3160.

Vest, J. R., Catlin, T. K., Chen, J .J. & Brownson, R. C. (2002). Multistate analysis of factors associated with intimate partner violence. **American Journal of Preventive Medicine**. 22(3), 156-64.

Watts, C. & Zimmerman, C. (2002). Violence against women: global scope and magnitude. *Lancet.* 359(9313), 1232-7.

CAPÍTULO 6
"Através do espelho de Alice"[1]: vitimação e agência na infracção juvenil feminina

VERA MÓNICA DUARTE
Universidade do Minho, Portugal

Este capítulo pretende explorar as principais abordagens na teorização sobre a rapariga delinquente e discutir o lugar da vitimação e da agência na infracção juvenil feminina. Objecto de invisibilidades, este tem sido um fenómeno remetido para *nota de rodapé*, o que tem tido consequências quer no campo conceptual, quer na dimensão das práticas e da intervenção.

É reconhecido que existe um número limitado de estudos que tem olhado para a violência praticada por raparigas ou tentado trazer as suas vozes para o debate teórico e metodológico. É igualmente reconhecido que grande parte da literatura sobre a figura feminina e a violência se baseia no *status* da rapariga como vítima, tornando-se invisível como agressora. E quando surge no quadro da delinquência,

---

[1] *Alice do outro lado do espelho* e *Alice no país das maravilhas*, escritas por Lewis Caroll, são obras que nos abrem a possibilidade de interpretar o mundo do imaginário. As aventuras de Alice pretendem questionar a existência humana e condensam a vontade de romper com o pré-estabelecido. Para algumas interpretações, estas obras pretendem retratar as dificuldades e as transformações da/na adolescência, trazendo à discussão as batalhas travadas por inúmeras raparigas com relação aos destinos da sua feminilidade. A história de *Alice do outro lado do espelho* passa-se como se fosse um jogo de xadrez em que cada evento e interacção se constituem numa jogada para se tornar rainha. À medida que avança no tabuleiro vão surgindo novos personagens instigantes e enigmáticos que fazem com que Alice tenha ainda mais curiosidade em avançar no "bosque desconhecido" e que, em situações-limite, apesar de não identificar a sua coragem, percebe que precisa de tê-la.

perpetua imagens e representações estereotipadas de que a mulher/ rapariga delinquente é vítima do seu passado, do seu ambiente e da sua condição feminina, incompatível com o mundo criminal.

Neste sentido, procurando superar as insuficiências das teorias tradicionais na explicação do fenómeno, este capítulo traz para a discussão propostas de reconstrução discursiva, resultantes do aprofundamento do pensamento feminista, que conduziram a melhores entendimentos sobre a delinquência feminina, ao redimensionar e reenquadrar a importância do género na explicação do fenómeno e ao destacar a necessidade de um olhar apurado para as situações de vida das raparigas, quer na dimensão das experiências, quer na forma discursiva como é dado sentido a essas experiências.

1. A figura feminina nos discursos da criminologia: (des)construindo (in)visibilidades

> "– Quando eu emprego uma palavra, ela quer dizer exactamente o que me apetecer... nem mais, nem menos – retorquiu Humpty Dumpty, num tom sobranceiro.
> – A questão é se você pode fazer com que as palavras queiram dizer tantas coisas diferentes [diz Alice]
> A questão é quem é que tem o poder... é tudo, replicou Humpty Dumpty."
> LEWIS CAROLL (2007 /1871, p. 87)

Alguns autores, como Chesney-Lind (1997), Chesney-Lind e Shelden (1992), Alder e Worral (2004), Burman, Batchelor e Brown (2001) e Assis e Constantino (2001) têm apontado que, nos últimos anos, se assiste a um crescimento na ocorrência de comportamentos infraccionais femininos, bem como a um aumento da opinião pública de que as raparigas estão a tornar-se mais propensas à delinquência. Apesar desta constatação, a violência feminina continua a ter ainda pouca visibilidade, sem grandes alterações ao longo do tempo e o seu crescimento tem vindo a ser explicado a reboque da delinquência juvenil masculina. Esta situação tem consolidado uma *gender--blindness* (Dougherty, 1993 as cited in Shaw & Dubois, 1995) pouco atenta à possibilidade de rapazes e raparigas experienciarem e usarem a violência por diferentes razões, sob diferentes circunstâncias e como resultado de diferentes histórias e contextos de pertença de género.

Mais do que isso, a maior parte dos estudos que tem por objecto a relação entre a figura feminina e a transgressão tem estado relacionados, preferencialmente, com a violência privada ou aquela que é produzida na esfera doméstica, como nos mostram algumas investigações de O'Toole e Schiffman (1997). Retratada como vítima, a mulher tornou-se invisível como agressora. E quando surge no quadro da delinquência, perpetuam-se imagens e representações estereotipadas relacionadas com a ideia "tradicional" de que a mulher delinquente é vítima do seu passado, do seu ambiente e da sua condição feminina, incompatível com o mundo criminal e com a cultura de rua (Steffensmeier & Allan, 1996). Como nos mostra Hannah-Moffat e O'Malley (2007), a ofensora feminina, tradicionalmente, não tem sido vista como perigosa e as suas histórias, necessidades e experiências têm sido (re)formuladas como problemáticas, sob a imposição das premissas masculinas e dos estereótipos de género sobre feminilidade e ofensa. Os rapazes procuram problemas, as raparigas são problemáticas. Imagens que têm reflectido a figura feminina como vítima passiva do risco, sem qualquer agência ou capacidade de escolha (Batchelor, 2007). Imagens que estão claramente demonstradas na literatura. Passemos um breve olhar.

Os estudos mais antigos sobre a delinquência feminina reportam-se ao final do século XIX com Lombroso e Ferrero (1895), que acreditavam e defendiam que as diferenças biológicas, inerentes a homens e mulheres, influenciavam o grau e o tipo de envolvimento em práticas delitivas. A figura feminina seria congenitamente menos propensa para o crime, devido ao seu papel biológico relacionado com a maternidade e às características que a definiam como sendo "pura, passiva, dependente, submissa, desprovida de identidade, atenciosa e amável, mas também infantil, narcisista, emotiva, malévola, enganadora, sob a influência da identidade e instável" (Morris as cited in Lucchini, 1997, p. 74). Outros estudos, como os de Pollak (1950), Cowie, Cowie e Slater (1968), Vedder e Somerville (1970), foram sendo desenvolvidos nesta área, mas todos sugerem que a delinquência feminina assume, predominantemente: 1) ou a forma de comportamento sexual e prosmícuo, como nos mostra Thomas

(1925 as cited in Matos, 2008) ao argumentar que as raparigas delinquem devido à ânsia por novas experiências e à percepção de que podem obtê-las se manipularem a sua sexualidade; 2) ou a forma de patologização, na medida em que por detrás desses comportamento está a presença de uma perturbação; 3) passando pela ideia de que a mulher que transgride apresenta traços físicos de masculinidade, enquanto a mulher "normal" é feminina. À luz destas perspectivas as jovens delinquentes são "the runaway, the incorrigible girl and the sex-delinquent girl" (Vedder & Somerville as cited in Chesney-Lind & Shelden, 1992, p. 60).

Apesar de ter havido uma tentativa de ultrapassar estas perspectivas por outras que privilegiassem a estrutura social como responsável pela origem da delinquência, a realidade é que isto não significou uma verdadeira preocupação com a criminalidade feminina. Se revisitarmos as grandes teorias sociológicas sobre a delinquência, concluímos que todas elas explicam o fenómeno utilizando o seu enfoque na delinquência masculina, e que nenhuma se constituiu numa clara ruptura epistemológica no olhar sobre a mulher transgressora (ao contrário do que aconteceu nos estudos sobre a transgressão masculina).

Albert Cohen, em 1955, afirma *"the delinquent is a rogue male"* (p. 140). Hirschi, em 1969, relega a mulher para uma nota de rodapé e Tracy, Wolfgang e Figlio, em 1985, afirmam que as raparigas são excluídas de um maior aprofundamento porque a sua presença é menor do que a dos rapazes (as cited in Chesney-Lind, 1997). Nos discursos tradicionais, a figura feminina tem sido genericamente ignorada ou analisada com base em estereótipos de género. Para Merton (1970), Cohen (1966) e Cloward e Ohlin (1970), a mulher envolve-se menos em actividades criminais pelo facto de não ser parte do problema do sucesso material, ou seja, ela é menos confrontada por sentimentos de tensão e frustração, uma vez que os objectivos que fixa (casar e constituir família) são facilmente realizáveis. Os horizontes da mulher confinam-se à família.

Também Sutherland (1937) não conseguiu modificar as formulações tradicionais e considerou a criminalidade inapropriada para a mulher. Os papéis de género que a definem como esposa e mãe constrangem-na ao espaço doméstico. Como consequência, a mulher não vagueia nas ruas, não aprende a roubar, a lutar, nem está em contacto com os *skills* das subculturas criminais. Elas são mais conformistas, por serem estas as definições mais favoráveis ao seu comportamento. E na explicação da conformidade, surgem autores como Reckless, Nye e Hirshi (as cited in Dias & Andrade, 1997; Gonçalves, 2000) que, para o caso da mulher, apontam o facto de ela estar sujeita a uma maior número de contenções, quando comparada com o homem, e constrangida a um maior controlo e supervisão social.

Até a linha mais interaccionista e a criminologia radical dos anos 70, que surgem questionando as ideias tradicionais, não conseguem fazer essa ruptura, argumentando que a falta de poder das mulheres é resultado de um conjunto de rótulos que lhes são aplicados para as desvalorizar e manter a sua condição de mulher (as cited in Chesney-Lind & Shelden, 1992) ou, como mostra Harris (1977 as cited in Naffine, 1987), a mulher não ofende nem surge como ofensora tanto como o homem porque o *"type-script"* que descreve as pessoas que agem em papéis criminais dita que o actor tem de ser homem.

Nem estes novos discursos emergentes na criminologia trazem as questões de género para o centro das discussões e, neste sentido, poucos foram os estudos dedicados à participação da figura feminina no crime. Os que aparecem tendem a persistir enquadrados em dois tipos: ou em abordagens associadas a uma criminalidade tipicamente feminina, relacionada com a prostituição, com a fuga de casa e com os roubos em lojas (as cited in Chesney-Lind & Shelden, 1992); ou em análises relacionadas com a construção de carreiras femininas que, apesar da diversidade das narrativas, não deixam de integrar discursos que organizam os percursos das mulheres transgressoras em torno ou do contacto/consumo de drogas, ou da pobreza e da marginalidade social, ou do envolvimento dos familiares em actividades criminais (Giordano, Cernkovich & Rudolph, 2002). Em qualquer um destes enquadramentos, os percursos de vida destas mulheres são perspectivados como percursos de vitimação. Como nos mostra o estudo de Daly (1994, as cited in Matos, 2008), as mulheres estudadas enquadram quatro estilos de vida. São "mulheres de rua" que fogem ou são expulsas de lares e que constroem uma vida de rua, envolvendo-se no crime, na prostituição e nos consumos de drogas. São "mulheres violentas e violentadas" que foram abusadas e negligenciadas na infância e que se tornam violentas, apresentando problemas psicológicos e histórias de abusos de álcool e droga. São "mulheres batidas" que vêm de relações de violência e estão detidas por crimes contra as pessoas, e são "mulheres ligadas às drogas" que traficam e/ou usam drogas em associação com o companheiro ou a família.

As teorias que estabelecem uma relação específica entre a socialização diferencial de género e a delinquência feminina vêm dar um salto de visibilidade a este fenómeno. Se as diferenças biológicas entre homens e mulheres são uma realidade, esta perspectiva vem mostrar que agir como homem ou como mulher é uma construção social, influenciada por definições culturais e sociais aprendidas em contextos de socialização (Amâncio, 1993). Ao interiorizarem os discursos culturais acerca do que é ser um homem e uma mulher desejável, os indivíduos são orientados para assumir esses papéis nas suas vivências quotidianas.

Segundo Schilt (2003), as jovens adolescentes são socializadas para acreditar que as *boas raparigas* são quietas, passivas e que sacrificam as suas necessidades pelos outros. Vários estudos têm mostrado a quantidade de caminhos em que as raparigas são premiadas pelo silêncio e pela passividade. Este tratamento serve para reforçar a mensagem societal sobre o comportamento apropriado de género e encorajar as raparigas a ocupar um lugar na sociedade de acordo com essas expectativas (Naffine, 1987). Neste sentido, quando as raparigas cometem actos delinquentes estão a violar as expectativas do papel social feminino, que tem surgido como incompatível com o mundo criminal (Shoemaker, 1996; Chesney-Lind & Shelden, 1992).

Assim, a mulher ofensora passa a ser vista como sendo duplamente desviante por transgredir a lei e os papéis de género convencionais, ou seja,

> por um lado, é socialmente menos esperado que uma mulher cometa crime, o que poderá ter como consequência a maior punição de uma mulher que cometa o mesmo tipo de crime que um homem. Por outro lado, se uma mulher transgride a lei, mas assegura os papéis de género que lhe são convencionalmente exigidos, (…) pode ser menos punida do que uma mulher que não o faça (Matos, 2008, p. 105).

Também Miller e White (2004) contribuíram para esta discussão quando, ao analisarem a relação entre *'doing gender'* e *'doing violence'*, mostram que devemos levar em consideração as definições culturais de homem e mulher, o seu impacto na construção do comportamento das raparigas e a assimetria de poder nas definições e aplicações da masculinidade e da feminilidade. Nos seus estudos sobre gangues de raparigas e a construção do género na criminalidade de rua, Jody Miller (Miller, 2002; Miller & White, 2004) aponta que, para as raparigas, a estratificação de género e os desequilíbrios de poder entre homens e mulheres – juntamente com os estereótipos associados à figura da mulher – são contextos situacionais que devem ser confrontados nos seus processos de decisão relativos às formas como usam a violência. As técnicas e as acções *genderizadas* representam escolhas práticas que elas fazem levando em consideração a natureza de género dos seus contextos vivenciais.

Atenta às dificuldades que a teoria dos papéis sexuais apresenta na explicação da delinquência feminina e procurando desconstruir os discursos da irracionalidade do desvio feminino, Freda Adler (1975) surge com um novo argumento – a tese da emancipação/ libertação da mulher. Este argumento explica que à medida que a mulher vai conquistando liberdade para atingir os seus objectivos, se exporia a mais situações criadoras de stress e frustação que a induziriam ao crime. Para a autora, esta relação também pode ser percepcionada e explicar o comportamento juvenil feminino. Ou seja, as raparigas tenderiam a imitar o comportamento das suas mães e irmãs mais velhas quando procuram conquistar a sua liberdade e, neste sentido, todos os tipos de crime que podemos expectar na mulher adulta pode ser esperada nas adolescentes/ jovens.

Se a perspectiva de Adler (1975) foi bastante criticada pela exuberância das suas explicações e pela ausência de suporte empírico que sustentasse a ideia de que as mulheres estariam a cometer mais crimes, e crimes mais violentos ou 'masculinos' (Chesney-Lind & Shelden, 1992; Naffine, 1987; Shoemaker, 1996; Vuille, 2007), esta discussão continua a influenciar o debate sobre a criminalidade feminina e tem contribuído para o reposicionamento discursivo em torno da relação entre figura feminina e infracção.

2. Reconstrução dos discursos sobre a figura feminina: entre a vitimação e a agência

Esta reconstrução discursiva foi levada a cabo, principalmente, pelo aprofundamento do pensamento feminista, nas suas mais variadas expressões, que tem influenciado o desenvolvimento de novas teorias e destacado a necessidade da utilização de metodologias que promovam avaliações contextualizadas do comportamento delinquencial feminino, redimensionando e reenquadrando a importância do género na explicação do fenómeno. Abordagens que dêem à categoria género um estatuto central e à figura feminina um protagonismo impensável nos estudos tradicionais da Criminologia, como são exemplo os trabalhos de Carlen (1988), Young, Fitzgerald, Hallsworth e Joseph (2007), Batchelor (2005, 2007, 2009) Burman, Batchelor e Brown (2001), Alder e Worral (2004), Chesney-Lind (1997) e Chesney--Lind e Shelden (1992), Campbell (1984), Jody Miller (2001), Messerschmidt (2002, 2004), Cunha (2002), Assis e Constantino (2001) e Matos (2008). Como refere Chesney-Lind (1997), os esforços na construção de uma teoria feminista da delinquência exige que se esteja sensível às situações de vida das raparigas, quer na dimensão das experiências, quer na forma discursiva como é dado sentido a essas experiências.

Pode a violência ser uma fonte de construção da feminilidade? Ou quando uma rapariga empreende actos violentos está a construir masculinidades? Estas questões não têm reunido consensos, como nos mostra, por exemplo, a discussão entre Miller (2001, 2002) e Messerschmidt (2002, 2004). A argumentação de Miller (2001) vai no sentido de que existem incompatibilidades entre 'acting bad' e feminilidade, ao afirmar que as raparigas que agem como rapazes abraçam uma identidade masculina:

> I was the girl who done everything the *dudes* done (...) I was just like a *dude* in a girl's body (...) they reflect gender crossing, embracing a masculine identity that they view as contradicting their bodily sex category (that is, female) (Miller, 2002, p. 443)

Messerschmidt (2002) contra-argumenta ao defender que os gangues femininos agem sem alterar identidades de género. Neles, as raparigas agem como raparigas e legitimam a sua feminilidade.

No seu livro *Flesh and Blood,* e nesta esteira, Messerschmidt (2004) avança com uma distinção muito interessante entre prática de género e projecto de género, ou seja, as raparigas podem, ocasionalmente, construir práticas masculinas ou empreender um projecto de género, fundamentalmente masculino (as cited in Pettersson, 2005), mas a chave de interpretação de como as raparigas constroem masculinidades ou feminilidades, quando empreendem acções de violência, prende-se com a forma como elas desejam ver-se/retratar-se como raparigas ou rapazes nos contextos onde a violência é exercida. Assim, as suas estratégias podem ser diversas, consoante o grau e tipo de participação no grupo: podem adoptar padrões de comportamento masculinizados e construir uma identidade de género que as faça sentir "one of the guys" (Miller, 1992, p. 443); podem tornar-se 'socialmente invisíveis' para poder minimizar os seus atributos sexuais (Miller & White, 2004, p. 170); ou fazer valer as suas especificidades e, dessa forma, ser respeitadas pelos rapazes e pelos companheiros (Campbell, 1984).

Também os estudos de Batchelor (2007; 2009), na Grã-Bretanha, têm mostrado que o estatuto, o sentimento de superioridade e a sensação de adrenalina e euforia que as raparigas dizem sentir na prática da infracção, apesar de estarem repletos de significações masculinas, não indicam que as raparigas tenham de abraçar identidades masculinas. Aliás, os dados empíricos do estudo demonstram que o envolvimento em comportamentos delitivos pelas raparigas, ao surgir como forma de proteger ou provar a sua fidelidade à família, aos amigos ou ao local de residência, não deixam de levar em consideração normas que enfatizam a feminilidade, como o altruísmo, a lealdade e o cuidar dos outros.

Esta questão da participação da rapariga na delinquência e a emergência da imagem de que muitas delas não são apenas colaboradoras e acessórios dos seus parceiros masculinos, mas *prime-movers* (Batchelor, 2009), reaviva a discussão em torno das diferenças entre a imagem da "rapariga-objecto" e da "rapariga-sujeito" (Lucchini, 1997).

A primeira "tem falta de autonomia (…), é caracterizada pelo uso utilitário da sexualidade e pela sua capacidade de manipular as relações sociais com o fim de resolver situações conflituosas (Lucchini, 1997, p. 113). Nesta imagem, aliás dominante na literatura, as raparigas jogam um papel de bastidores, relegadas para crimes específicos de género e que estão lá pelos "seus" rapazes (Aldridge & Medina, 2007 e Kintrea, 2008 as cited in Batchelor, 2009). Segundo Steffensmeier e Allan (1996), as raparigas quando praticam crimes tradicionalmente masculinos, normalmente não agem sozinhas, mas como cúmplices, principalmente do companheiro. Atraídas pelo *glamour* e pela celebridade dos membros masculinos, frequentemente vêem-se exploradas sexualmente ou envolvidas em relações abusivas de dominação/ submissão.

A segunda, é aquela que realiza tudo o que os rapazes fazem no domínio da delinquência. Nesta imagem, as raparigas delinquentes afirmam a sua especificidade, adquirem a consciência da sua autonomia em relação aos rapazes e formam bandos compostos por raparigas. O seu estatuto depende das competências adquiridas e não dos favores sexuais prestados. Capaz de ocupar uma posição própria, o seu estatuto não é granjeado pela ligação amorosa, mas pela relação de amizade. Neste sentido, elas decidem quando se associam aos rapazes, e não sentem que sejam influenciadas pelas suas acções (Young et al., 2007; Batchelor, 2007). Não se vêem como vítimas exploradas, mas como pessoas que se apropriam das normas e dos valores subculturais para utilizar a violência e desafiar os papéis de género tradicionais.

Esta última imagem traz para a discussão o papel activo e assertivo que as jovens podem encetar na procura e na gestão do próprio risco. Rompendo com os discursos dominantes que descrevem as raparigas como avessas ao risco e explicam a violência feminina pela falta de controlo, possibilita, na linha de Katz (1988), conceber que as motivações para o comportamento criminal podem estar ligadas à estética e às atracções emocionais da experiência criminal, e que a procura de risco, como uma experiência sensitiva intensa (Lyng, 2004), possa ser uma forma de lhes dar um sentimento de agência e de controlo.

Analisando a forma como os indivíduos se apropriam dos modelos culturais dominantes, os legitimam ou quebram, e constroem os seus projectos e percursos de vida, é possível compreender as suas perspectivas, sem termos de cair, necessariamente, no discurso fatalista que os reduza a vítimas eternas das condições materiais em que vivem. Apesar da importância que as condições objectivas têm no curso de vida dos actores sociais, fixar-se apenas nelas pode contribuir para obscurecer algumas questões como a da transversalidade do fenómeno e da eventualidade de trajectos *improváveis*[2] dentro de cada classe.

Na realidade, e por detrás destas discussões, encontramos propostas de reconstrução dos discursos sobre a mulher e a transgressão baseadas numa dicotomia fundamental: *mulher transgressora* vítima *vs* empreendedora.

A noção de *mulher transgressora vítima* (Snider, 2003), que necessita de "ser salva" através de mecanismos, não de punição penal, mas de correcção moral foi, durante muito tempo, a imagem dominante que influenciou discursos, políticas e alimentou estereótipos. Ainda que alterado, este discurso não desapareceu completamente. A transgressão feminina continua a ser vista como resultado de experiências prévias de vitimação. Os problemas vivenciados pelas mulheres/raparigas tendem a ser vistos como uma parte de um *continuum* de desenvolvimento associado a problemas antigos (disfunções familiares, sequência de rupturas de vínculos e abandonos, abusos, maus-tratos e negligências) que tendencialmente se repercutem no comportamento problemático posterior (Chesney-Lind, 1997; Assis & Constantino, 2001). Este discurso não deixa de concentrar alguns efeitos pejorativos: patologiza, individualiza e retira poder à mulher (Snider, 2003), negando-lhe capacidade de escolha, ainda que seja interessante notar que tem sido, também, um instrumento utilizado pela própria mulher em seu benefício, por exemplo como defesa no sistema de justiça criminal (Matos, 2008).

A proposta da mulher *ofensora empreendedora* surge nos trabalhos de Adler, em 1975, ao defender a ideia de que a emancipação conduziria à emergência de uma mulher ofensora mais autóno-

---

[2] Bernard Lahire (2004) na sua obra *Sucesso escolar nos meios populares: as razões do improvável*, procurou compreender, a partir de casos improváveis de sucessos em meios populares, as razões que fazem com que se tenha sucesso onde, estatisticamente, se deveria fracassar, demonstrando que existem razões culturais mais amplas para explicar o sucesso e o fracasso escolar. O autor demonstra que categorias gerais como a de "classe popular", precisam de ser compreendidas, também, nas suas particularidades e diferenças, isto é, existem dissonâncias entre as famílias, mesmo quando se pensa em consonância de classe social. Assim, faz sentido para o autor olhar as realidades sociais numa perspectiva de multiplicidade individual e de "múltiplas socializações".

ma e activa. Uma ideia que surge enquadrada nas tentativas de repensar os conceitos de identidade de género e de agência por parte, particularmente, das teorias feministas. Segundo McNay (2000), uma concepção mais sublimada do conceito de agência é crucial, pois permite-nos compreender e explicar não só como a figura feminina, no passado, tem agido de forma autónoma, apesar das constrições sociais, mas como ela age agora no contexto de processos de reestruturação de género. Atendendo a uma conceptualização da dimensão criativa da *agencialidade* é possível renovar entendimentos em torno das ideias de autonomia, de intencionalidade e de reflexividade (Martin, 2003).

A conciliação entre estas duas visões – vitimação/ agência – tem sido uma tentativa sentida. Por exemplo, nos EUA estas imagens têm sido desafiadas por algumas investigadoras como Campbell (1984), Chesney-Lind (1997) e Miller (2001) que têm procurado demonstrar que os membros de gangues femininos não só aderem às expectativas de género e experienciam elevados riscos e vitimização física e sexual, como também reclamam que a pertença a um gangue fomenta sentimentos de pertença e de emponderamento, oferecendo um refúgio das famílias abusivas e mostrando caminhos de como resistir aos estereótipos de género dominantes. Também os estudos de Batchelor (2005, 2007, 2009), partindo das narrativas construídas por jovens transgressoras na Grã-Bretanha, sugerem que estas podem ser consideradas, simultaneamente, vítimas, uma vez que os seus percursos são contextualizados por circunstâncias sociais adversas, e empreendedoras, na medida em que a violência emerge como uma resposta racional a esses contextos e uma estratégia significativa de lidar com a violência de que são vítimas. Estas posições são igualmente ilustradas nos trabalhos de Matos (2008), com jovens adultas em prisões portuguesas, quando nos enquadra os distintos percursos e posicionamentos destas mulheres em relação ao desvio[3].

---

[3] Matos (2008, p. 331-336) identifica 4 grandes perfis: A "Identidade desviante: estilo de vida criminal" reúne mulheres com um percurso significativo em termos de desvio, marcado por uma actividade criminal intensa, com histórias de institucionalização e de processos-crime, ao qual associam uma dimensão de controlo, de prazer e excitação, repleta de sensações muito positivas. Apesar desta situação, justificam os crimes com base em ocorrências da sua infância e insistem em apresentar-se em conformidade com os

Como defendem Assis e Constantino (2001), "a visão maniqueísta de vítima e agressor como dois seres totalmente independentes mostra-se bastante inapropriado para se compreender a inserção infraccional das raparigas" (p. 149).

É reconhecido que existe um número limitado de estudos que tem olhado para a violência das raparigas e tentado trazer as suas vozes para o debate metodológico e teórico. É igualmente reconhecido que grande parte da literatura sobre a figura feminina e a violência se baseia no *status* da rapariga como vítima, associando as suas acções a patologias individuais ou ao resultado de circunstâncias para lá do seu controlo e, neste sentido, tem-lhe sido negada qualquer agência ou controle na sua vida. Mas elas não nos contam apenas histórias de vitimação. Elas são, também, agentes e actores sociais, com capacidade de fazer escolhas, e se não estivermos atentos a esta realidade podemos correr o risco de, como afirma Soares, Bill e Athayde (2005), "quando não se é visto e se vê, o mundo oferece o horizonte, mas furta a presença" (p. 167).

3. No jogo de xadrez... tornar-se *rainha* e vencer a partida: cenários interactivos na infracção juvenil feminina

> "cedo chegou a uma clareira, com um bosque do outro lado: parecia muito mais sombrio do que o último bosque, e Alice sentiu-se um pouco receosa de penetrar nele. Contudo, pensando melhor, resolveu entrar, «porque não serve de nada voltar para trás», pensou ela, e aquele era o único caminho para chegar ao Oitavo Quadrado"
>
> LEWIS CAROLL (2007 /1871, p. 49)

---

discursos dominantes de feminilidade. Em torno do perfil "Identidade de transição: meios desviantes para identidades normativas", encontramos discursos de controlo e heterodeterminação. Dedicam-se ao tráfico de drogas ainda que não assumam estilos de vida criminal, mas um estilo que se aproxima de padrões normativos. "Identidade de transição: da vitimação ao desvio" reúne mulheres que se apresentam como vítimas das drogas, dos parceiros violentos e do contexto familiar na infância disruptivo, em torno dos quais organizam as suas narrativas. As mulheres com "Identidade normativa" apresentam percursos de vida normativos até ao momento em que o crime acontece, relacionado com percursos de vitimação, associado a uma grande condenação moral.

Tem sido comum tratar as histórias e os trajectos de vida segundo lógicas de linearidade, como relatos coerentes dispostos numa sequência de acontecimentos. Mas como nos mostra Bourdieu (1997), esta linearidade não nos dará mais do que uma ilusão biográfica porque, se o trajecto de vida é o caminho pelo qual se circula, nem sempre esse caminho é linear, mas feito de descontinuidades, nós, imprevistos e *retomadas* (Becker, 1973; Pais, 2005), onde o actor social, enquanto *sujeito autopoiético* (Agra, 1998), se cria e reinventa a si próprio, à medida que caminha e apreende as diferentes influências do mundo, marcadas por graus diferentes de poder, de saber e de julgar. Compreender este *saltos de descontinuidade* (Schutz, 1998 as cited in Pais, 2005) surge como um grande desafio, principalmente se estas passagens, mais ou menos ritualizadas, forjarem novas identidades.

Neste sentido, analisar as (des)continuidades dos itinerários de vida desviantes, leva-nos a considerar, segundo Tornberry e Krohn (2004), três premissas fundamentais. A adopção de uma perspectiva desenvolvimentista que considere que as causas da delinquência não são nem estáticas, nem estáveis, mas que variam ao longo dos vários estádios de desenvolvimento, na base dos sucessos e fracassos que pautam os percursos de vida. Aqui a delinquência é analisada como uma trajectória comportamental que se vai desenrolando ao longo do tempo e explicada, também, pelo desenvolvimento de outras trajectórias relacionadas com as instituições sociais relevantes na vida do/a jovem. Esta questão permite introduzir uma outra premissa que se refere à importância atribuída às interacções comportamentais e à causalidade bidireccional. Ou seja, se os indivíduos têm a capacidade de codificar e descodificar os significados das suas interacções e assim participar na construção da própria realidade social, esta capacidade interpretativa permite-lhes reagir à pressão do controlo social e definir as modalidades de desvio comportamental que melhor se lhes adequem. A estas premissas junta-se uma outra que se prende com a importância da influência da estrutura social na explicação do desenvolvimento das trajectórias delinquentes. Segundo Bourdieu (1997), a valorização do papel do sujeito (ainda que epistémico), que actua construindo interpretações e dando sentido às situações nas quais se encontra, deve ser alicerçada na assunção de que as práticas dos indivíduos, ao estarem ligadas a um conjunto de disposições duradouras que actuam de maneira sistemática em todas as práticas, determinam o espectro possível de escolhas e probabilidades. Esta "causalidade do provável", ao definir trajectórias sociais, pode ser observada, para além das práticas, "nas representações subjectivas do futuro e na expressão declarada da esperança"[4] (Bourdieu, 1998). Os dados biográficos, as condições de aprendizagem e a história de cada indivíduo combinam-se para formar o capital cultural que mergulha nas estruturas mentais do indivíduo.

Assim, se a opção pelo mundo infraccional pode ser visto como o "resultado de uma variedade de pressões sociais, económicas, estruturais e culturais, que se interrelacionam de múltiplas formas e em diferentes intensidades" (Assis & Constantino, 2001, p. 33), não podemos descurar a importância do género, que estrutura a percepção e a organização concreta e simbólica de toda a vida social (Amâncio, 1993), como mediador da forma como estas forças jogam (Steffensmeier & Allan, 1996) na construção das identidades, dos percursos desviantes e das estratégias de sobrevivência que são accionadas como resposta activa às reacções estigmatizantes.

As pesquisas realizadas têm mostrado que as práticas delinquentes e os ilícitos criminais cometidos por raparigas revestem-se de especificidades que não devemos descurar. Rapazes e raparigas não usam as mesmas expressões e não fazem as mesmas escolhas (Chesney-Lind & Shelden, 1992). Nem todos os preditores que apontam para a conduta masculina são efectivamente os mesmos quando aplicados às trajectórias femininas, nem a forma como dão sentido às coisas é semelhante, por serem diferentes as representações e reproduções quotidianas do género.

Isto não significa que elas não partilhem os mesmos problemas que eles. Ou seja, quando procuramos traçar um perfil das jovens infractoras, este perfil, em muitos aspectos, cruza-se com a construção social da delinquência juvenil em geral: jovens pertencentes a famílias desfavorecidas no plano económico, desestruturadas na sua

---

[4] Exemplificando, o autor mostra que a propensão para abandonar os estudos é tanto maior quanto menores foram as chances objectivas de classe no acesso aos níveis mais elevados do sistema de ensino e que as ambições escolares e os projectos de carreira serão mais modestas quanto mais fracas forem as oportunidades escolares oferecidas aos grupos sociais de pertença.

composição e nas dinâmicas relacionais; residentes em bairros sociais degradados; pertencentes a grupos étnicos minoritários; vivenciando situações de abandonos sucessivos, maus-tratos e negligências; histórias de institucionalizações; frequência de locais propícios à violência e de grupos de pares violentos; instabilidade relacional, adopção de comportamento de hostilidade e agressividade quando contrariados, atitudes provocatórias e ameaçadoras; insucesso, desinteresse e consequente abandono escolar, ligado a um desenvolvimento cognitivo muito fraco, hábitos e consumos de drogas e álcool, entre outros.

Contudo, segundo Lanctôt (2008), as dificuldades de adaptação das raparigas tendem a manifestar-se de forma diferente da dos rapazes, e é sobretudo com estas actividades que as raparigas experimentam as suas dificuldades, o que faz com que a agressão feminina seja qualitativamente diferente da dos rapazes. Vejamos algumas das principais asserções deste princípio.

Acesso ao espaço público. Como defendem Roosmalen e Krahn (1996), a razão pela qual a figura feminina não tem aparecido na história da cultura juvenil é porque a cultura feminina tem estado localizada fora da esfera pública e caracterizada por formas culturais de expressão próprias, a que Sue Lees (1986 as cited in Roosmalen & Krahn, 1996) chamou de "cultura de quarto". As raparigas saem, vão a bares, visitam os namorados, vão a festas, mas não se envolvem tanto em actividades de rua.

Também Lucchini (1997) defende este argumento quando problematiza o acesso diferencial das raparigas à rua, a partir de dez dimensões que interagem entre si e cujas combinações são múltiplas e com efeitos variáveis. Para o autor, as responsabilidades familiares, normalmente associadas aos trabalhos domésticos e ao cuidado do outro, retêm as raparigas em casa. A vigilância familiar exercida sobre elas é muito mais apertada do que sobre os rapazes, na medida em que o comportamento da rapariga tem consequências intra e extra-familiares, especificamente nas questões relacionadas com a reputação. Na falta de valorização no interior da família, Lucchini (1997) mostra que a rapariga, ao contrário do rapaz, não a procura na rua, por considerar que é desvalorizante para ela. E mesmo no conteúdo dessa valorização encontramos diferenças. O rapaz procura, sobretudo, uma valorização ao nível identitário e estatutário. Nas raparigas é mais evidente a procura de uma valorização afectiva que é encontrada mais na relação amorosa do que no grupo de pares. Na realidade, segundo o autor, a rapariga não faz uma aprendizagem da rua que a prepare para ir para a rua, quando algum factor familiar o despolete. E, nestes casos, ela tende a procurar, primeiro, uma alternativa no interior da esfera privada – parentes, vizinhos, amigos ou companheiros - apoiada pelas representações que tem da rua como um espaço masculino e perigoso e, por isso, menos atractivo. Tende a ser visível uma certa alternância entre a rua e outros espaços sem ser a rua, como a coabitação temporária com homens mais velhos, passagens intermitentes pela casa de amigos e conhecidos ou internamentos em instituições. A criação de um novo lar para escapar a situações de violência e ao controlo familiar é uma prática tipicamente feminina e as possibilidades da prática da prostituição são mais evidentes nas raparigas, o que faz com que se tenda a persistir na associação de determinadas práticas desviantes à figura feminina.

Apesar desse acesso diferencial à rua ser uma realidade, não podemos descurar o facto de esta ser, também, e cada vez mais, um espaço de sociabilidades e de encontros para rapazes e raparigas. Um espaço que possibilita visibilidades e onde a experiência é emergente e produtora de narrativas próprias onde a adrenalina, o perigo e a aventura são parte integrante de seus contos.

Visão romantizada da família. As correlações familiares na delinquência têm sido uma matéria bastante explorada na explicação da delinquência feminina, principalmente devido à assumpção de que as raparigas têm menos autonomia no seio familiar, quando comparadas com os rapazes, e que estão sujeitas a um maior controlo social. Embora a família destas jovens seja eminentemente matrifocal, a relação familiar das raparigas com as mães é mais ambígua, uma espécie de relação amor-ódio (Assis & Constantino, 2001) que faz com que seja comum "demonstrar um ideal de proximidade familiar que, paradoxalmente, emerge em simultâneo com a descrição de sentimentos negativos face a abusos prévios, de que são vítimas directas ou indirectas no âmbito familiar" (as cited in Matos, 2008, p. 122). As raparigas tendem a dar muita importância aos laços familiares, demonstrando grande lealdade às suas famílias, ainda que esta seja, também, uma importante fonte de raiva, desapontamento e frustração, porque normalmente ela é a perpetradora de abusos vários, falhando na sua função de protecção (Batchelor, Burman & Brown, 2004).

Gerindo sentimentos. Além da desestruturação familiar e da presença de um "Pingue-Pongue" emocional (Dell'Áglio, Santos & Borges, 2004), as raparigas normalmente experienciaram situações de abuso sexual, mais do que os rapazes na mesma condição. Nas suas histórias encontramos iniciações sexuais traumáticas e precoces, normalmente feita por adultos e, muitas vezes, pertencentes à própria família (Gersão,1990). Esta tem sido uma das razões que está na origem da fuga de casa, da permanência na rua, da iniciação nos consumos de drogas e álcool e de uma certa desestruturação na vida sexual (prostituição, promiscuidade sexual, gravidez na adolescência) – razões que as levam a entrar no Sistema de Protecção e de Justiça (Chesney-Lind & Shelden, 1992; Chesney-Lind, 1997).

Histórias de abusos físicos e psicológicos e experiências de institucionalizações são comuns nestas jovens. Como resultado, a maioria tende a expressar sentimentos de angústia e de luto não resolvidos, que normalmente são acompanhados por experiências de depressão, desequilíbrios alimentares, auto-mutilação, ideação suicída e tendência para fantasiar em torno do futuro e dos relacionamentos. Comportamentos que surgem como forma de lidar, gerir e ultrapassar essas emoções negativas e os sentimentos de solidão (Batchelor, 2007, 2009; Chesney-Lind & Shelden, 1992). "Emocionalmente adormecidas", assumir o risco pode ser compreendido como uma forma de as "fazer sentir" e recordar que estão vivas, construindo sensações de auto-controlo e auto-eficácia.

Neste sentido, falar em gestão de sentimentos implica, também, olhar para a forma como as raparigas dão sentido e significado à violência, e como esta pode ser profundamente significativa na construção identitária. A escolha pelo caminho da delinquência pode não ser, para a jovem, uma acção com significado negativo, mas um passo activo para alcançar um leque específico de objectivos. Os cenários de desenquadramento e de *invisibilidade social*[5] em que

---

[5] *Cabeça de Porco,* publicada em 2005, é uma obra que reúne reflexões etnográficas sobre a violência urbana, com depoimentos de jovens envolvidos no tráfico de drogas

vivem, podem levar à constituição e/ou integração em redes de relações onde consigam alcançar esses objectivos culturalmente valorizados, transformando um caminho indesejável, no plano político e social, num caminho como os outros, assumido com alguma naturalidade.

Com experiências desproporcionadas de violência nas suas vidas e uma alta tolerância à agressão física, alguma formas de violência tendem a ser normalizadas. Isto não significa, contudo, e segundo Batchelor (2007, 2009), que as raparigas experienciem as suas vidas diárias apenas em relação à percepção da ameaça e do perigo físico e sexual. Existe, também, um forte sentido de que a procura e gestão de comportamentos de risco passam pela excitação e pelo prazer que tiram deles. A violência pode ser "divertida", apontam os estudos da autora.

Mas neste cenário, e como afirma Miller (2001), não devemos descurar que as escolhas feitas pelas raparigas são enquadradas, também, por constrangimentos estruturais que trazem a argumentação de que elas não têm as mesmas oportunidades para aceder a um comportamento completamente livre, criativo e excitante. E o interessante é que algumas das discussões em torno desta questão têm surgido como forma de perceber uma outra: se o comportamento agressivo das raparigas surge como uma situação de "descontrolo" ou, pelo contrário, como uma tentativa de exercer controlo sobre as suas vidas.

Os estudos de Campbell (1993, as cited in Batchelor, 2005) têm apontado que as raparigas descrevem a agressão como uma falta de controlo temporário que é causada por uma grande pressão e que, normalmente, resulta em sentimentos de culpa. Diferente é a perspectiva de Batchelor (2005, 2009) que mostra que as suas entrevistadas são capazes de distinguir entre diferentes formas de violência: a violência que é controlada, isto quando a vítima é percebida como merecedora da acção, e a violência fora de controlo, que é cometida no pico do momento. A primeira é assumida como sendo mais diver-

---

no Brasil. "Seres socialmente invisíveis" é uma das razões que os autores utilizam para explicar a entrada destas crianças no mundo da criminalidade. São crianças invisíveis, quanto muito reflexo de um estigma, sem qualquer reconhecimento social. A entrada no mundo da delinquência é a forma que têm ao seu dispôr para romper com essa invisibilidade social (Soares, Bill & Athayde, 2005).

tida, reservando-se os sentimentos mais negativos para a segunda opção. Isto não significa que não exista uma certa tendência para que as raparigas se sintam ambivalentes, principalmente no que cabe à gestão dos sentimentos de culpa, mas não podemos afirmar, segundo a autora, que o comportamento das raparigas seja um comportamento sem controlo. Bem pelo contrário, para muitas é uma forma de escolha integrativa e de auto-protecção, embora a autora não exclua que o é de entre um campo limitado de opções.

A importância dos relacionamentos. Segundo Gilligan (1990, as cited in Kerpelman & Smith-Adcock, 2005), a vida das raparigas é mais afectada pelos relacionamentos do que os rapazes, sendo que extensões teóricas deste pressuposto têm sugerido que há um inevitável controlo social que as desencoraja do envolvimento na delinquência, pelo medo de pôr em perigo essas relações. Neste sentido, o desenvolvimento da identidade das raparigas pode ser singular por ser marcado pela natureza dos seus relacionamentos.

A importância do grupo de pares como fonte de identidade está bem documentada e sabemos que, para os jovens, passar o tempo com os amigos é a primeira das actividade sociais, por neles concentrarem a função de pertença e sociabilidade. A maioria destas jovens provem de lares problemáticos, sendo comum transformar os pares em fonte de apoio emocional e social, fonte de identidade, aprovação, suporte e protecção. Segundo Burman, Batchelor e Brown (2001), a maioria das raparigas entrevistadas nos seus estudos descrevem as relações de amizade como umas das coisas mais importantes da sua vida. E aqui é curioso notar uma diferença entre rapazes e raparigas, "as disputas entre rapazes dizem respeito sobretudo a manter a lealdade no grupo e solidariedade entre os rapazes do grupo. Pelo contrário, o confronto entre as raparigas é mais frequentemente de natureza pessoal" (Lucchini, 1997, p. 118). A premissa da amizade entre raparigas passa pela partilha, pela confiança, pela lealdade e por saber guardar segredos. Normalmente, as grandes disputas entre raparigas, marcadas por um elevado nível de abuso verbal (Batchelor, 2009), estão relacionadas com a quebra da confiança e no "diz-que-não-disse".

Todo o contexto de vida destas jovens leva a que estas passem muito do seu tempo fora de casa. Faltando às aulas, andam "por aí", a beber e a consumir drogas com os amigos e fazem-no, principalmente, para manter as solidariedades, reforçar as amizades, afirmar alianças e ganhar status no grupo. A assumpção do risco pode passa, então, pelo desejo de estabelecer novos relacionamentos, ou manter a já existente ligação com os pares. Para estas jovens participar numa "cultura de quarto" não parece, efectivamente, surgir como opção.

Apesar desta influência fundamental dos pares, tem sido assumido, em alguns estudos, que as amizades são menos significantes na vida das raparigas do que dos rapazes, sendo que estas são substituídas pela dos companheiros amorosos (Assis & Constantino, 2001). Contudo, para Peggy Giordano (1978, as cited in Pettersson, 2005) esta constituiu uma imagem incorrecta da realidade das jovens raparigas. O seu estudo demonstra que as raparigas que pertencem a grupos cometem mais infracções, com mais frequência, e que há uma tendência para que as raparigas sigam outras raparigas. Como mostra Lucchini (1997) as raparigas organizam-se também em bandos autónomos e "estes grupos parecem ser, de uma maneira geral, mais pequenos, mais exclusivos e menos estruturados que os dos rapazes (...), as raparigas são mais abertas nas suas interacções" (p. 120).

4. Algumas considerações de uma diegese sem conclusões

Este capítulo pretende contribuir para colocar as raparigas no centro da discussão sobre a sua delinquência, situando o debate na perspectiva do sujeito que, agindo dentro de um contexto específico, constrói subjectividades permeadas pelas (im)possibilidades do espelho social, que tende a moldar as suas performances, pelas trajectórias que produz e pelas narrativas que constrói sobre si e sobre o mundo.

Mas tais discussões parecem não ter fim. As teorias, isoladamente, não têm sido suficientes para explicar a complexidade do fenómeno e as investigações têm produzido resultados contraditórios. Abordagens comparativas, entre diferentes países, têm sido o reflexo das lacunas apresentadas pelas estatísticas, das diferenças de classificação dos fenómenos e das diferentes molduras penais. As dificuldades persistem e contribuem para manter a invisibilidade. A constante secundarização da delinquência juvenil feminina tem justificado, não só em Portugal mas também em outros países, a ausência de um enfoque autónomo do fenómeno, uma vez que o seu estudo tem surgido, quase sempre, diluído em análises mais amplas sobre a delinquência juvenil. Esta ausência tem contribuído para a reiteração da invisibilidade e tem tido consequências quer no campo conceptual, quer nas dimensões das práticas e da intervenção.

No campo conceptual, se revistarmos as grandes teorias sociológicas sobre a delinquência concluímos que todas elas explicam o fenómeno utilizando o seu enfoque na delinquência masculina, secundarizando a figura feminina e o interesse que as questões de género têm na explicação da delinquência (Chesney-Lind & Shelden, 1992). A impressão que nos fica, quando se faz uma revisão da literatura sobre a delinquência feminina, são as ambiguidades e os *puzzles* da investigação. O interesse crescente pela investigação empírica sobre a delinquência feminina faz-se sentir apenas a partir da década 70 do século XX (as cited in Matos, 2008; Lanctôt, 2008; Lucchini, 1997), movido por dois principais elementos: primeiro, o recurso aos inquéritos de delinquência auto-revelada, que vêm desmontar a construção social do fenómeno ao estimar que o desvio entre os sexos diminui em cerca de metade quando a delinquência é avaliada mediante inquéritos de auto-relato. Em segundo lugar, a introdução da perspectiva feminista no campo da criminologia, que vem atestar que a "investigação sobre a delinquência feminina deve ser redefinida em torno de uma nova conceptualização do agir delinquente" (Lanctôt, 2008, p. 343). Não basta apenas corrigir a criminologia masculina, é necessário um saber que provenha do universo social das mulheres.

Nas dimensões da intervenção, estudos têm vindo a mostrar que as raparigas estão menos sujeitas aos procedimentos judiciais aplicados aos rapazes (as cited in Steffensmeier & Allan, 1996; Vuille, 2007) e os tribunais tendem a mostrar alguma relutância em colocar as raparigas em centros educativos, optando antes por medidas de supervisão ou outras alternativas ao internamento (Miller, Trapani & Fejes-Mendonza, 1995). Da tese do tratamento cavalheiresco das mulheres pela justiça à tese da discriminação generalizada de que são alvo (as cited in Lucchini, 1997), estas atitudes paternalistas e proteccionistas sobre as necessidades da mulher/rapariga não deixam de estar relacionadas com estereótipos femininos ligados à fraqueza, à submissão, à passividade e à domesticidade que são construídos, representados e reproduzidos pelo controlo social, formal e informal.

Neste sentido, as críticas tecidas em torno dos argumentos da irracionalidade, da heterodeterminação, da dupla-desviância e da dicotomia mulher vítima/ mulher empreendedora não deixam de ser indissociáveis das questões relacionadas com o tratamento das mulheres no sistema de justiça criminal. Como sugere Hoyt e Scherer (1998), ao manter uma perspectiva nublada e sexualmente dominada da delinquência feminina, o sistema de justiça tem deixado, na invisibilidade, o enquadramento maior das infracções e dos desvios cometidos por mulheres/ raparigas. Razões que podem explicar, segundo Otto Pollak (1950, as cited in Shoemaker, 1996), a remissão da delinquência feminina para as cifras negras da criminalidade. Para este autor, se o envolvimento feminino no crime é maior do que o que é demonstrado nas estimativas oficiais (Matos, 2009) isso pode ser explicado pelas imagens construídas em torno do papel da mulher e das probabilidades do seu envolvimento em práticas criminosas (as cited in Vuille, 2007).

Noutro campo da intervenção, os técnicos continuam a ter a opinião de que é mais difícil trabalhar com raparigas do que com rapazes, por considerarem as raparigas menos controláveis, menos obedientes e mais problemáticas (Baines & Alder, 1996; Assis & Constantino, 2001). A este respeito, Alder e Hunter (as cited in Worrall, 2005) acrescentam que as raparigas não são piores do que os rapazes, são apenas diferentes. E a consciência dessas diferenças deve fazer questionar as respostas institucionais e os programas (re)educativos, que continuam a assentar em procedimentos baseados nos conhecimentos obtidos dos estudos feitos com jovens rapazes, bem como a formação dos profissionais que devem ser treinados na diferença de género (Batchelor et al., 2004; Batchelor, 2005, Miller et al., 1995). Como mostra Carlen (1988), a resposta à transgressão feminina continua a situar-se no fenómeno da irracionalidade da mulher/ rapariga, não considerando que ela possa actuar de forma activa. Neste sentido, surge como fundamental explicar como é que os riscos são experienciados e interpretados de forma diferente e *genderizada* e como esses entendimentos *genderizados* do risco podem produzir novas responsabilidades e modelos de acção, assim como novas estratégias para a definição, controlo e neutralização do risco (Chesney-Lind & Shelden, 1992; Hannah-Moffat & O'Malley, 2007)

REFERÊNCIAS

Adler, F. (1975). *Sisters in crime*. New York: McGraw-Hill.
Agra, C. (1998). *Entre a droga e o crime: actores, espaços, trajectórias*. Lisboa: Editoral Notícias.
Alder, C. & Worrall, A. (Ed.). (2004). *Girl's Violence: myths and realities*. New York: State University of New York Press.
Amâncio, L. (1993). Género - Representações e Identidades. *Sociologia – Problemas e Práticas*. 14, 127-140.
Assis, S. de & Constantino, P. (2001). *Filhas do Mundo: infracção juvenil feminina no Rio de Janeiro*. Rio de Janeiro: Editora FioCruz.
Baines, A. & Alder, C. (1996). Are girls more difficult to work with? Youth workers' perspectives in juvenile justice and related areas. *Crime & Delinquency,* 42 (3), 467-485.
Batchelor, S. (2005, forthcoming). 'Prove me the bam!' victimization and agency in the lives of young women who commit violent offences. *Probation Journal,* 52 (4).
Batchelor, S. (2007). Getting mad wi'it: risk-sinking by young women. In K. Hannah Moffat & P. O'Malley (Ed.). *Gendered Risks* (pp. 205-228). New York: Glasshouse Press.
Batchelor, S. (2009). Girls, gangs and violence: assessing the evidence. *Probation Journal* (special edition on women and criminal system). 56 (4), 399-414.
Batchelor, S., Burman, M. & Brown, J. (2004). Discutindo a violência: vamos ouvi-lo da boca das raparigas. *Infância e Juventude*. 2, 125-143.
Becker, H. (1973). *Outsiders. Studies in the Sociology of Desviance*. New York: Free Press.
Bourdieu, P. (1997). *Razões práticas sobre a teoría da acção*. Oeiras: Celta Editora.
Bourdieu, P. (1998). *La distinción: criterios y bases sociales del gusto*. Madrid: Taurus.
Burman, M., Batchelor, S. & Brown, J. (2001). Researching girls and violence. *The British Journal of Criminology*. 41, 443-459.
Carol, L. (2007 [1871]). *Alice do Outro Lado do Espelho*. Lisboa: Relógio D'Água Editores.
Campbell, A. (1984). *The Girls in the Gangs*. Oxford: Basil Blackwell.
Carlen, P. (1988). *Women, crime and poverty*. Milton Keynes: Open University Press.
Chesney-Lind, M. & Shelden, R. (1992). *Girls delinquency and juvenile justice*. California: Brooks/Cole Publishing Company.
Chesney-Lind, M. (1997). *The female offender. California*: Sage Publication.
Cloward, R. & Ohlin, L. (1970). Differential opportunity structure. In M. Wolfgang & F. Ferracuti (Ed.). *The sociology of crime and delinquency*. (pp. 300-318). New York: John Wiley Sons.

Cohen, A. (1955). *Delinquent boys. The culture of the gang.* Glencoe: Free Press.
Cowie, J., Cowie, V. & Slater, E. (1968). *Delinquency in Girls.* London: Heinemann.
Cunha, M. (2002). *Entre o Bairro e a Prisão: tráfico e trajectos.* Lisboa: Fim do Século.
Dell'Aglio, D., Santos, S. & Borges, J. (2004). Infracção juvenil feminina: uma trajectória de abandonos. *Interacção em Psicologia.* 8 (2), 191-198.
Dias, F. & Andrade, C. (1997). *Criminologia: o homem delinquente e a sociedade criminológica.* Coimbra: Coimbra Editoras.
Gersão, E. (1990). Raparigas em internato de reeducação – porquê? Para quê? *Infância e Juventude.* 4, 47-51.
Giordano, P., Cernkovich, S. & Rudolph, J. (2002). "Gender, crime and desistance: toward a theory of cognitive transformation" *American Journal of Sociology.* 107 (4), 990-1064.
Gonçalves, R. (2000). *Delinquência, crime e adaptação à prisão.* Coimbra: Quarteto Editora.
Hannah-Moffat, K. & O'Malley, P. (2007). Gendered risks: an introduction. In K. Hannah-Moffat & P. O'Malley (Ed.). *Gendered Risks.* (pp. 205-228). New York: Routledge – Cavendish.
Hoyt, S. & Scherer, D. (1998). Female Juvenile Delinquency: Misunderstood by the Juvenile Justice System, Neglected by Social Sciencs. *Law and Human Behavior.* 22 (1), 81-107.
Katz, J. (1988) *The seductions of crime,* New York: Basic Books.
Kerperman, J. & Smith-Adcock, S. (2005). 'Female Adolescents' Delinquent Activity: The Intersection of Bonds to Parents and Reputation Enhancement. *Youth and Society.* 37 (2), 176-20 Retrieved from http://yas.sagepub.com/cgi/content/abstract/37/2/176
Lahire, B. (2004). *Sucesso escolar nos meios populares: as razões do improvável.* São Paulo: Editora Ática.
Lanctôt, N. (2008). A delinquência feminina: a eclosão e a evolução dos conhecimentos. In M. Le Blanc, M. Ouimet & D. Szabo (Ed.). *Tratado de criminologia empírica.* (pp. 337-371). Lisboa: Climepsi Editores.
Lombroso, C. & Ferrero, G. (1895). *The female Offender.* New York: Appleton.
Lucchini, R. (1997). A mulher e a desviância ou o debate sobre a especificidade da delinquência feminina. *Infância e Juventude.* 2, 71-126.
Lyng, S. (2004). Crime, edgework and corporeal transaction. *Theoretical Criminology.* 8 (3), 359-375.
Martin, P. (2003). «Said and done» versus »saying and doing». Gendering practices, practicing gender at work. *Gender & Societ.* 17 (3), 342-366.
Matos, R. (2008). *Vidas raras de mulheres comuns: percursos de vida, significações do crime e construção da identidade em jovens reclusas.* Coimbra: Almedina.
Matos, R. (2009). *Actuação Policial e o Fenómeno Criminal Feminino: Estudo Exploratório na Cidade do Porto.* Tese de Mestrado em Ciências Forenses. Porto: Faculdade de Medicina da Universidade do Porto.
McNay, L. (2000). *Gender and agency. Reconfiguring the subject in feminist and social theory.* Cambridge: Polity Press.
Merton, R (1970). *Sociologia: Teoria e estrutura.* São Paulo: Editora Mestre Jou.
Messerschmidt, J. (1997). *Crime as structured action: gender, race, class and crime in the making.* Thousand Oaks: Sage.

Messerschmidt, J. (2002). On gang girls, gender and structured action theory: a reply to Miller. *Theoretical Criminology*. 6 (4), 461-475.
Messerschmidt, J. (2004). *Flesh and blood: adolescent gender diversity and violence*. Oxford: Rowman & Littlefield.
Miller, D., Trapani, C. & Fejes-Mendonza, K. (1995). Adolescent Female Offenders: Unique Considerations. *Adolescence* 30, 429-436 Retrieved from http://findarticles.com/p/articles/mi_m2248/is_n118_v30/ai_
Miller, J. & White, N. (2004). Situational effects of gender inequality on girls' participation in violence. In Christine Alder & Anne Worrall (Ed.). *Girl's Violence: myths and realities*. (pp. 167-190). New York: State University of New York Press.
Miller, J. (2001). *One of the guys: Girls, Gangs and Gender*. New York: Oxford University Press.
Miller, J. (2002). The strengths and limits of 'doing gender' for understanding street crime. *Theoretical Criminology*. 6 (4), 433-460.
Naffine, N. (1987). *Female crime: the construction of women in criminology*. Sydney: Allen and Unwin.
O'Toole, L. & Schiffmen, J. (Eds) (1997). *Gender Violence. Interdisciplinary perspectives*. New York: New York University Press.
Pais, J. M. (2005). *Ganchos, tachos e biscates. Jovens, trabalho e futuro*. (2th Ed.). Lisboa: Ambar.
Pettersson, T. (2005). Gendering delinquent networks: A gendered analysis of violent crimes and the structure of boys'and girls'co-offending networks. *Young*. 13 (3), 247-267.
Pollak, O. (1950). *Criminality of Women*. New York: Barnes
Roosmalen, E. & Krahn, H. (1996). Boundaries of Youth. *Youth and Society*. 28(3), 3-39.
Schilt, K. (2003). 'I'll resist with every inch and every breath': girls and zine making as a form of resistance. *Youth and Society*. 35(1), 71-97.
Shaw, M. & Dubois, S. (1995). *Understanding violence by women: a review of the literature*. Retrieved from http://www.csc-scc.gc.ca/text/prgrm/fsw/fsw23/toce-eng.shtml
Shomaeker, D. (1996). *Theories of delinquency* (3th Ed.). Oxford: Oxford University Press.
Snider, L. (2003). Constituting the punishable woman. Atavistic man incarcerates postmodern women. *British journal of Criminology*. 43, 354-378
Soares, L., Bill, M. & Athayde, C. (2005). *Cabeça de Porco*. Rio de Janeiro: Editora Objectiva.
Steffensmeier, D. & Allan, E. (1996). Gender and crime: toward a gendered theory of female offending. *Annual Review Sociology*. 22, 459-487.
Sutherlan, E. (1937). *Principes de criminologie*. Paris: Éditions Cuja.
Tornberry, T. & Krohn, M. (2004). O desenvolvimento da delinquência: uma perspectiva interaccionista. In A. Fonseca (Ed.). *Comportamento anti-social e crime*. (pp. 133-160). Coimbra: Almedina.
Vedder, C. & Somerville, D. (1970). *The delinquent girl*. Springfield: Charles C. Thomas.
Vuille, J. (2007). De la délinquance des femmes: réponse à M. Guedah. *Revue Internationale de criminologie et de police technique et scientifique*. 2, 181-187.
Worrall, A. (2005). Raparigas em risco? Reflexões sobre as mudanças de atitude relativamente à delinquência de mulheres jovens. *Infância e Juventude*. 2, 71-84.
Young, T., Fitzgerald, M., Hallsworth, S. & Joseph, I. (2007). *Guns, gangs and weapons*. London: Youth Justice Board.

CAPÍTULO 7
Sonhos traficados (escravaturas modernas?): Tráfico de mulheres para fins de exploração sexual em Portugal

SOFIA NEVES
Instituto Superior da Maia, Portugal

O presente capítulo procura analisar teórica e empiricamente, e sob uma perspectiva crítica, o fenómeno do tráfico de mulheres para fins de exploração sexual. Assumindo-se a estreita relação entre o tráfico de seres humanos e a *feminização* das migrações, são discutidos e problematizados os resultados de uma investigação qualitativa realizada em Portugal, cujo objectivo geral foi o de caracterizar as vivências e as trajectórias desenvolvimentais e identitárias de um grupo de mulheres brasileiras vítimas de tráfico para fins de exploração sexual.

As evidências encontradas neste estudo são um ponto de partida para a compreensão de como a ordem de género (Connell, 1987) produz fragilidades e vulnerabilidades potenciadoras da violência contra as mulheres.

1. **Migrações *genderizadas*... pontos de partida para uma reflexão crítica sobre o tráfico de mulheres para fins de exploração sexual**

A instabilidade e a precariedade laboral, assim como a crescente *feminização* da pobreza e a discriminação de género, motivam milhares de mulheres a migrar actualmente (Castles & Miller, 2003;

United Nations Development Fund for Women, 2003). Muito embora os processos migratórios possam ter como efeito a autonomia pessoal, familiar, laboral e social, bem como a melhoria das condições de vida dos/as migrantes, podem também constituir-se como um entrave à liberdade, especialmente no caso das mulheres (Anya & Roy, 2006). Como sublinha o relatório *State of World Population de 2008 – Reaching Common Ground: Culture, Gender and Human Rights –* do United Nations Population Fund, "algumas mulheres migrantes enriquecem a sua visão do mundo expondo-se a diferentes culturas; outras continuam a enfrentar a discriminação e a hostilidade" (p. 62. Tradução nossa). Por toda a Europa, as mulheres migrantes vivenciam situações de enorme vulnerabilidade social e são, frequentemente, confrontadas com situações de opressão e de violência *doméstica* e institucional (Freedman, 2003).

Apesar destas evidências, sobejamente documentadas na literatura, a investigação científica no domínio das migrações tem sido, em larga medida, indiferente à perspectiva de género analisando-se, em muitos casos, os fluxos migratórios e as suas características sem que os processos de género sejam considerados e assumindo-se os factores subjacentes à migração masculina como universais, logo, como extensíveis à migração feminina (Peixoto et al., 2006).

Esta tendência para o androcentrismo e para a invisibilização das mulheres não é exclusiva deste domínio científico, como tem sido demonstrado pelas críticas feministas à ciência em geral (Harding, 1991; Keller, 1991). No caso da investigação sobre as migrações este enviesamento dificulta um entendimento integrado das especificidades que ancoram os fluxos migratórios femininos e que sabemos estarem fortemente vinculadas às condições de género (Sweetman, 1998). As dinâmicas dos processos de migração não são aleatórias, nem biologicamente determinadas, estando antes dependentes de categorias de pertença como a etnia, o género e a idade, assim como de outras condições como o nível educacional, a ocupação, o estatuto marital e as pressões políticas e económicas existentes em zonas geográficas particulares (O.McKee, 2000).

O tráfico de mulheres, sobretudo o tráfico de mulheres para fins de exploração sexual e/ou laboral, é um problema crescente no mundo actual e está fortemente associado aos processos migratórios. Como sublinha Berman, em 2003, o tráfico de mulheres é uma questão de género, de migração e de trabalho e o não estabelecimento desta relação inviabiliza qualquer tentativa de o compreender e explicar.

De acordo com o Committee on Equal Opportunities for Women and Men (Council of Europe, 2003, 2005) as migrações ligadas ao tráfico de mulheres e à prostituição são uma das mais obscuras formas de desigualdade entre homens e mulheres. Como Janice Raymond assinalou, em 2002, para se conhecer em profundidade o tráfico de mulheres para fins de exploração sexual é imperativo examinar-se os padrões migratórios de diferentes grupos de mulheres, uma vez que há muitos pontos onde as migrações e o tráfico se intersectam.

Os números conhecidos sobre o tráfico de seres humanos deixam na sombra a dimensão real do fenómeno, mas estima-se que 12,3 milhões de pessoas, em todo o globo, sejam vítimas de tráfico, sendo 56% das quais de sexo feminino (Departament of State – United States of America, 2010). O tráfico de mulheres e de crianças do sexo feminino para fins de exploração sexual é a mais prevalente manifestação do tráfico humano em todo o mundo (Department of State – United States of America, 2007). Nas rotas globais do tráfico de pessoas, Portugal parece encontrar-se entre os países de destino da Europa Ocidental, embora a sua incidência seja média, não figurando entre os países de origem (Santos, Gomes, Duarte & Baganha, 2007).

Tal como as migrações, o tráfico de seres humanos não é um fenómeno neutro em termos de género. O tráfico é, na realidade, um tipo de violência de género que se constitui como uma forma de escravatura moderna (United Nations Division for the Advancement of Women & United Nations Office on Drugs and Crime, 2002).

Neste capítulo procura-se problematizar os efeitos da *ordem* de género (Connell, 1987) na eclosão e manutenção de situações de tráfico de mulheres para fins de exploração sexual. A noção de *ordem* de género, proposta por Robert Connell, em 1987, avoca o género como uma prática institucionalizada. Enquanto sistema de relações sociais de poder determinante na construção das identidades de género, a *ordem* de género produz hierarquias e regimes no âmbito dos quais homens e mulheres ocupam posições distintas e estatutariamente desiguais. Segundo o autor, não sendo condicionado por diferenças biológicas, o género é um processo em relação que organiza a vida social.

A análise que aqui se apresenta será sustentada por uma perspectiva feminista crítica que advoga o carácter político e ideológico da construção e proliferação dos problemas sociais e a sua necessária desconstrução, por via da intervenção social. Os feminismos críticos e pós-estruralistas, ou pelo menos o espaço que resulta da confluência entre os feminismos e a pós-modernidade, têm como objectivo desocultar, desconstruir e resignificar os constructos de uma racionalidade pouco útil à heterogeneidade dos tempos e das vivências sociais do hoje (Marques, Macedo & Canotilho, 2003). Ciente da diversidade e da polifonia das vozes das mulheres, esta perspectiva entende o género não como *a,* mas antes como *uma das* categorias reforçadoras da opressão feminina, embora porventura a mais importante.

Através da análise e caracterização dos percursos de vida de mulheres imigrantes vítimas de tráfico de seres humanos para fins de exploração sexual em Portugal, das suas trajectórias desenvolvimentais e identitárias e das experiências (reais ou simbólicas) de discriminação étnica e/ou sexual associadas às dinâmicas da vitimação, desenvolveu-se uma investigação qualitativa cuja descrição será apresentada mais à frente neste capítulo.

2. Género, Tráfico de Mulheres e Feminismos

A globalização trouxe consigo mudanças indeléveis. A abertura das fronteiras e a crescente circulação de pessoas e bens entre territórios, de modo regular ou irregular, teve como consequência, no que toca sobretudo aos grupos social e economicamente mais vulneráveis, a acentuação das desigualdades sociais, das assimetrias no acesso às oportunidades laborais e da precariedade das condições de trabalho (Miko, 2003).

As mulheres são particularmente afectadas neste processo de mudanças indeléveis (United Nations Development Programme, 2006). A globalização e os fluxos de migração que lhe estão associados fez emergir novas formas de exclusão no feminino. Não só a migração é, em si mesma, um processo de género (Nolin, 2006) – o que o torna profundamente discriminatório para as mulheres – como as várias formas de instituição do trabalho feminino no decurso da migração reflectem as relações sociais de género e as ideologias patriarcais (Moghadam, 1999). Não existindo num vácuo, o género emerge e constitui-se no âmago de matrizes sociais específicas nutridas por relações estreitas entre as questões da etnicidade, da cultura e da classe (Hondagneu-Sotelo, 2005). Como relembra Desai (2007) "embora os feminismos estejam hoje mais vivos do que nunca em várias partes do mundo, as vidas da grande maioria das mulheres continuam a ser marcadas pela pobreza, pela doença e pela injustiça" (p. 800. Tradução nossa). As mulheres migrantes são, por serem mulheres e por serem migrantes, particularmente vulneráveis a situações de exploração, de discriminação e de abuso, estando muitas delas expostas a contextos de violência severa, especialmente no domínio do comércio sexual (United Nations Populations Fund, 2005).

Por razões diversas, o sexo feminino é mais susceptível de se tornar vítima de tráfico de seres humanos. Muitos são os factores explicativos desta vulnerabilidade que é socialmente determinada. A desigualdade de género é uma das razões pelas quais se explica que os rostos das vítimas de tráfico de seres humanos sejam sobretudo femininos. A privação económica, a fragilidade social, a escassez do emprego, assim como o desejo de um futuro mais digno para si e para a sua família, motiva que muitas mulheres se envolvam, voluntaria ou involuntariamente, em redes de tráfico de seres humanos (Gajic-Veljanoski & Stewart, 2007). Embora teoricamente qualquer mulher possa ser vítima de tráfico, no tráfico para fins de exploração sexual, as mulheres tendem a ser recrutadas em função da sua idade e beleza (Santos et al., 2007), assim como da sua fragilidade social.

Especialmente nos países em vias de desenvolvimento, os contextos sócio-económicos são facilitadores deste recrutamento. A discriminação de género, em contextos social e economicamente desfavorecidos, evidencia-se pelo reduzido estatuto das mulheres e pela persistente violação dos seus direitos. A obstrução à escolarização e à educação das meninas, a vinculação do papel das mulheres a responsabilidades domésticas e familiares e o impedimento destas à participação política e à vivência da sua sexualidade plena faz com que a desigualdade de género seja reforçada e legitimada (Global Alliance against Traffic in Women, 2000).

Por ter na sua génese a discriminação de género e a *feminização* da pobreza, o tráfico de mulheres para fins de exploração sexual ou laboral, mas também para venda de órgãos, tem estado sob a mira da análise dos movimentos feministas. As campanhas contra o tráfico de pessoas, especialmente nas duas últimas décadas, foram intensamente produzidas pelas feministas europeias e americanas (Doezema 1999). As preocupações modernas com a prostituição feminina e com o tráfico de mulheres encontram um precedente histórico nas campanhas anti-escravatura branca da viragem do século XX (Doezema, 1999).

De acordo com Obokata (2006), o termo tráfico de escravatura branca foi pela primeira vez usado para descrever uma forma tradicional de escravatura e de comércio de escravos/as, embora esteja originalmente relacionado com o transporte de pessoas negras do continente africano para a Europa e Estados Unidos. A designação escravatura branca surgiu primeiramente associada ao trabalho das mulheres nas fábricas de Inglaterra, estendendo-se depois à escravatura de mulheres na Europa para fins de prostituição (Obokata, 2006; Masika 2002). O termo, moral na sua essência, servia para evidenciar o carácter repugnante de um flagelo cujas vítimas eram sobretudo jovens mulheres brancas e inocentes, futuras mães da nação e guardiãs da pureza racial (Davidson, 2005).

A partir do momento em que as mulheres europeias começaram a imigrar para outros países à procura de trabalho as referências à reemergência da escravatura branca começaram a proliferar (Guy, 1992), para a partir delas surgirem as campanhas contra o tráfico de mulheres (Doezema, 1999). Estas campanhas enfocam a escravatura feminina, sob a forma de exploração sexual.

Tendo em conta as características do tráfico de mulheres no século XXI, deixa de fazer sentido falar-se em escravatura branca (uma expressão com conotação racista), já que as vítimas não são (como nunca foram, aliás) exclusivamente brancas, sendo antes oriundas de diferentes países e de etnias várias (Doezema, 1999).

É possível distinguir, no seio do debate sobre a escravatura branca, a prostituição feminina, a migração e o tráfico de mulheres (temáticas que surgem habitualmente associadas), correntes distintas de opinião. Muito embora genericamente se considere que o tráfico para fins de exploração sexual é sinónimo de prostituição (Raymond

& Hughes 2001), tem havido um esforço social no sentido da distinção entre aquilo que é o tráfico de seres humanos e a prostituição.

Se é verdade que o tráfico de seres humanos para fins de exploração sexual implica recorrentemente a existência de situações de prostituição forçada, não é verdade que a prostituição fora das malhas do tráfico seja necessariamente forçada. Pesquisas recentes sobre o comércio sexual sugerem que muitas trabalhadoras do sexo estão nesta indústria enquanto sujeitos autónomos e livres (Lopes, 2006) e que nem todas as mulheres migrantes que se prostituem são ou foram vítimas de tráfico. Assim, a prostituição deveria ser encarada como trabalho e o tráfico não forçado como migração para fins laborais (Jeffreys, 2002).

Apesar dos movimentos feministas analisarem o fenómeno do tráfico de seres humanos ao abrigo de uma abordagem *genderizada*, as leituras feministas sobre o tráfico de mulheres não são necessariamente uniformes, tal como não o são os próprios feminismos. Pode dizer-se que se identificam duas tendências cabalmente opostas relativamente ao modo como as perspectivas feministas ajuízam a questão do tráfico de mulheres para fins de exploração sexual.

Kathryn Farr, em 2005, no seu livro *Sex trafficking: The global market in Women and Children* acentua a ideia de que o tráfico de mulheres é um instrumento de opressão ao serviço do patriarcado e da economia mundial. Esta posição neo-abolicionista (Doezema, 1999), decalcada daquela que entende o tráfico como uma forma de escravidão sexual feminina (e que decorre das perspectivas da escravatura branca) analisa o tráfico como estando ligado exclusivamente à prostituição, a pior forma de opressão patriarcal e a forma mais intensa de vitimação de mulheres (Kempadoo, 2005). Apoiando-se numa abordagem feminista radical, esta leitura sustenta que a indústria global do sexo força as mulheres à prostituição e as mantém como escravas sexuais, violando os seus direitos e integridade corporal (Kempadoo, 2005). A Coalition against Trafficking in Women, uma das maiores e mais influentes organizações internacionais de luta contra o tráfico, acompanha esta visão, considerando que a prostituição voluntária é algo que simplesmente não existe, já que todas as formas de prostituição são uma violação dos direitos das mulheres (Doezema, 1999). Seguindo esta filosofia, as medidas para erradicar a prostituição são consideradas como medidas anti-tráfico e vice-versa (Piscitelli, 2007).

Em oposição ao neo-abolicionismo, desenvolveu-se uma outra abordagem feminista à questão do tráfico de mulheres que assenta numa diferenciação entre o tráfico de mulheres e a prostituição forçada, por um lado, e a prostituição voluntária, por outro lado, sendo a Global Alliance against Traffick in Women o expoente máximo desta ideologia (Doezema, 1999). A ideia central das posturas regulacionistas é a de que a exploração e inclusivamente o tráfico não se vinculam de maneira automática à indústria do sexo, mas são favorecidos pela falta de protecção dos/as trabalhadores/as, considerando-se que quem trafica beneficia da ilegalidade da migração e do trabalho sexual comercial (Piscitelli, 2007). A prostituição é aqui entendida como uma forma de trabalho que deve ser sujeita às mesma condições laborais que qualquer outra actividade.

Fortemente influenciada pelos movimentos em prol dos direitos dos/as trabalhadores/as do sexo (Doezema, 1999), esta abordagem, nutrida pelas reivindicações dos/as próprios/as trabalhadores/as sexuais, advoga a necessidade destes/as reclamarem identidade, condições de trabalho, legitimidade e descriminalização (Kempadoo, 1998). Reflectindo uma mudança de paradigma, a figura do/a prostituto/a deixa de ser caracterizada como sendo uma vítima, para passar a ser qualificada como uma pessoa autónoma que exerce a actividade laboral que entende poder e dever exercer. A prostituição deve assim ser objecto de um enquadramento legal, conferindo a quem a exerce direitos e deveres associados a essa actividade, entre os quais o acesso aos sistemas públicos de saúde, à segurança social, ao associativismo e à cobrança de impostos (Tavares, 2006).

Para além deste debate dicotómico entre as posições feministas relativamente à existência ou não de uma relação estreita e indivisível entre prostituição feminina e tráfico de mulheres para fins de exploração sexual, há uma outra discussão instaurada sobre a objectividade e a dimensão da realidade do tráfico de seres humanos. Convencidos/as de que o fenómeno tem sido inflamado pelo mediatismo, alguns/as autores/as têm vindo a alertar para o facto de se ter fomentado um *pânico moral* sobre o assunto que não tem sido propício à sua adequada caracterização e ao seu efectivo combate, criando-se uma situação em que a pesquisa social e científica se confunde com o empreendimento moral (Grupo Davida, 2005). Como relembra Doezema, em 1999,

> O mito do tráfico de mulheres é uma manifestação das tentativas de reestabelecer uma identidade comunitária na qual a raça, a sexualidade e a autonomia das mulheres são usadas como marcadores e metáforas de fronteiras. Assim, embora os casos reportados de "tráfico" possam ser "verdadeiros", podem ser ao mesmo tempo míticos, na medida em que os eventos são reconstruídos de acordo com o que é estabelecido pelo mito. (p. 46. Tradução nossa).

O que estes/as autores/as vêm afirmar é que ao pretender-se proteger as mulheres, disseminando uma ideia de vulnerabilidade, de inocência e de engano, pode estar-se a contribuir para um reforço da menorização do seu papel social, já que se pensa as mulheres como sujeitos passivos, ao invés de pessoas capazes de agir e resistir (Grupo Davida, 2005; Doezema, 1999; Kempadoo, 1998).

De qualquer modo, esta argumentação não nega a existência de situações de tráfico de mulheres para fins de exploração sexual. O que recusa sim é o moralismo habitualmente existente por detrás da avaliação da legitimidade de exercer em liberdade o trabalho sexual. É, por isso mesmo, fundamental que o conceito de tráfico de seres humanos e, em especial, o de tráfico de mulheres para fins de exploração sexual seja correctamente definido e harmonizado entre as diferentes entidades nacionais e internacionais, para que as medidas de combate à violação dos direitos humanos das pessoas envolvidas sejam eficazes (Peixoto et al., 2005; Santos et al., 2007). Seja qual for a dimensão do tráfico de pessoas ele existe e tem o género, entre outras pertenças identitárias, como critério de base para a selecção das suas vítimas. Este dado acompanha as evidências encontradas em Portugal, sobre as quais reflectiremos de seguida.

3. Imigração feminina e tráfico de mulheres para fins de exploração sexual em Portugal

Portugal é hoje um país de emigrantes e de imigrantes. Apesar dos fluxos de emigração, especialmente salientes nos anos sessenta e setenta do século XX, terem contribuído para que o país fosse considerado nessa altura primordialmente um país de emigrantes, a verdade é que actualmente Portugal é destino de muitos/as estrangeiros/as, tendo tido a imigração um crescimento abrupto nas últimas décadas, especialmente após a Revolução dos Cravos (Peixoto, 2004; Wall, Nunes & Matias, 2005).

Até ao 25 de Abril de 1974, altura em que foi instaurada a democracia em Portugal, viveu-se no país um regime de ditadura e de fascismo que durou cerca de 50 anos (Nogueira, Saavedra & Neves, 2006). Este sistema político, caracterizado pelo isolamento e fechamento ao exterior, motivou a proliferação de políticas de migração muito restritivas. Num país marcado pelo atraso político, social e científico (Neves & Nogueira, 2010) a revolução que devolveu a liberdade aos portugueses e às portuguesas foi crucial na conquista de direitos fundamentais, particularmente no caso das mulheres, na medida em que lhes garantiu o acesso ao voto, aos tribunais, ao serviço diplomático e aos governos. Embora se tenham operado mudanças muito significativas desde Abril de 1974 até ao presente, o facto é que no país a pobreza continua a ser fundamentalmente feminina, assim como o desemprego e a exclusão social (Perista, 2000). As mulheres continuam a ser discriminadas no trabalho e na família (Miranda, 2009), continuam a estar sub-representadas na política e nos cargos de poder (Ferreira, 1998), continuam a ser segregadas nos meios universitários (Amâncio & Ávila, 1995), não obstante estarem em maioria no ensino superior, e continuam a ser as principais vítimas de violência na intimidade (Neves, 2008). Esta discriminação de género acentua-se no caso das mulheres imigrantes em Portugal. Estas são ainda mais atreitas a situações de pobreza e de desemprego, conhecendo uma maior taxa de desemprego do que os homens estrangeiros (Abranches, 2007).

Segundo dados do Serviço de Estrangeiros e Fronteiras (SEF), de 2009, as nacionalidades estrangeiras mais representativas em Portugal são as do Brasil, Ucrânia, Cabo Verde, Roménia, Angola, Guiné-Bissau e Moldávia, as quais representam cerca de 71% da população estrangeira com permanência regular em território nacional. Os homens representam 52% desta população, representando as mulheres os restantes 48%.

Wall, Nunes e Matias (2005) indicaram no seu estudo intitulado *Immigrant Women in Portugal: migration trajectories, main problems and policies* que as três nacionalidades mais presentes em Portugal, no que se refere às mulheres imigrantes, são a cabo-verdiana, a brasileira e a ucraniana. As mulheres cabo-verdianas e as ucranianas trabalham sobretudo no sector da limpeza e em contextos domésticos, enquanto as brasileiras estão mais afectas à indústria hoteleira e restauração. Os três grupos têm, no geral, empregos pouco qualificados.

Apesar do trabalho de caracterização da imigração feminina em Portugal ter avançado substancialmente nos últimos anos, escasseiam estudos científicos que dêem conta da natureza da sua relação com a questão do tráfico de mulheres, especialmente a partir da perspectiva das vítimas. Por esta razão, o estado da arte em matéria de investigação sobre tráfico de mulheres em Portugal é ainda muito incipiente, fruto do investimento tardio do país na prossecução de pesquisa científica neste campo (Nogueira, Saavedra & Neves, 2006).

Em 2004, o Observatório da Imigração, procurando preencher uma lacuna existente (a ausência quase completa de estudos sobre tráfico humano em Portugal), promoveu um projecto de investigação pioneiro subordinado ao tema *O Tráfico de Migrantes em Portugal: Perspectivas Sociológicas, Jurídicas e Políticas*, da autoria de João Peixoto e colaboradores, no qual a problemática do tráfico de mulheres é retratada. Este retrato é particularmente importante na medida em que abre caminho a uma leitura integrada do fenómeno, em termos por exemplo da proveniência geográfica das vítimas, das estratégias de entrada no país de recepção, das características das redes, dos fins a que se destina o tráfico e da violência e do grau de controlo a que estas mulheres estão expostas. No que concerne ao tráfico de mulheres para fins de exploração sexual ficou evidente neste estudo que grande parte das mulheres traficadas é oriunda do Brasil e que as redes de tráfico de mulheres envolvem os proprietários portugueses de bares e clubes nocturnos, elementos no Brasil, frequentemente mulheres (com ou sem experiência anterior de prostituição ou de imigração em Portugal) e outros elementos em Portugal, geralmente relaciona-dos com o negócio do sexo ou proprietários de apartamentos. Quanto ao perfil destas mulheres acredita-se que provenham de classes baixas ou médias-baixas e de regiões pobres do Brasil – em especial do Nordeste, Minas Gerais e Goiás –, tendo tido experiências anteriores distintas na indústria do sexo ou mesmo ausência completa dessas experiências.

Para além das brasileiras também as mulheres africanas são vítimas das redes de tráfico de pessoas. Chegam de vários países como Angola, Gana, Libéria, Senegal e Serra Leoa mas, em particular, da Nigéria. O seu destino é preferencialmente no âmbito da prostituição de rua e o controlo exercido sobre elas está frequentemente ligado a práticas de sujeição com base em feitiçaria (*vodoo*) que provocam medo nas mulheres e perpetuam a sua dependência.

Nesta investigação foram também sinalizadas as mulheres oriundas da Europa de Leste, sendo que neste caso o tráfico de mulheres parece ser sobretudo um subproduto de outras formas de tráfico, relativas à migração laboral mais geral. Quando uma mulher migrante tem dificuldades em encontrar um trabalho ou quando passa por privações económicas, os traficantes parecem sugerir o seu acesso ao negócio do sexo (bares nocturnos, casas de *strip-tease*, entre outros), já que este é *aparentemente* mais lucrativo. Um dado conclusivo que interessa salientar tem a ver com o facto das mulheres parecerem manifestar livre vontade no que respeita ao processo de imigração e ao exercício da prostituição no país de recepção, o que não obsta a que não haja exploração sexual, apesar do consentimento.

Pese embora o facto deste trabalho ter inaugurado um percurso de investigação até aí inexplorado, a sua abordagem privilegiou uma aproximação indirecta à realidade.

Em 2005, com a publicação da obra *Imigração e Etnicidade – Vivências e Trajectórias de Mulheres em Portugal*, visões complementares ao estudo de 2004 são avançadas no sentido da melhor clarividência do fenómeno da migração feminina em território português. Catarina Sabino e Sónia Pereira, num capítulo dedicado ao tráfico de mulheres (que é uma sistematização do capítulo assinado pelas mesmas no estudo anteriormente referido, coordenado por João Peixoto em 2004), tecem considerações valiosas sobre as redes a operar em Portugal e as suas características, sublinhando uma vez mais a presença significativa de mulheres brasileiras, africanas e de leste nestes circuitos.

Atendendo à precariedade do conhecimento sobre a real situação do tráfico humano em Portugal e à crescente desocultação do fenómeno foi criado o projecto Cooperação-Acção-Investigação-Mundivisão (CAIM), financiado pelo Iniciativa Comunitária da União Europeia EQUAL II que, até ao final de Julho de 2007, teve como missão central o desenvolvimento de um trabalho interinstitucional na área da prostituição e tráfico de mulheres para fins de exploração sexual. Embora contemplando várias linhas de actuação o CAIM comprometeu-se a implementar um sistema de monitorização do fenómeno, a criar e a aplicar um guia de registo para as situações de tráfico e a estudar o tráfico de mulheres para fins de exploração sexual em Portugal, tendo em vista a compreensão das suas dinâmicas e tendências actuais. O trabalho desenvolvido neste contexto permitiu uma compreensão em profundidade da geometria deste flagelo, auxiliando o delinear de trilhos de investigação científica bem mais específicos, nos quais este trabalho de pesquisa se pretende situar.

Entre 2005 e 2007 foi realizado, pelo Centro de Estudos Sociais da Universidade de Coimbra, o primeiro estudo português sobre o tráfico de mulheres e a exploração sexual, intitulado *Tráfico de Mulheres em Portugal para exploração sexual*, da autoria de Boaventura de Sousa Santos, Conceição Gomes, Madalena Duarte e Maria Ioannis Baganha. Encomendada pela Comissão para a Cidadania e Igualdade e Género, esta investigação concluiu que o fenómeno está ainda envolto em opacidade, desconhecendo-se a sua verdadeira extensão e as dinâmicas que lhe estão subjacentes. Ressaltam, no entanto, deste estudo, alguns dados fundamentais, a considerar em futuras investigações. Desde logo o facto da maioria das vítimas provir de meios socialmente desfavorecidos e ser de nacionalidade brasileira, seguindo-se as mulheres da Europa de Leste (especialmente romenas) e as africanas (sobretudo nigerianas), como havia sido já aferido com o estudo de 2004, previamente descrito. Estas mulheres são jovens, não tendo em regra mais de 35 anos e têm geralmente dependentes a seu cargo, em particular filhos/as. O perfil das vítimas é muito próximo do que tem sido identificado pelo SEF:

> Mulher brasileira com idade compreendida entre os 22 e os 30 anos, solteira, com nível médio de instrução (idêntico ao 12.º ano de escolaridade em Portugal) e emprego no sector terciário no país de origem, oriunda maioritariamente do estado de Goiás, viajando pelos seus próprios meios e vontade para Portugal (as cited in Santos et al., 2007, p. 229).

As formas de prostituição associadas ao tráfico de mulheres em Portugal são muito diversas e incluem a prostituição de rua, de bares de alterne e clubes, de apartamento, casas de massagem e convívio, de automóvel e de agências de acompanhamento. Apurou-se também, entre outros aspectos, que a cada forma de prostituição corresponde um preço, um perfil de cliente e uma tipologia das vítimas diferente.

A sistematização destes elementos resultou da realização de entrevistas junto de entidades que intervêm no fenómeno do tráfico sexual, assim como da consulta a processos judiciais, a documentos da imprensa e a indicadores quantitativos fornecidos pelos órgãos de polícia criminal e pelo Ministério da Justiça. Foram também ouvidas mulheres que trabalhavam em casas de alterne, informantes da polícia e um recluso ligado a grupos de crime organizado do Leste europeu.

Depreende-se dos resultados destes estudos que Portugal é um país de destino para situações de tráfico de mulheres para fins de exploração sexual e que este fenómeno está associado, muitas vezes, a casos de imigração ilegal. Com base nestes dados, e tendo em conta que as evidências conhecidas não derivam, na sua larga maioria, de discursos na primeira pessoa, procuramos na investigação que dá suporte ao capítulo deste livro aceder directamente às vítimas de tráfico de mulheres para fins de exploração sexual, com o objectivo de melhor apreender as suas experiências. Consideramos que os relatos das próprias vítimas constituem a mais valiosa fonte de informação, na medida em que nos permitem não só apreciar os factos subjacentes aos processos de vitimação, mas também os seus significados.

4. Narrativas de Vida de mulheres vítimas de tráfico para fins de exploração sexual em Portugal

O estudo que em seguida se descreve foi realizado no âmbito de um projecto de investigação intitulado Sonhos Traficados: As rotas da violência e da imigração feminina, desenvolvido no Instituto Superior da Maia. Muito embora o objectivo global deste projecto tenha sido caracterizar os percursos de vida e as trajectórias desenvolvimentais e identitárias, assim como as experiências de vitimação e de discriminação étnica e/ou sexual de dois grupos particulares de mulheres (mulheres sinalizadas como vítimas de tráfico humano e mulheres não sinalizadas como vítimas de tráfico humano), neste capítulo apenas será descrita a pesquisa levada a cabo junto do primeiro grupo de mulheres – as mulheres vítimas de tráfico de seres humanos.

Depois de numa primeira fase do processo terem sido compilados e organizados os dados bibliográficos existentes relativos às temáticas em análise (imigração feminina e tráfico de mulheres), quer em termos nacionais, quer em termos internacionais, foi estabelecida uma série de contactos com organizações e entidades (governamentais e não governamentais). Pretendíamos, através destes contactos, a) caracterizar o fenómeno da imigração feminina e do tráfico humano em Portugal sob diferentes perspectivas, b) caracterizar os serviços prestados e os recursos disponíveis em matéria de imigração e de tráfico humano em Portugal, c) obter elementos sobre a leitura que as organizações e entidades fazem das trajectórias de vida das vítimas de tráfico humano, bem como das suas experiências de discriminação social/étnica e sexual, d) auscultar as necessidades das mulheres vítimas de tráfico humano sinalizadas pelas próprias aos/as técnicos/as e e) aferir a viabilidade das organizações e entidades funcionarem como intermediárias no acesso às vítimas de tráfico, accionando assim procedimentos de recrutamento das participantes. Para o efeito realizaram-se visitas e entrevistas a vários/as profissionais. Das várias organizações e entidades contactadas, apenas a Direcção Regional do Norte do SEF se mostrou disponível para colaborar enquanto intermediário no acesso às vítimas, desde que as mesmas dessem o seu consentimento informado para participar na nossa investigação. Assim, o contacto com as vítimas foi estabelecido pelo SEF, que já vinha acompanhando estas mulheres – identificadas como vítimas de tráfico humano - em consequência da sua sinalização em acções de fiscalização a casas nocturnas, especialmente na zona norte do país.

Das mulheres contactadas apenas quatro aceitaram fazer parte do nosso estudo. Embora, por razões de segurança, tenha sido um Inspector do SEF a transportar as vítimas das suas zonas de residência até ao contexto onde foram realizadas as entrevistas, uma vez junto da coordenadora do projecto (pessoa que realizou todas as entrevistas) as vítimas permaneciam sozinhas com a entrevistadora, em local privado. As duas primeiras vítimas entrevistadas deslocaram-se em momentos diferentes ao contexto da entrevista, as duas últimas foram juntas, já que residiam juntas. Foi realizada uma única entrevista a cada uma das quatro mulheres e, em média, as entrevistas, gravadas em áudio, tiveram a duração de 1h30m.

Para a realização das entrevistas junto das mulheres foi elaborado um protocolo de entrevista narrativa e auto-biográfica. Embora contendo questões previamente formuladas sobre diferentes áreas, o protocolo era semi-estruturado, o que possibilitou que ao longo dos diálogos novas questões pudessem ser introduzidas. As áreas sobre as quais o protocolo versava eram a) história de vida (ênfase nas questões relacionadas com o self, com as relações de intimidade e familiares, com experiências de discriminação ou de violência e com o contexto cultural), b) história da vitimação actual (associada ao fenómeno do tráfico) e c) prevenção e acção social (questionamento das medidas indispensáveis à prevenção e erradicação do fenómeno do tráfico, especialmente no que respeita às necessidades sentidas pelas vítimas).

Após ser apresentado o racional da entrevista e explicadas as condições de recolha da informação e os objectivos do estudo, foi solicitado a todas o consentimento informado, tendo sido assegurado que seria preservada a confidencialidade e o anonimato e que os dados seriam apenas utilizados para fins de investigação e divulgação científica.

A condução da entrevista obedeceu às directrizes internacionais em matéria de boas práticas de atendimento a vítimas de tráfico de seres humanos[1] e aos princípios da investigação feminista. Às vítimas foi pedido, reproduzindo um guião construído originalmente por Lieblich, Tuval-Mashiach e Zilber (1998), que pensassem na sua vida como se fossem escrever um livro, sendo que esse livro deveria ser dividido em capítulos, os quais corresponderiam a fases dos seus percursos desde o nascimento até à idade actual. Para facilitar a organização temporal das trajectórias de vida foram dados a cada

---

[1] Especialmente as expressas no IOM Handbook on Direct Assistance for Victims of Trafficking (2007).

uma das mulheres quatro cartões em branco, correspondentes respectivamente à infância, adolescência, idade adulta e velhice/futuro, tendo-lhes sido solicitado que dessem a cada um dos cartões um título. Depois de realizado este procedimento para cada uma das fases eram colocadas quatro questões de base:

1. Conte-me um episódio significativo ou uma lembrança que tenha desta fase da sua vida;
2. Que tipo de pessoa era durante esta etapa?
3. Quem eram as pessoas significativas durante esta fase e porquê?
4. Qual a razão pela qual decidiu terminar este capítulo aqui?

Em função das respostas eram acrescentadas outras questões direccionadas para as áreas anteriormente mencionadas, no âmbito da caracterização da história de vida. Num segundo momento as vítimas foram questionadas sobre a história da vitimação associada ao tráfico e finalmente foram chamadas a dar o seu contributo relativamente a medidas que consideravam ser essenciais para a prevenção e erradicação do fenómeno. A última parte da entrevista procurou constituir-se como um momento de empowerment, de promoção da liderança transformativa e da autonomia das vítimas, por via do favorecimento da consciencialização social dos seus direitos. Procurou-se assim aumentar o sentido de segurança, controlo e poder pessoal providenciando informação sobre os direitos, esboçando futuros possíveis, desconstruindo leituras de culpa pessoal relativas ao processo de vitimação, debatendo os significados e as implicações de se ser mulher e activando redes de suporte social, em Portugal e no país de origem. Os aspectos subjectivos do exercício deste tipo de liderança jogam um papel importante na análise dos contextos de opressão e no desenvolvimento de visões estratégicas e aplicação de instrumentos de acção (Barrow, 2001).

As entrevistas foram analisadas segundo uma metodologia de análise de discurso, a qual é epistemologicamente harmonizável com o pensamento feminista crítico (Nogueira, 2001[a]). O grande fundamento da Análise Crítica do Discurso é o da identificação de padrões de linguagem com práticas com eles relacionadas, mostrando como estas constituem aspectos importantes da sociedade e das pessoas dentro dela (Taylor, 2001 as cited in Nogueira, 2001b). As entrevistas foram transcritas de modo detalhado (respeitando-se e registando-se literalmente todos os aspectos do discurso), os textos resultantes das transcrições foram lidos cuidadosa e repetidamente e sujeitos a um processo de categorização. A partir das categorias que foram emergindo dos textos foram efectuadas conexões entre temáticas, vivências, trajectórias e significados. Finalmente foi escrito o texto de interpretação dos resultados, necessariamente intersubjectivo e parcial.

Todas as mulheres entrevistadas eram de nacionalidade brasileira, sendo que duas eram originárias de Goiás e duas de Tocantins. As suas idades variavam entre os 21, os 33, os 36 e os 47 anos. Oriundas de meios rurais, social e economicamente desfavorecidos, estas mulheres tinham habilitações literárias muito heterogéneas. A mais nova havia deixado a escola durante a frequência do equivalente ao 9.º ano de escolaridade em Portugal, a de 33 anos concluiu o secundário e chegou a prestar provas para uma faculdade de direito, a de 36 anos concluiu o 3.º ano da faculdade de odontologia e a de 47 anos frequentou a escola até ao 12.º ano, tendo também prestado provas para uma faculdade de medicina. Três destas mulheres, as mais velhas, tinham filhos/as, todos/as a residir no Brasil com familiares aquando das entrevistas. A mulher de 33 anos tinha uma filha adolescente de 14 anos, a de 36 anos dois filhos com 16 e 19 anos e a de 47 anos um rapaz com 19 anos.

As evidências encontradas nas narrativas de vida destas quatro mulheres sinalizadas pelo SEF como vítimas de tráfico de seres humanos para fins de exploração sexual assemelham-se em alguns aspectos e diferenciam-se noutros. Sublinhe-se que, apesar das quatro terem sido referenciadas pelo SEF como vítimas de tráfico para fins de exploração sexual, uma delas negou esse estatuto.

Para que a análise efectuada seja melhor apreendida pelo/a leitor/a, serão apresentados extractos dos discursos das entrevistadas, sobretudo no que se refere às histórias da vitimação.

Duas destas mulheres consideram ter tido infâncias felizes, as outras duas referem ter tido infâncias infelizes e difíceis. Todas viveram neste período, como na adolescência, condições de precariedade social e económica no seio das famílias, as principais referências emocionais identificadas pelas quatro. As famílias nucleares, constituídas por um conjunto alargado de elementos, residiam em zonas rurais, onde a actividade principal era a agricultura (a "roça"). Os princípios religiosos parecem ter estado muito presentes nas trajectórias de vida destas mulheres, o que é comum atendendo aos valores da cultura brasileira. A relação com a igreja e com as suas práticas está muito patente nas suas vivências da infância.

Outro dado saliente nos discursos destas mulheres tem a ver com o facto da sua educação familiar ter sido pautada por uma evidente rigidez e inflexibilidade ao nível dos papéis de género. A questão da diferença dos papéis de género reflecte-se ao nível dos estereótipos existentes sobre as noções de feminilidade e de masculinidade e sobre as actividades pretensamente adequadas a cada sexo. Uma das entrevistadas refere inclusivamente o seu desejo de ser homem, já que isso lhe permitiria desenvolver actividades não apropriadas para as mulheres (associadas à agricultura, neste caso).

"Eu queria ser homem. Eu via meus irmãos... nós somos 3 meninas e 7 homens. (...). Eu era muito agarrada ao meu pai e queria fazer com ele o que os meus irmãos faziam". E3

Mas também as brincadeiras e os direitos espelhavam diferenças, em função do sexo:

"Ele (irmão) não aceitava brincar com o tipo de brincadeiras de uma mulher e eu já aceitava...às vezes andava a cavalo, pegava corridas e gostava de caçar". E4

"Nós somos 9 irmãos, mas eu sou filha única, a única mulher, e por eu ser uma menina muito bonita, muito bonita mesmo, (...) ele tinha ciúmes de mim (...) ele sempre me acorrentava pela perna e me deixava trancada numa sala, né? (...) Para mim não sair de casa (...)". E1

Duas destas mulheres, as que referiram ter tido infâncias difíceis e infelizes, foram vítimas de abuso sexual, uma por parte do pai, outra por parte de um padre, que a engravidou e que viria a ser o pai da sua filha.

Os relatos destas mulheres demonstram também a existência de violência dirigida às suas mães pelos companheiros, seus pais, sobretudo violência psicológica e física.

A adolescência parece ter sido um período conturbado para todas, de tal modo que uma das mulheres refere não ter sequer vivido essa fase. Os discursos apontam para o facto da adolescência destas mulheres ter sido caracterizada por um desejo intenso de se tornarem adultas rapidamente, para fugir da precariedade, da falta de liberdade ou da dependência da família. O marco do início da idade adulta foi, para três destas mulheres, a maternidade. Uma vez chegadas à adultez, as suas vidas passaram a significar "experiência", "guerra" e "sofrimento", ao invés da libertação ambicionada.

Duas destas quatro mulheres foram casadas e as duas foram vítimas de violência conjugal severa.

"Então no começo ele me tratava muito bem. Era como sabe todos os homens (risos), que no começo era flores, depois começa (…)". E1

"Meu marido queria que eu conquistasse os homens lá fora e fizesse sexo para ele ver e sentir prazer. E eu já não suportava mais, já não aguentava mais isso, não aguentava…eu perdi o amor por ele, não tinha mais amor, não sentia nada por ele, nada". E3

Nenhuma destas mulheres estava, no Brasil, envolvida na indústria do sexo. Referem ter tomada a decisão de imigrar estritamente por razões de ordem económica.

"Eu não tinha condições para pagar uma casa. Minha família não tem condições, é uma família de classe baixa. Vim para cá para trabalhar por causa disso, mas nunca me prostituí aqui. Trabalho em casa de copos, não tem nada a ver com casa de subidas". E3

"Fiquei no sufoco (…), não tinha tecto, estava difícil, difícil". E4

"Eu queria trabalhar, ganhar o meu dinheiro, sabe? Para chegar lá no Brasil e ter alguma coisa para mim mais digna". E1

Todas deram o seu consentimento para vir para Portugal e nenhuma foi informada de que viria a trabalhar na indústria do sexo. As que referem ter sido obrigadas a prostituir-se (três das quatro) manifestaram tê-lo feito contra a sua vontade, tendo sido alvo de coação. Todas elas se posicionam contra a prostituição.

"Ter que suportar aqueles homens…você não tem noção do que é você ter que ir para a cama com um homem que você nunca viu, por dinheiro. Nojentos, asquerosos. (…)"E1

Estas três mulheres viajaram para Portugal depois de terem sido aliciadas por pessoas no Brasil que lhes compraram a passagem e lhes emprestou dinheiro, resultando daí uma dívida avultada, que viria a aumentar no país de recepção Estes indivíduos, alegados angariadores, eram conhecidos na região por recrutar mulheres jovens para viajar para Portugal, com a promessa de trabalho e dignificação das suas condições de vida.

"Eu vim para cá inocentemente, eu me sentia muito humilhada na casa da minha família e aí encontrei essa pessoa que disse que ia me dar um emprego numa clínica ou de pessoas idosas e que eu ia conseguir os meus objectivos. Era tudo mentira. Aí me colocaram dentro da prostituição". E1

"Elas vinha para cá e nunca falava mesmo o que vinha fazer. Ia trabalhar, você sabe que as pessoas imigram muito... muitas pessoas têm sonhos, têm os seus ideias...porque todas que vinha e volta já tem uma vida melhor, já pode ter uma casa boa, mas saber o que vem fazer aqui eles não falam. Eu não sabia...a casa que eu vinha era para a prostituição mesmo". E4

"Eu não sabia de quê que eu vinha. Se eu soubesse que ela ia-me trazer para a prostituição eu não tinha vindo. Eu nunca fiz isso, nunca passou pela minha cabeça eu tá me vendendo, nunca. Ela disse que eu ia trabalhar num restaurante". E2

A mulher que negou ser vítima de tráfico veio para Portugal por intermédio de uma irmã. O seu percurso contrasta com as trajectórias das demais mulheres. A irmã morava em Portugal, acolheu-a em sua casa até que ela arranjasse emprego e parece e, segunda ela, nunca houve contacto prévio com indivíduos ligados a redes de tráfico. A actividade profissional que desenvolve em casas de alterne tem, segundo ela, contornos distintos da actividade das outras mulheres, afirmando nunca ter sido forçada a qualquer tipo de actividade sexual ou sujeita a violência.

As mulheres vítimas de tráfico descrevem formas variadas de opressão e de violência dirigidas a si e a outras mulheres, de múltiplas nacionalidades ("africanas, ucranianas, angolanas, chinesas, francesas, há de tudo". E3).

"Os homens são muito porcos na noite. Um dia falei para um que ele não tava mexendo com nenhum bicho, estava mexendo com um ser-humano". E4

"Fiquei doente de parar no hospital, passei necessidades. (...) Ele me pediu dinheiro e aí, como não tinha, ele pegou e me bateu muito, muito mesmo. Ele disse que me matava e fiquei com medo. Fiquei toda machucada e ele disse que no dia seguinte eu ia trabalhar do mesmo jeito. (...) Ele me obrigou a cortar meu cabelo que era grande, acima do quadril. Nunca tinha cortado o cabelo na minha vida porque a minha religião não permite e ele me obrigou a usar lentes. Ele disse que eu parecia uma cigana. Foi a coisa mais difícil da minha vida". E1

"Eles dizia tu não pode desistir se não eles faz qualquer coisa com a tua família. Eles nunca encostaram em mim, mas batiam muito nas outras mulheres. Eu não dava motivo para eles". E2

Contudo, curiosamente, consideram que ao contrário do que sucedeu com elas, as mulheres brasileiras que vêm agora para Portugal já sabem que vão trabalhar como prostitutas, conhecendo os riscos que correm. Esta posição consensual parece indicar que a questão do consentimento as faz subestimar a gravidade de situações de tráfico, admitindo contudo a sua existência.

"Hoje não, hoje eu acho que elas já vêm com a escola feita de lá para cá. Já sabem ao que vêm. (...). Tem meninas que vem, são pagas as passagens pelo dono das casas, não é? Eles pegam o passaporte delas e trancam elas num quarto, são obrigadas a trabalhar para eles, isso e aquilo, lá eles falam uma coisa e quando chegam aqui são outras coisas, muitas apanham, outras são mortas em apartamentos. Conheço muita gente assim. Muitas encontram portugueses que ajudam elas (...) 30% ainda vêm enganadas, as outras não". E3

O estigma associado às brasileiras e o sentimento de discriminação é muito proeminente nos discursos das quatro mulheres, sobretudo por parte das mulheres portuguesas.

"Aqui é muito complicado porque você vem para um país que não é o seu. Todas as brasileiras que estão aqui são tidas como putas, mas não é. Tratam-nos como lixo, como ninguém, destruidoras de lares". E3
"Os homens até que não, mas as mulheres ficam mais enciumadas (...). As portuguesas se vêem um homem e uma mulher conversando já acham que... acho que o brasileiro é mais comunicativo...". E4
"Para eles nós somos putas (...) alguns acham que é trabalho. (...) Outros olham torto, essas mulheres discriminam a gente ao mesmo tempo". E2
Os clientes são, segundo elas, muitas vezes, quem as protege e quem as resgata da noite ("eles têm dó da gente". E1. "Alguns passam a noite inteira só conversando com a gente". E2), porque em algumas situações são criados vínculos ("A gente é tipo uma psicóloga nocturna" E3).

Todas as mulheres imaginam uma velhice tranquila e vitoriosa, em família. Duas delas salientam desejar voltar ao Brasil quando estiverem reunidas condições para tal.

Quanto questionadas sobre medidas de combate ao flagelo, mencionam a melhoria das condições de vida nos seus países de origem.

5. Considerações reflexivas sobre os significados das narrativas (pessoais e sociais) do tráfico de mulheres para fins de exploração sexual

Neste estudo exploratório, sem pretensões de generalização, procurou-se conhecer e caracterizar as vivências de mulheres sinalizadas como vítimas de tráfico para fins de exploração sexual, ouvindo-as e dando-lhes voz. Tendo por base um enquadramento teórico, epistemológico e metodológico feminista crítico, procuramos aprofundar o conhecimento científico sobre as dinâmicas do tráfico de seres humanos, tentando compreender os processos através dos quais as distribuições desiguais de poder, permeadas por relações sociais assimétricas, produzem a violência de género (Piscitelli & Vasconcelos, 2008).

Esta investigação corrobora muitas das conclusões elencadas por estudos efectuados anteriormente, quer nacional, quer internacionalmente. Quer do ponto de vista das dinâmicas globais do tráfico, quer do ponto de vista das especificidades do tráfico de mulheres para fins de exploração sexual, encontramos elementos que apontam no sentido da existência de indicadores recorrentes. Destacamos a questão da nacionalidade das vítimas, do seu perfil sócio-demográfico e da presença de factores de risco que parecem potenciar a vulnerabilidade à vitimação (e.g. história familiar; historial prévio de abuso).

Consideramos que uma das evidências que este estudo vem reforçar é a de que a análise do fenómeno do tráfico de mulheres para fins de exploração sexual não pode fazer-se deixando à margem a discussão sobre a portentosa influência das questões de género, mas também da etnia, da cultura e da classe social (entre outros factores) nos processos de vitimação contra as mulheres. Se quer a imigração, quer o tráfico de seres humanos são fenómenos *feminizados* (*genderizados* portanto), então o entendimento sobre as dinâmicas e os processos deste tipo de problemáticas sociais tem de contemplar forçosamente uma análise interseccional.

É possível, dentre as trajectórias de vida destas quatro mulheres, reconhecer factores comuns de exposição ao risco, especialmente ao nível da precariedade das condições sócio-económicas dos seus contextos de origem e da vulnerabilidade dos seus agregados familiares, as quais resultaram na decisão de imigrar para Portugal, em busca de emprego e estabilidade (em busca da concretização de sonhos). Oriundas de zonas rurais estruturalmente pouco desenvolvidas do nordeste brasileiro, estas mulheres parecem ter tido percursos desenvolvimentais marcados pela necessidade de suprir uma conjuntura social e económica favorável à desigualdade e à discriminação. Querendo fugir da pobreza e da instabilidade, mas também de vivências de violência familiar e relacional, estas mulheres encontraram nas promessas de um futuro condigno a esperança de uma qualquer forma de libertação/emancipação.

Embora uma destas mulheres negue ter sido vítima de tráfico, parece-nos que ela seria uma forte candidata a este tipo de vitimação, já que a sua trajectória de vida, bem como as suas condições sócio-económicas, a colocavam em risco.

Socializadas de acordo com os valores tradicionais da igreja e muito reprimidas na expressão da sua sexualidade, estas mulheres demonstram ter tido uma educação muito vinculada à tradicional *ordem* de género (Connell, 1987). É interessante notar que a maternidade é encarada, por elas, como o marco mais importante do seu percurso desenvolvimental, sendo este papel social – o de mães – o mais representativo da sua condição de mulheres. A maternidade é inclusivamente referida como uma das razões que melhor justifica a imigração, procurando estas mulheres providenciar aos/às filhos/as as condições de dignidade económica e social que nunca tiveram.

Um outro elemento interessante de observar neste estudo tem a ver com o reforço da fé e da religiosidade em consequência das situações de vitimação. A questão cultural sobressai neste aspecto, sendo a crença religiosa um factor de protecção no que se refere à estabilidade emocional. Vários estudos têm demonstrado que a religiosidade e a fé amortecem o impacto da vitimação, contribuindo para a resiliência das vítimas. Os dados indicam que a fé aumenta a capacidade das vítimas fazerem face a acontecimentos traumáticos, tendo estes habitualmente como resultado o reforço da religiosidade (Kennedy, Davis & Taylor, 1998).

É notória neste estudo a diferenciação dos papéis de género no domínio da família e das relações de intimidade, valorizando-se os papéis masculinos, em detrimento dos femininos. As vivências de uma feminilidade que, muitas vezes, parece ser mais imposta do que escolhida não são nada residuais nas narrativas, aparecendo antes como um dado incontornável. A experiência de se ser mulher, e de se ser mulher dentro de um quadro restrito de possibilidades, reforça a desvalorização das identidades femininas. Este dado está patente no desejo de se ser homem ou no desejo de se fazer o que só os homens podem fazer. O género é, neste sentido, uma interpelação social que constrange as identidades das mulheres (Rubin, 1975).

A *ordem* de género, enquanto sistema de relações sociais de poder determinante na construção das identidades de género (Connell, 1987) estrangula as escolhas e, no caso das mulheres, restringe os campos de actuação social, como se ser mulher e, neste caso em particular, ser brasileira, ser pobre e posteriormente imigrante, significasse não poder fugir a um destino de vitimação. As evidências encontradas neste estudo parecem-nos ser um ponto de partida para a compreensão de como a *ordem* de género gera fragilidades e vulnerabilidades potenciadoras da violência contra as mulheres

As formas de violência sofridas por estas mulheres têm também na sua génese a desigualdade e a violência de género, quer no seio da família e da intimidade, quer nas vivências de imigração, especialmente no contexto do tráfico. Aliás, no que se refere a este último, a *coisificação* das mulheres e a sua equiparação a objectos sexuais comercializáveis e consumíveis, relembra a existência de um inequívoco sistema de hierarquização de género, o qual pressupõe diferentes acessos ao e usos do poder. A prostituição não é, neste estudo em particular, uma actividade laboral exercida em liberdade e autonomamente, mas sim uma forma de exploração e de opressão sexual que visa remeter as mulheres a um estatuto mercantil. A sexualidade tem sido uma das mais comuns armas de repressão da liberdade das mulheres, sendo o corpo feminino um território sobre o qual as próprias mulheres parecem ter poucos ou nenhuns direitos (Peniche, 2007).

Nas vivências de imigração as mulheres relatam a existência de discriminação de género, mas também de discriminação cultural e étnica, sendo o estigma associado às brasileiras um factor de inibição da inclusão e do acolhimento de facto. Este estigma está amplamente documentado na literatura (cf. Santos, 2005; Correia, 2009). Mais uma vez é fundamental considerar diferentes pertenças identitárias quando se analisa qualquer processo de vitimação, já que o cumulado dessas pertenças determina o potencial de vitimação e a exposição ao risco. A Teoria da Interseccionalidade, da autoria de

Crenshaw, ajuda a explicar como ocorrem as múltiplas formas de opressão, decorrentes desse cumulado. Segundo a autora, a interseccionalidade é um modo de analisar os diferentes eixos da subordinação (Crenshaw, 1994). O racismo, o sexismo, o heterossexismo, a opressão de classe e outros eixos de discriminação fomentam desigualdades estruturais, que se constituem como aspectos dinâmicos ou activos de desempoderamento (Crenshaw, 2002).

Partilhamos do argumento de Piscitelli (2008) ao entendermos que as experiências das migrantes brasileiras são afectadas por múltiplos aspectos para além do género.

> Essas migrantes são afetadas pela imbricação entre noções de sexualidade, gênero, raça, etnicidade e nacionalidade. Refiro-me às noções sexualizadas e racializadas de feminilidade pelo fato de serem brasileiras. Independentemente de serem consideradas no Brasil, brancas ou morenas, nos fluxos migratórios para certos países do Norte as brasileiras são racializadas como mestiças. No lugar desigual atribuído ao Brasil no âmbito global, a nacionalidade brasileira, mas do que a cor da pele, confere-lhes essa condição. E essa racialização é sexualizada (Piscitelli, 2008, p. 269).

É interessante notar nesta investigação o posicionamento das próprias mulheres entrevistadas relativamente a outras mulheres conterrâneas em situações análogas, a partir da concepção que apresentam sobre a não legitimidade da prostituição e aquilo a que chamaríamos de *naturalização* da violência. Confundindo o tráfico de seres humanos com a prostituição, estas mulheres entendem que as brasileiras que imigram para Portugal no presente o fazem dando o seu consentimento para a prática da prostituição, não havendo engano a este respeito A violência que é sofrida no âmbito desta actividade é encarada como uma consequência *natural* da prostituição. Como sabemos, a questão do consentimento é irrelevante em casos de tráfico de seres humanos e, a ser verdade que as mulheres imigram com vista a desenvolverem uma actividade laboral na indústria do sexo, não é certamente verdade que consintam na exploração e na violência. Mais uma vez está aqui implícita a ideia de que moralmente a prostituição é condenável e que uma vez nela a violência contra as mulheres é quase inevitável, identificando-se aqui uma atitude de conformismo e de alguma resignação face ao *destino*. Os discursos de resistência são por isso inexistentes, sendo as noções de direito muito difusas a este nível.

Cremos ser evidente que urge consciencializar as mulheres para os seus direitos, assim como desconstruir discursos de *vitimação como destino*. Para isso é necessário fazer a passagem de um estado de consciência ingénua e acrítica para um processo de consciência crítica activa (Freire, 1997). Este processo traduz-se num acto de conhecimento que obriga à confrontação gradual das múltiplas localizações identitárias e sua respectiva conotação social.

REFERÊNCIAS

Abranches, M. (2007). *Pertenças Fechadas em Espaços Abertos. Estratégias de (re)Construção Identitária de Mulheres Muçulmanas em Portugal*. Lisboa: ACIDI.

Amâncio, L. & Ávila, P. (1995). O género na ciência. In J. C. Jesuíno (Ed.). *A comunidade científica portuguesa nos finais do século XX*. (pp. 135-162). Oeiras: Celta Editora.

Anya, S. & Roy, A. (2006). Series Introduction. In Sadhna, A. (Ed.). *Poverty, Gender and Migration*. (pp. 7-17). London: Sage.

Barrow, N. (2001, November). *Feminist transformative leadership. A learning experience with peasant and gatherer women in Brazil*. Conference presented at Fifth Annual Dame Nita Barrow Lecture and Keynote Address. 4th International Conference on Transformative Learning. Toronto. Retrieved from http://www.oise.utoronto.ca/cwse/Moema%20Lecture%205.pdf

Berman, J. (2003). (Un)Popular Strangers and Crises (Un)Bounded: Sex-trafficking, the European Political Community and the Panicked State Discourses of the Modern State. *European Journal of International Relations*, 9(1), 37-86.

Castles, S. & Mark, M. (2003). *The age of migration: International population movements in the modern world*. Basingstoke, Nova Iorque: Macmillan.

Connell, R. (1987). *Gender and Power*. Stanford: Stanford University Press.

Correia, C. (2009). *Ser brasileira em Portugal – Uma abordagem às representações, preconceitos e estereótipos sociais*. Tese de Mestrado não publicada. Castêlo da Maia: Instituto Superior da Maia.

Council of Europe (2003). *Migration connected with trafficking in women and prostitution*. Committee on Equal Opportunities for Women and Men. Retrieved from http://assembly.coe.int/Documents/WorkingDocs/Doc03/EDOC9795.htm

Council of Europe (2005). *Council of Europe Convention on Action against Trafficking in Human Beings*. Retrieved from
http://www.coe.int/t/dg2/trafficking/campaign/Source/PDF_Conv_197_Trafficking_E.pdf

Crenshaw, K. (1994). Mapping the Margins: Intersectionality, Identity, Politics and Violence Against Women of Color. In M. Fineman & R. Mykitiuk, R. (Ed.). *The Public Nature of Private Violence*. (pp. 93-118). New York: Routledge.

Crenshaw, K. (2002). Documento para o encontro de especialistas em aspectos da discriminação racial relativo ao gênero. *Estudos Feministas*. 10, 171-188.

Davidson, J. (2005). *Children in the Global Sex Trade*. Cambridge: Polity Press.

Departament of State – United States of America (2010). *Trafficking in Persons Report*. Retrieved from http://www.state.gov/documents/organization/142979.pdf

Desai, M. (2007). The Messy Relationship Between Feminisms and Globalizations. *Gender & Society*. 21, 797-803.

Doezema, J. (1999). Loose women or lost women? The re-emergence of the myth of white slavery in contemporary discourses of trafficking in women. *Gender Issues.* 18(1), 23-50.
Farr, K. (2005). *Sex trafficking: The global market in women and children.* New York: Worth Publishers.
Ferreira, V. (1998). Engendering Portugal: Social Change, State Politics and Women's Mobilization. In A. Costa Pinto (Ed.). *Modern Portugal.* (pp. 162-188). Stanford: Stanford University Press
Freedman, J. (2003). A gendered analysis of Migration in Europe. In J. Freedman (Ed.). *Gender and Insecurity. Migrant Women in Europe* (pp. 1-18). Aldershot: Ashgate.
Freire, P. (1997). *Pedagogia da autonomia. Saberes necessários à Prática Educativa.* São Paulo: Paz e Terra.
Gajic-Veljanoski, O. & Stewart, D. (2007). Women Trafficked Into Prostitution: Determinants, Human Rights and Health Needs. *Transcult Psychiatry.* 44, 338-358.
Global Alliance against Traffic in Women (2000). *Human Rights and Trafficking in Persons: A Handbook.* Bangkok, Thailand: Global Alliance against Traffic in Women.
Grupo Davida (2005). Prostitutas, "traficadas"e pânicos morais: uma análise da produção de fatos em pesquisas sobre o "tráfico de seres humanos". *Cadernos Pagu.* 25, 153-184.
Guy, D. (1992). White slavery, citizenship and nacionality in Argentina. In A. Parker et al. (Ed.). *Nacionalisms and Sexualities* (pp. 201-217). London: Routledge.
Harding, S. (1991*). Whose Science? Whose Knowledge?: Thinking from Women's Lives.* New York: Cornell University Press.
Hondagneu-Sotelo, P. (2005). *Gendering Migration: Not for "feminists only" – and not only in the household.* The Center for Migration and Development: Princeton University. Retrieved from http://cmd.princeton.edu/papers/wp0502f.pdf
IOM (2007). *The IOM Handbook on Direct Assistance for Victims of Trafficking.* Geneva: International Organization for Migration.
Jeffreys, S. (2002, July). *Trafficking in Women versus Prostitution: A false distinction.* Presentation at Townsville International Women's Conference in Australia at James Cook University.
Keller, E. F. (1991). *Reflexiones sobre Género y Ciencia.* Valencia: Edicions Alfons el Magnanim.
Kempadoo, K. (1998). Introduction: Globalizing sex workers' rights. In Kempadoo, K. & Doezema, J. (Ed.), *Global sex workers: Rights, resistance and redefinition.* (pp. 1-28). London: Routledge
Kempadoo, K. (2005). Mudando o debate sobre o tráfico de mulheres. *Cadernos Pagu.* 25, 55-78.
Kennedy, J., Davis, R. & Taylor, B. (1998). Changes in Spirituality and Well-Being among Victims of Sexual Assault. *Journal for the Scientific Study of Religion.* 37, 322-328.
Lieblich, A., Tuval-Mashiach, R., & Zilber, T. (1998). *Narrative research: Reading, analysis and interpretation.* Thousand Oaks: Sage
Lopes, A. (2006). *Trabalhadoras do sexo uni-vos. Organização laboral na indústria do sexo.* Lisboa: Publicações Dom Quixote.
Masika, R. (2002). *Gender, Trafficking, and Slavery.* Oxford: Oxfam

Marques, C., Macedo, E. & Canotilho, P. (2003). Da Tecitura Complexificadora entre Feminismos e Pós-Modernidade: Uma relação de interpelação crítica. In C. Marques, C. Nogueira, M. J. Magalhães & S. M. Silva (Ed.). *Um olhar sobre os feminismos: pensar a democracia no mundo da vida.* (pp. 97-123). Porto: UMAR.

Moghadam, V. M. (1999). Gender and Globalization: Female Labor and Women's Mobilization. *Journal of World-Systems Research.* 2, 367-388.

Miko, F. (2003). Trafficking in Women and Children: The U.S. and International Response. In A. Troubnikoff (Ed.). *Trafficking in Women and Children: Current Issues and Developments.* (pp. 1-25). New York: Nova Science Publishers.

Miranda, J. (2009). *Mulheres imigrantes em Portugal: Memórias, Dificuldades de Integração e Projectos de Vida.* Lisboa: ACIDI.

Neves, S. (2008). *Amor, Poder e Violências na Intimidade: os caminhos entrecruzados do pessoal e do político.* Coimbra: Quarteto.

Neves, S. & Nogueira, C. (2010). Deconstructing Gendered Discourses of Love, Power and Violence in Intimate Relationships. In D. C. Jack & A. Ali (Ed.). *Silencing the Self Across Cultures Depression and Gender in the Social World.* (pp. 241-261). Oxford: Oxford University Press.

Nogueira, C. (2001a) A análise do discurso. In L. Almeida & E. Fernandes (Ed.). *Métodos e técnicas de avaliação: novos contributos para a prática e investigação.* (pp. 15-48). Braga: CEEP.

Nogueira, C. (2001b). *Um novo olhar sobre as relações sociais de género.* Lisboa: Fundação Calouste Gulbenkian.

Nogueira, C., Saavedra, L. & Neves, S. (2006). Critical (Feminist) Psychology in Portugal. Will it be possible? *Annual Review of Critical Psychology.* 5. Retrieved from http://www.discourseunit.com/arcp/5

Nolin, C. (2006). *Transnational Ruptures: Gender and Forced Migration.* Aldershot: Ashgate.

Obokata, T. (2006). *Trafficking of Human Beings from a Human Rights Perspective: Towards a Holistic Approach.* Leiden: Martinus Nijhoff Publishers.

O.McKee, J. (2000). Introduction. In J. O.McKee (Ed.). *Ethnicity in contemporary America. A Geographical Appraisal.* (pp. 3-18). New York: Rowman & Littlefield.

Oliveira, J., Neves, S., Nogueira, C. & Koning, M. (2009). Present but un-named: feminist liberation psychology in Portugal. *Feminism and Psychology.* 19, 394-406.

Peixoto, J. (2004). *País de emigração ou país de imigração? Mudança e continuidade no regime migratório em Portugal.* SOCIUS - Centro de Investigação em Sociologia Económica e das Organizações. Retrieved from http://pascal.iseg.utl.pt/~socius/publicacoes/wp/wp200402.pdf

Peixoto, J., Casaca, S. Falcão, Figueiredo, A., Gonçalves, M., Floriano, A., Sabino, C., Chagas, Lopes M., Perista, H., Perista, P. & Phizacklea, A. (2006). *Mulheres Migrantes: Percursos Laborais e Modos de Inserção socioeconómica das Imigrantes em Portugal.* Relatório Final (versão síntese). Lisboa: Instituto Superior de Economia e Gestão – Universidade Técnica de Lisboa.

Peixoto, J., Goucha, Soares A., Costa, P., Murteira, S., Pereira, S. & Sabino, C. (2005). *O Tráfico de Migrantes em Portugal: Perspectivas Sociológicas, Jurídicas e Política.* Lisboa: ACIME/Observatório da Imigração.

Peniche, A. (2007). *Elas somos nós: o direito ao aborto como reivindicação democrática e cidadã*. Porto: Afrontameno.
Perista, H. (2000). Exclusões: mulheres pobres em Lisboa. In Vaz, M. João et al (Ed.). *Exclusão na História*. Actas do Colóquio Internacional sobre Exclusão Social. Lisboa: Celta.
Piscitelli, A. (2007). Brasileiras na indústria transnacional do sexo. *Nuevo Mundo-Mundos Nuevos*. 7, 20.
Piscitelli, A. (2008). Interseccionalidades, categorias de articulação e experiências de migrantes brasileiras. *Sociedade e cultura*. 11(2), 263-274.
Piscitelli, A. & Vasconcelos, M. (2008). Apresentação. Dossier: Género no Tráfico de Pessoas. *Cadernos Pagu*, 31, 9-28.
Raymond, J. (2002). Intersections between migration and trafficking. In Janice Raymond (Ed.). *Comparative Study of Women Trafficked in the Migration Process. Patterns, Profiles and Health Consequences of Sexual Exploitation in Five Countries (Indonesia, the Philippines, Thailand, Venezuela and the United States.)* (pp. 8-15). Coalition against Trafficking in Women. Retrieved from http://www.oas.org/atip/Migration/Comparative%20study%20of%20women%20trafficked%20in%20migration%20process.pdf
Raymond, J. & Hughes, D. (2001). *Sex Trafficking of Women in the United States. International and Domestic Trends*. Coalition against Trafficking in Women. Retrieved from http://www.uri.edu/artsci/wms/hughes/sex_traff_us.pdf
Rubin, G. (1975). The Traffic in Women. Notes on the "Political Economy" of Sex. In R. Reiter (Ed.). *Toward an Anthropology of Women*. (pp. 157-210). New York, Monthly Review Press.
Santos, B., Gomes, C., Duarte, M. & Baganha, M. I. (2007). *Tráfico de Mulheres em Portugal para fins de Exploração Sexual*. Portugal. Projecto CAIM.
Santos, C. (2003). *Imagens de Mulheres Imigrantes na Imprensa Portuguesa. Análise do ano 2003*. Lisboa: ACIDI.
Santos, C. (2005). Mulheres Imigrantes na Imprensa Portuguesa. In SOS Racismo (Ed.). *Imigração e Etnicidade – vivências e trajectórias de mulheres em Portugal*. (pp. 51-62) Lisboa: SOS Racismo.
SEF (2009). *Relatório de Imigração, Fronteiras e Asilo*. Oeiras: SEF. Retrieved from http://sefstat.sef.pt/Docs/Rifa_2009.pdf
Sweetman, C. (1998). Editorial. In C. Sweetman (Ed.). *Gender and Migration*. (pp. 2-6). Oxford: Oxfam.
Tavares, M. (2006). *Prostituição. Diferentes posicionamentos no movimento feminista*. Retrieved from http://www.umarfeminismos.org/grupostrabalho/pdf/prostituicaomantavares.pdf
United Nations Development Fund for Women (UNIFEM) (2003). *Human Rights Protections Applicable to Women Migrant Workers - A UNIFEM Briefing Paper*. New York: United Nations Development Fund for Women. Retrieved from http://www.unifem.org/attachments/products/HRProtectionsApplicable2WMW_eng.pdf
United Nations Division for the Advancement of Women (DAW) & United Nations Office on Drugs and Crime (ODC) (2002). *Trafficking in women and girls*. Report of the Expert Group Meeting. Glen Cove, New York, USA, 18 – 22 November. Retrieved from http://www.un.org/womenwatch/daw/egm/trafficking2002/reports/Finalreport.PDF

United Nations Development Programme (UNDP) (2006). *Taking Gender Equality Seriously. Making progress, meeting new challenges*. New York: United Nations Development Programme.

United Nations Population Fund (UNFP) (2005). *International Migration and the Millennium Development Goals*. Selected Papers of the UNFPA Expert Group Meeting. Marrakech, Morocco. 11-12. Retrieved from http://www.unfpa.org/upload/lib_pub_file/487_filename_migration_report_2005.pdf

United Nations Population Fund (UNPF) (2008). *State of World Population 2008 - Reaching Common Ground: Culture, Gender and Human Rights*. United Nations Population Fund. Retrieved from http:// www.unfpa.org/swp/2008/presskit/docs/en-swop08-report.pdf

Wall, K., Nunes, C. & Matias, A. Raquel (2005). *Immigrant Women In Portugal: migration trajectories, main problems and policies*. Institute of Social Sciences, University of Lisbon. Retrieved from http://www.oi.acime.gov.pt/docs/RelatorioPT/NR_Immigrant_Women_Portugal.pdf

SOBRE AS/OS AUTORAS/ES

SOFIA NEVES é licenciada em Psicologia e Doutorada em Psicologia Social pela Universidade do Minho. É docente e investigadora no Instituto Superior da Maia (ISMAI) onde coordena actualmente a Licenciatura em Psicologia e um grupo de investigação sobre Perfomatividades de Género. Tem publicado vários artigos científicos e capítulos de livros no domínio da Vitimologia, da Psicologia Social Crítica, dos Estudos de Género e dos Feminismos Críticos sobre temáticas como a violência de género, o tráfico de mulheres para fins de exploração sexual e as performatividades de género. Publicou em 2008 o livro *Amor, Poder e Violências na Intimidade: os caminhos entrecruzados do pessoal e do político*.

A autora é regente e docente, entre outras, das unidades curriculares de Vitimologia I e II da Licenciatura em Criminologia e de Modelos Explicativos em Vitimologia dos Mestrados em Psicologia da Justiça e Psicologia Escolar e da Educação do ISMAI.

Está envolvida em vários projectos de organizações não governamentais e movimentos sociais em prol dos Direitos Humanos.

MARISALVA FÁVERO é licenciada em Psicologia e doutorada em Psicologia no programa de Sexologia pela Universidade de Salamanca. É Psicoterapeuta psicodramatista pelo Núcleo de Estudos Psicodramáticos de Florianópolis, Brasil. É terapeuta sexual e técnica de Educação Sexual. É sócia da Sociedade Portuguesa de Sexologia, Membro da World Association for Sexual Health (WAS) e membro da direcção e sócia da Asociación Española de Psicodrama. No Instituto Superior da Maia, onde é docente e investigadora, coordena a Linha de Investigação em Sexualidade com diversos projectos de investigação na área das agressões sexuais e da sexualidade ao longo do ciclo vital. A autora foi Coordenadora do Mestrado em Sexologia no ISMAI e colabora nos Mestrados da área da Psicologia, no âmbito dos quais tem vindo a leccionar diversas Unidades Curriculares na área da Vitimologia, agressões sexuais a menores, aplicação do Psicodrama à intervenção nas situações de agressões sexuais a menores e sexualidade ao longo do ciclo vital. Possui diversas publicações e participações em vários congressos nacionais e internacionais na área da sexualidade e da vitimologia, tendo em 2003 publicado o livro *Sexualidade infantil e abusos sexuais a menores*, onde apresentou os dados do primeiro estudo nacional sobre os abusos sexuais a menores. É também Editora da Revista "Hoja de Psicodrama", da Asociación Española de Psicodrama, desde 2008 e Membro da Editoria Internacional da revista "Terapia sexual – clínica, pesquisa e aspectos psicossociais" desde 2007.

EZZAT FATTAH é fundador da Escola de Criminologia, da Simon Fraser University, em Vancouver, no Canadá, onde é professor emérito. É vice-presidente da Sociedade Internacional de Criminologia (Paris). É autor, co-autor, editor e co-editor de dezenas de livros incluindo *La victime est-elle coupable?* (1971), *Understanding criminal victimization* (1991), *Criminology: past, present and future* (1997), *Support for crime victims in a comparative perspective* (co-editado com Tony Peters em 1998) e *Victim policies and criminal justice on the road to restorative justice* (co-editado com Stephan Parmentier em 2001). O autor publicou cerca de uma centena de artigos científicos e capítulos de livros em revistas especializadas e obras de referência.

Fattah é pioneiro no domínio da Vitimologia, tendo publicado sobre o tema desde 1966. É um acérrimo defensor dos Direitos Humanos e das liberdades civis, um forte crítico da punição e retribuição, advogando a Justiça Restaurativa.

SANDRA WALKLATE é professora na School of Sociology and Social Policy, da University of Liverpool. As suas publicações são sobretudo no domínio da Vitimologia e Criminologia. É autora, co-autora, editora e co-editora de vários artigos científicos e livros, entre os quais *Handbook of Victims and Victimology* (2007), *Understanding Criminology* (2007), *Imagining the victim of crime* (2007), *Beyond the Risk Society* (2006), *Murder: Social and Historical Perspectives* (2006), *Imagining the Victim of Crime* (2006) e *Criminology* (2005).

Tem trabalho com organizações de apoio às vítimas e desenvolvido programas de formação com o objectivo de melhor compreender o impacto do crime nas vítimas.

É membro editorial do *British Journal of Criminology* (desde 2006), da *Contemporary Justice Review* (desde 2005), da *Critical Criminology* (desde 2001), da *Theoretical Criminology* (desde 2001) e do *Crime Prevention and Community Safety: An International Jour* (desde 1999).

KATHERINE VAN WORMER é professora de Serviço Social na University of Northern Iowa. Trabalhou na Irlanda do Norte e na Noruega. van Wormer é autora e co-autora de 16 livros e cerca de 60 artigos. É autora e co-autora das obras *Human Behavior and the Social Environment, Micro and Macro Levels* (2nd ed) (Oxford University Press), *Addiction Treatment: A Strengths Perspective* (2nd ed.) (2008) (Cengage), *Women and the Criminal Justice System* (3rd ed.) (2010) (Prentice Hall), *Death by Domestic Violence: Preventing the Murders and the Murder-Suicides* 2009 (Praeger) e *Working with Female Offenders: A Gender-Sensitive Approach,* 2010 (Wiley & Sons). Em todos os seus livros é abordada a Justiça Restaurativa. O volume *Restorative Justice Across the East and the West,* editado pela autora, está disponível em http://scribd.com/vanwormer. Centra-se nas questões da paz e da conferência de reconciliação, em situações pós-guerra.

LILIA BLIMA SCHRAIBER é médica, com especialização em Saúde Pública e Planejamento para o sector da Saúde. É mestre e doutora em Medicina Preventiva. Desde 1983 é professora da Faculdade de Medicina da Universidade de São Paulo (USP), no Brasil. É membro titular da Cátedra UNESCO de Educação para a Paz, Direitos Humanos, Democracia e Tolerância e do Conselho Deliberativo do Núcleo de estudos da Violência da USP (NEV-USP). Foi investigadora principal da parte brasileira do "WHO – Multi--country Study on Womens' Health and Domestic Violence against women", coordenado pela Organização Mundial da Saúde.

Mais recentemente desenvolve estudos locais e multicêntricos em violência e saúde também com homens, além de programas de atenção primária para homens, na perspectiva de género.

VERA DUARTE é licenciada em Sociologia pela Universidade do Minho e mestre em Sociologia, pela mesma Universidade, na área de especialização em Organizações e Desenvolvimento dos Recursos Humanos. Encontra-se presentemente a realizar o seu Doutoramento em Sociologia na Universidade do Minho, financiado pela Fundação para a Ciência e a Tecnologia sobre a delinquência juvenil feminina. É também Investigadora no CICS - Centro de Investigação em Ciências Sociais - na Universidade do Minho. O seu trabalho de docência, produção científica e investigação tem sido, predominantemente, nas áreas da Sociologia do Desvio, da Criminologia e da delinquência juvenil.

ÍNDICE

Prefácio 7

PARTE I
Vitimologia: Teoria, Investigação e Prácticas

CAPÍTULO 1 – **A Vitimologia e os seus percursos históricos, teóricos e epistemológicos**
SOFIA NEVES & MARISALVA FÁVERO 13

CAPÍTULO 2 – **Da investigação ao activismo, da academia ao partidarismo e o consequente empobrecimento da Vitimologia**
EZZAT FATTAH 49

CAPÍTULO 3 – **Vitimologia e Investigação**
SANDRA WALKLATE 87

CAPÍTULO 4 – **Justiça Restaurativa como Justiça Social para as Vítimas: uma perspectiva feminista**
KATHERINE VAN WORMER 111

PARTE II
Dinâmicas e processos de vitimação

CAPÍTULO 5 – **Violência, Género e Saúde**
LILIA BLIMA SCHRAIBER 147

CAPÍTULO 6 – **Através do espelho de Alice: vitimação e agência na infracção juvenil feminina**
VERA DUARTE 167

CAPÍTULO 7 – **Sonhos traficados (escravaturas modernas?): Tráfico de mulheres para fins de exploração sexual em Portugal**
SOFIA NEVES 195